우리 매장 인기메뉴로 밀키트 판매하는 방법

**2023 개정판**

우리 매장 인기메뉴로

# 밀키트 판매하는 방법

김상미 지음

엘프린트

# 서문

"대표님, 밀키트를 만들면 장사를 잘할 수 있을까요?"

내 대답은 "아니오"다. 코로나 팬데믹 상황에서 외식업을 하는 자영업자에게 필요한 것은 단순히 자기 매장 메뉴로 밀키트를 만드는 솔루션이 아니다.

나는 지금껏 소상공인을 위한 브랜딩과 매출 활성화 컨설팅을 진행하면서 많은 성공 사례를 만들어 왔다. 비보이를 하던 청년에게 대림상가에서 커피를 팔아 보자고 권유하여 '호랑이 커피'를 만들었다. 경단녀였던 다른 청년은 '땡스롤리'의 사장님이 되어 백화점에서 자기 사탕을 팔게 되었다. 50년 된 낙원악기상가의 '뮤존'은 어려운 시기에 온라인 마케팅 컨설팅을 통해 매출이 우상향했다.

전 세계의 시간을 멈추게 한 코로나로 인해 비대면 시대가 되었다. 모든 사람이 힘든 삶을 살고 있지만 그중에서도 더욱 고통받고 있는 자영업자에게 특별한 탈출구가 필요한 상황이다. 그런데 소비자들이 블로그로 검색하는 많은 브랜드들은 크라우드펀딩, 오픈마켓, 포털 사이트 광고를 하지 않는다. 그래서 이 브랜드들이 자신을 브랜딩하는 법을 배우고, 매출 목표를 정해서 블로그나 SNS 마케팅을 진행하면서 매출이 우상향하고 있다.

유튜브 〈김상미의 밀키트 Talk〉에 2020년 10월 15일 업로드한 '내 가게에서 밀키트 판매하는 방법' 조회 수가 2만 뷰를 훌쩍 넘겼다. 유튜브 구독자들의 요청에 응답하여 시작한 밀키트 컨설팅 영상을 어느새 많은 자영업자들이 보고 있다. 그들은 댓글로 자신의 어려움을 나누기 시작했다. 유튜브 댓글창은 함께 고민을 나누고 풀어 가는 자영업자들에게 일종의 '살롱'이 되었다. 밀키트 창업에 대한 누적 상담 건수가 1,000건이 넘어가자 나는 책을 써야겠다고 생각했다.

"대표님! 아들이 알려 줘서 보게 되어 구독합니다"라는 유튜브 댓글, 자영업을 하는 부모님에게 필요하다고 느낀 효심표 구독자, 자신의 메뉴를 밀키트로 만들어 달라는 컨설팅 요청, 무료 전화 컨설팅으로 해답을 찾는 분들을 위해 밀키트 솔루션 영상을 계속 제작해 왔다.

이제는 자신의 밀키트를 만들어서 온라인 브랜딩을 통해 성공을 향해 가는 멘티들과 함께 즐겁게 작업하고 있다. 코로나 팬데믹 상황에서도 끊임없이 매출이 성장하고 위치에 상관없이 사람들이 찾아오는 매장, 이렇게 장사가 더 잘되는 식당은 지금 어려움을 겪고 있는 다른 매장들과는 명확한 차별점이 있다.

자기 매장에서 판매하는 메뉴로 밀키트를 만드는 것은 온라인과 오프라인을 연결한 마케팅, 즉 O2O$^{online\ to\ offline}$ 시장에서 브랜드를 알리는 작업이다. 브랜딩을 통해 자신의 시장을 개척하는 것이다. 단순하게 동네 배달이나 테이크아웃으로 판매하려고 하는 밀키트 상품이 아니라 매장을 브랜드화하고, 사장님의 이름이 하나의 브랜드가 되는 밀키트를 만들어야 한다는 것이다. 이 책이 밀키트를 통해 매장 활성화를 꿈꾸는 많은 분들에게 막혀 있는 벽을 넘는 열린 출구가 되길 소망한다.

엠엠컨설팅연구소 대표<br>김상미

## 개정판 서문

2021년 7월 1쇄를 찍고 한달 뒤인 8월에 2쇄를 발행하게 된다. 그리고 2023년 1월 3쇄(2023 개정판)를 발행하면서 느끼게 된 것은 밀키트는 코로나 펜데믹 때문에 필요한 것이 아니라 사회적 트랜드라는 것이다.

지금껏 소상공인을 대상으로 컨설팅을 통해 매출 활성화를 이룬 수많은 성공사례가 있었다. 비보이를 하던 청년상인 '호랑이커피' 세 아이의 엄마에서 국내 수제사탕 대표 브랜드가 된 '땡스롤리' 아시아 최대 악기상가인 낙원악기상가 '뮤존'과 '솔로몬뮤직'의 온라인 성공기, 세운 청계 대림상가의 '신안전자'를 비롯해서 다양한 업종의 제자들이 생겼다.

어떤 업체는 브랜딩을 통해, 또 다른 업체는 온라인 컨설팅을 통해 우상향의 매출을 올리게 되는 경험을 했다. 이렇게 자영업자들의 성공사례는 업종과는 무관하게 정해진 성공의 공식대로 실행하면 반드시 좋은 결과를 만들 수 있었다.

코로나 펜데믹으로 국내에서 가장 많은 외식업계 컨설팅을 진행한 엠엠엠컨설팅연구소는 외식업계의 공통점을 몇 개 발견하게 된다.

소문난 맛집이라 해도 브랜딩을 하는 곳이 많지 않다는 것과 온라인 채널을 운영하지 않는다는 점, 그리고 1세대 대표자의 나이가 60대 이상 인 점이다. 그러다보니 온라인 마케팅은 당연히 잘 모르고 거기에 밀키트를 만들어야 한다니 참으로 난감한 상황들이 많았다.

그래서 시작하게 된 것이 바로 대한민국 외식업계 밀키트 컨설팅을 위한 채널을 열게 된 것이다. 2023년 1월 '김상미의 밀키트Talk'은 외식업계 75만 사장님의 눈높이에 맞게 밀키트 패키지, 허가 사항, 쇼핑몰, 온라인 마케팅, 클라우드 펀딩(와디즈)에 대한 솔루션을 무료로 제공하는 채널을 오픈하게 된다.

엠엠컨설팅연구소가 코로나 펜데믹 기간에 컨설팅한 업체는 대략 1000곳이 넘는다. 그리고 무료로 상담을 한 곳은 훨씬 더 많으리라 생각 되는데 이유는 바로 2020년 10월15일 〈김상미의 창업Talk〉에 올라 간 '내 가게에서 밀키트 판매하는 방법'이라는 영상 때문이다.

이 영상이 업로드 되면서 무료로 밀키트에 대한 솔루션을 알게 되었다고 많은 분들이 댓글로 감사의 인사를 전했다. 그리고 현업에서 필요한 많은 질문과 대답이 오가게 되고, 전화 또는 회사를 방문해서 많은 성공의 해답을 나누게 되었다. 실제로 컨설팅 받은 분들의 사례를 소개하기도 하고 댓글로 업체들이 성공의 노하우를 공유하면서 '대한민국 밀키트 시장의 해답'을 함께 만들어 가게 된다.

3쇄(2023 개정판)를 발행하면서 누군가 나에게 소원이 무엇이냐고 묻는다면 이 책이 밀키트를 통해 매장 활성화를 꿈꾸는 많은 분들에게 막혀 있는 벽을 넘는 열린 출구가 되길 소망한다는 것이다.

2023년 2월 5일<br>
엠엠컨설팅연구소 대표<br>
김상미

· 차례 ·

| | |
|---|---|
| 서문 | 004 |
| 개정판 서문 | 006 |

**1 밀키트의 정의**     011

**2 밀키트를 시작해야 하는 이유**     023

**3 첫 번째 _ 밀키트 제조 허가**     029

    1 즉석판매제조가공업 VS 식품제조가공업     031
    2 밀키트 제조 시설     033
    3 밀키트 허가 신고 절차     038
    4 OEM과 ODM     046

**4 두 번째 _ 밀키트 포장 용기**     049

    1 포장시 고려해야 할 사항     051
    2 포장 용기의 종류     056
    3 실링 포장 VS 진공 포장     059
    4 밀키트 포장 구성 예시     062
    5 포장 용기 판매 업체 리스트     067

**5 세 번째 _ 한글식품표시사항**     079

    1 한글식품표시사항 구성     081
    2 한글식품표시사항 라벨 작성법     085
    3 식품제조가공업 필수 : 자가품질검사     094

## 6  네 번째 _ 밀키트 패키지　　　　　　　　　　097

　　1 로고 만들기　　　　　　　　　　099
　　2 패키지 디자인　　　　　　　　　　105
　　3 레퍼런스 찾는 방법　　　　　　　　　　111
　　4 택배 포장 방법　　　　　　　　　　114

## 7  다섯 번째 _ 밀키트 스마트스토어 세팅하기　　　　　　　　　　115

　　1 스마트스토어 개설하기　　　　　　　　　　117
　　2 스마트스토어 꾸미기　　　　　　　　　　128
　　3 상세페이지 기획하기　　　　　　　　　　136
　　4 스마트폰 사진 촬영　　　　　　　　　　140
　　5 상품 등록 및 상세페이지 꾸미기　　　　　　　　　　143
　　[plus] 네이버 푸드윈도 신청하기　　　　　　　　　　151
　　[plus] 주요 오픈마켓 비교　　　　　　　　　　153
　　[plus] 쇼핑몰 통합 솔루션 비교　　　　　　　　　　154
　　[plus] 오픈마켓(쿠팡) 입점하기　　　　　　　　　　156
　　[plus] 크라우드펀딩　　　　　　　　　　161

## 8  밀키트 컨설팅 사례　　　　　　　　　　177

　　1 당감댁　　　　　　　　　　179
　　2 군포전주감자탕　　　　　　　　　　186
　　3 웰빙김치찜　　　　　　　　　　192
　　4 야심한닭　　　　　　　　　　200
　　5 해성장어탕　　　　　　　　　　206
　　6 마켓찬거리　　　　　　　　　　212
　　7 순이할매낙지　　　　　　　　　　216
　　8 김은희연잎밥　　　　　　　　　　220
　　9 조선호랑이냉면　　　　　　　　　　225
　　10 경주밀면　　　　　　　　　　233
　　11 강씨네아천칡냉면　　　　　　　　　　237
　　12 낙지며느리　　　　　　　　　　246

# 밀키트의
## 정의

# 1

> **밀키트란?**
> Meal(식사)과 Kit(세트)의 합성어, 이름 그대로 식사 세트를 의미하고 '쿠킹박스'나 '레시피박스'라 불리기도 한다.

1인 가구 1,000만 시대를 살고 있는 우리에게 솔로 이코노미$^{Solo\ Econoy}$라는 단어는 더 이상 낯설지 않다. 다양한 이유로 나홀로족이 늘어나면서 가정간편식 시장이 기하급수적으로 늘어나고 있는 추세다. 게다가 코로나 펜데믹으로 인해 외출이 자유롭지 않자 배달 음식 시장이 급격하게 성장하면서 가정간편식은 유망 산업군으로 떠오르고 있다. 소비자 입장에서 가정간편식을 선호하는 가장 큰 이유는 가정에서 짧은 시간에 쉽고 간단하게 식사할 수 있기 때문이다. 즉 시간과 비용의 효율성이 높아서다.

가정간편식은 짧은 시간에 간편하게 조리하여 먹을 수 있는 가정식 대체식품이라는 의미에서 HMR$^{Home\ Meal\ Replacement}$이다. 가정간편식$^{이하\ HMR}$은 즉석섭취식품, 즉석조리식품, 신선편의식품으로 분류할 수 있다. HMR은 소비자가 구매 후 바로 먹거나, 데워서 먹거나, 조리해서 먹는 등 조리 방식에 따라 가공 형태가 다양하게 확장되었다. 바쁜 일상을 사는 현대인들을 위해 편의점에 유통되는 HMR 제품부터 가족 단위의 소비자를 위해 대형마트에 유통되는 HMR 제품까지 그 종류는 더욱 세분화되고 있다.

밀키트는 HMR 도입기에 등장했는데, 소비자들에게 새로운 개념의 식품으로 바로 조리해서 먹을 수 있는 식품이라고 하여 RTP$^{Ready\ to\ Prepare}$라고 부르기도 한다. 밀키트는 엄밀히 말하면 4세대에 해당하는 차세대 HMR이지만 진화된 형태의 HMR이라 불리기도 한다.

## 밀키트와 HMR의 차이

그러면 밀키트와 HMR은 어떻게 다를까? 밀키트 제품은 간편조리식품이다. 소비자가 조리법을 보고 직접 요리하기 때문에 새로운 범주로 여겨지므로 HMR과는 구분된다. 밀키트는 요리하기 편하게 미리 손질된 재료와 소스를 가지고 판매자가 제공하는 레시피로 간단히 조리할 수 있게 만든 제품이다. 그동안 꾸준히 성장하던 HMR 시장과 함께 큰 성장세를 보이고 있는 밀키트 시장은 대기업뿐만 아니라 외식업을 하는 소상공인에게도 블루오션이다. 그러다 보니 음식점을 운영하는 자영업자의 경우, 법률적 인허가 사항$^{즉석식품판매제조허가,\ 통신판매허가}$을 갖추게 되면 매장과 온라인 마케팅을 통해 밀키트를 팔 수 있다.

밀키트 제품은 맛집들의 다양한 상품을 소비자가 레시피박스를 받아서 직접 조리해서 신선하게 즐길 수 있다. 그러다 보니 큰 범주의 HMR 식품이지만 밀키트는 새로운 영역으로 고객에게 사랑받고 있다.

## HMR의 정의와 분류

HMR은 Home Meal Replacement의 약자로 일반적인 조리 단계인 식재료를 구입 〉 손질 〉 조리의 단계를 거치지 않고 간단하게 데우거나 바로 먹을 수 있도록 만든 가정 간편식을 말한다.

밀키트(meal kit)는 meal(식사) + kit(키트,세트) 라는 뜻의 식사키트라는 의미로 쿠킹박스, 레시피 박스라고도 불리며 가정간편식(home meal replacement, HMR)의 한 유형인 간편조리세트이다.

아래는 HMR의 발달단계에 따라 구분한 표이다.

| 발달단계 | 구분 | 내용 | 예시 |
|---|---|---|---|
| 성숙기 | RTE<br>Ready to Eat | 구매 후 더 이상의 조리과정 없이 바로 먹을 수 있는 상태 | - 즉석섭취식품 : 샌드위치, 김밥 등<br>- 신선편의식품 : 샐러드, 컵과일 등 |
| 성장기 | RTH<br>Ready to Heat | 구매 후 데우기만 해서 먹을 수 있는 상태 | - 즉석조리식품 : 즉석 국/찌개/죽 등 |
| 도입기<br>(확장) | RTC<br>Ready to Cook | 냉동 피자, 돈까스 처럼 비교적 장시간 데우거나 조리과정이 요구되는 즉석조리식품 | 조리가 필요한 탕류, 면류 등 |
| | RTP<br>Ready to Prepared | 바로 조리할 수 있도록 손질된 식재료와 양념이 제공되어 조리가 준비되어 있는 상태 (세척/손질 완료) | -간편조리세트 :<br>인분에 맞춰 손질된 재료/소스로 구성된 밀키트 |
| | CMR<br>Convenient Meal Replacemnet | 데우거나 조리하지 않고 바로 먹는 식사 대체품 | 시리얼바, 쉐이크 등의 액상/분말 제품 |
| 도입기<br>(다양화) | RMR<br>Restaurant Meal Replacemnet | 전문 레스토랑의 음식을 HMR 제품화 | 전문레스토랑의 메뉴를 활용한 밀키트 |
| | 케어푸드<br>Care food | 이유식, 연화식 등 전 연령층에 걸친 생애 주기형 식품 | 이유식, 치료식, 다이어트식 등의 HMR |

출처:식품외식경제

1. 즉석조리식품 :

동/식물성 원료를 식품이나 식품 첨가물을 가하여 제조/가공한 것으로 단순 가열 등의 조리과정을 거치거나 이와 동등한 방법을 거쳐 섭취할 수 있는 식품

2. 간편조리세트 :

식품공전상 우리 매장 메뉴로 온라인상에서 판매하려는 밀키트는 대부분 '간편조리세트'로 구분되며, 조리되지 않은 손질된 농/축/수산물과 가공식품 등 조리에 필요한 정량의 식재료와 양념 및 조리법으로 구성되어 제공되는 조리법에 따라 소비자가 가정에서 간편하게 조리하여 섭취할 수 있도록 제조한 제품으로 정의되어 있다.

그러나 최근 간편조리세트가 더욱 세분화되어 유형이 구분되어질 수 있다. 아래는 소상공인들이 가장 많이 헷갈려하는 유형들을 구분하는 내용이다. 1,2차에 나누어 보기 쉽게 정리하였으니 참고하여 내가 만들 제품의 유형을 구분해보자.

| 즉석조리식품 | 간편조리세트 |
| --- | --- |
| 가공식품으로 구성된 단순 가열 등의 조리 과정을 거쳐서 섭취하는 국, 탕, 순대, 스프 등의 제품 | 조리되지 않은 손질된 농·축·수산물과 가공식품 등 조리에 필요한 정량의 식재료와 양념 및 조리법으로 구성되어 제공되는 조리법에 따라 소비자가 가정에서 간편하게 조리해 섭취할 수 있도록 제조한 제품 |
| 즉석조리식품의 예 | 간편조리세트의 예 |
| 청정원 중화짬뽕 HMR / 풀무원 국물떡볶이 HMR | 주선생과요리 닭갈비 밀키트 / 북실네순대국 순대볶음/순대전골 밀키트 |
| 차이점 ||
| 직접 조리해 섭취하는 식품임은 동일하지만, 가공된 제품만 포함된 경우에는 즉석조리식품으로 분류하며, 식육, 야채, 생선 등 자연산물이 재료로 포함된 제품은 간편조리세트로 분류한다. ||

**1차분류 : 간편조리세트 VS 즉석조리식품**

1. 즉석조리 식품 : 가공식품만으로 구성되어 있는 조리세트 제품
2. 간편조리세트 : 식육, 채소, 생선 등 가공되지 않은 자연산물
(손질, 세척 후 절단 등 단순 처리된 자연산물 포함)이 포함되어 있는 조리세트 식품위생법에 따른 제조업자가 직접 제조/가공 하는 조리세트 제품을 '간편조리세트'라고 한다. 따라서 일반 우리 매장메뉴로 밀키트를 판매하는 경우라면 대부분 '간편조리세트'로 구분된다.

간편조리세트 식품유형 신설 목적은 손질된 자연산물을 포함하고 있어 가공식품의 위생규격을 준수하기 어려운 현실을 고려한 것이므로 가공식품만으로 구성된 제품은 간편조리세트로 분류하지 않는다.

| 제조방법 | 구성재료 | 식품유형 |
|---|---|---|
| 타 제조업자가 제조한 제품을 포장된 상태 그대로 단순 합포장하고 조리법을 제공하는 경우 | 자연산물 포함 여부와 관계없음 | 개별 포장 각각의 식품유형 (품목제조보고 대상 아님) |
| 농산물, 축산물 등 자연산물을 손질, 세척, 절단 등 단순처리 후 타 제조업자가 제조한 소스 등을 포장된 상태 그대로 합포장 하는 경우* (품목제조보고를 필요로 하지 않는 단순처리와 합포장) | | |
| 타 제조업자가 제조한 벌크 제품을 소분 포장 후 다른 완제품을 추가로 구성하여 제조하는 경우 | | |
| 타 제조업자가 제조한 제품을 포장 해포 후 재조합, 혼합 등 내용물을 재구성하여 제조하는 경우 | 자연산물 포함 | 간편조리세트 (또는 개별 포장 각각의 식품유형) |
| 일부 재료는 직접 제조하고, 일부 재료는 타 제조업자의 완제품을 포장 그대로 사용하는 경우 | | |
| 재료의 전부를 직접 제조하는 경우 | 자연산물 미포함 | 즉적소리식품 (또는 개별 포장 각각의 식품유형) |

*주 1 : 품목제조보고 의무는 없으나, 영업자가 식품제조가공업 등록 및 품목제조보고를 하고자 하는 경우에는 '간편조리세트'로 품목제조보고 가능함

출처:식품의약품안전처 식품기준과

그중에서도 식육함량 비율 60% 기준으로 2차 분류된다.

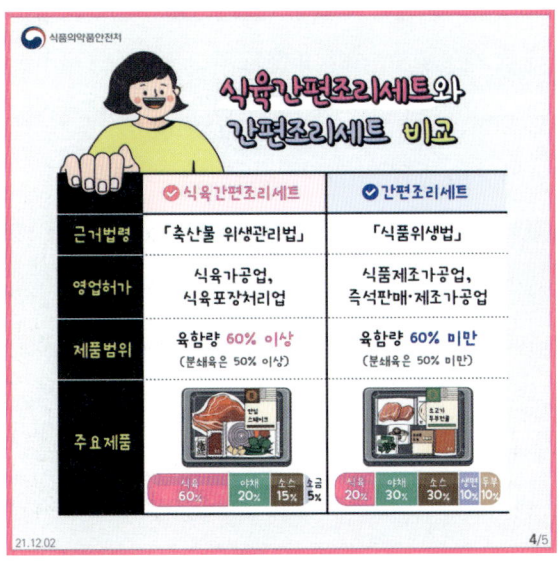

출처:식품의약품안전처

식육함량 60% 이상(분쇄육은 50%이상)인 제품 – '식육간편조리세트'
식육함량 60% 미만(분쇄육은 50%미만)의 제품 – '간편조리세트'

'식육간편조리세트'는 간편조리세트에서도 축산물을 주원료로 하는 밀키트로 신설된 축산물의 한 유형이다. 육함량의 비율에 따라 근거법령과 영업허가가 달라지며, '식육간편조리세트'를 만들기 위한 식육포장처리업 영업은 축산물 HACCP 의무적용 업종이기 때문에 일반 간편조리식품보다는 보다는 까다로운 것이 사실이다. HACCP 의무 적용시기는 연매출액에 따라 다르며, 관련문의는 '한국식품안전관리인증원 (관할지원)'을 통해서 확인 가능하다.
또한 식육포장처리업은 가공품을 만들 수 있는 영업이 아니므로 식품을 직접 만들거나 소분할 수 없으며, 필요한 경우 식품 제조/가공업자가 만든 제품을 공급받아 세트에 추가하는 형태로는 사용이 가능하다고 나와있다. (출처 – 식품의약처)
이렇듯 식품 유형의 판단은 원재료 함량, 제조법, 용도및 용법 등 다양한 기준에 따라 종합적으로 판단이 필요하며 식품유형에 따라 자가품질검사 주기도 모두 다르기 때문에 잘 살펴보는것이 필요하다.

## 밀키트의 장점과 전망

밀키트는 집에서 밥을 먹고 싶지만 직접 요리하는 것이 부담스러운 사람들을 위한 제품이다. 식재료가 손질된 상태로 제공되고 조리 방법을 따라 하면 누구나 손쉽게 요리를 완성할 수 있다. 외식보다 건강한 식사를 좀 더 저렴한 가격으로 할 수 있다. 게다가 직접 장을 보거나 재료를 손질해야 하는 시간까지 절약할 수 있다.

특히 1인 가구나 맞벌이 가정에서 밀키트를 많이 선호한다. 코로나로 인해 아이들이 등교하지 못하고, 직장인들은 회사가 아닌 자택에서 업무를 해야 하는 상황이 길어지면서 밀키트는 주부나 직접 요리해서 식사하는 사람들에게 고마운 존재가 되고 있다.

2022년 5월 23일 농림축산식품부, 식품의약품안전처, 한국농수산식품유통공사(aT) 등에 따르면 즉석섭취식품, 신선편의식품, 즉석조리식품을 포함한 국내 가정간편식(HMR)시장 규모는 2011년 1조1067억원에서 2016년 2조2682억원, 2018년 3조300억원으로 뛰었다.

코로나 1년 차인 2020년 3조6511억원까지 몸집을 키운 HMR 시장은 밀키트 시장 성장세가 가세하면서 올해 5조원 규모로 성장할 전망이며, 그 중에서도 밀키트 시장의 규모는 20년기준 1882억, 2025년에는 7253억에 다다를 것으로 예상된다. 시장의 규모가 완만한 곡선이 아닌 급속도로 커지고 있음을 볼 수 있다.

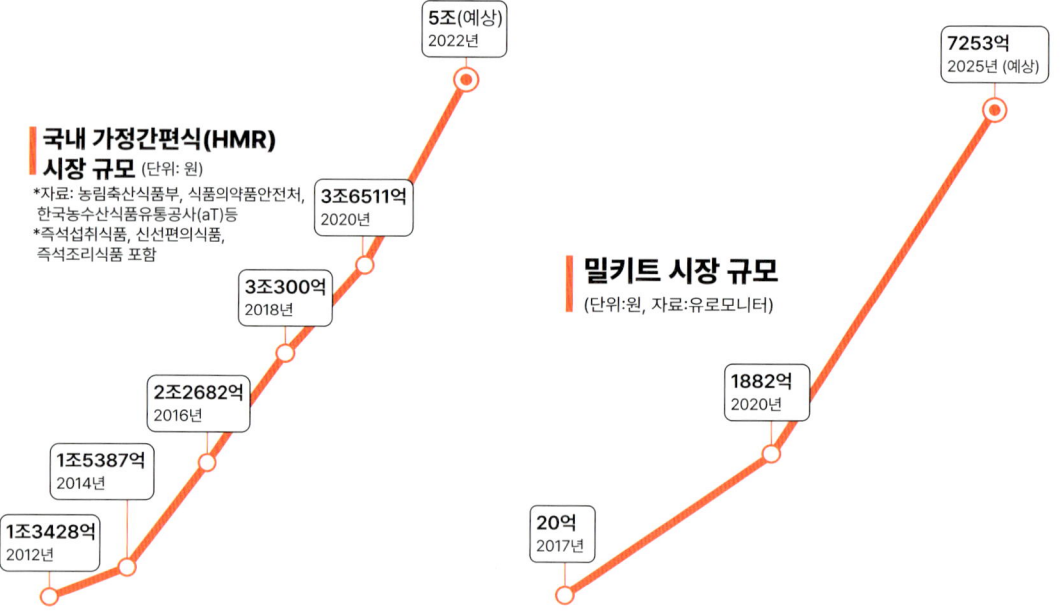

이제는 밀키트계의 대기업이라 불러도 무색하지 않은 밀키트 대표 브랜드 프레시지Fresheasy부터 우리 주변에 있는 골목식당까지 밀키트 사업에 뛰어들다 보니 앞으로 외식업계를 통한 밀키트 시장은 더욱 성장할 것으로 보인다. 오프라인과 온라인에서 판매되는 다양한 밀키트 제품들은 다음과 같다.

백화점 밀키트 코너

프레시지 감바스 알 아히요 밀키트

당감댁 곱도리탕 밀키트 구성품

고수미웰빙김치찜 캠핑용 밀키트 구성품

유노추보 돈코츠라멘 밀키트 구성품

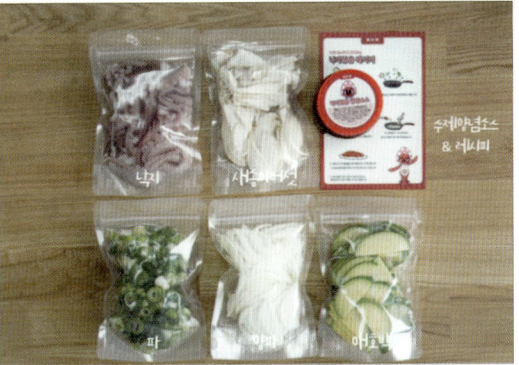

동산정 낙지볶음 밀키트 구성품

과거에는 일반 음식점을 운영하는 자영업자나 소상공인이 밀키트 판매를 시작하려면 진입장벽이 높았다. 식품을 제조 가공하여 판매하기 위해서는 식품안전관리인증기준인 해썹HACCP을 비롯한 식품제조업 인허가 요건을 갖추어야 하는 등 기본적인 업종 기준이 엄격하게 적용되었기 때문이다. 하지만 외식 시장이 위축되고 소비자의 식품 소비 형태가 변화하면서 위기를 겪는 자영업자들을 위해 밀키트 시장에 대한 규제가 일부 완화되었다. 판매 대상과 사업 방식만 조정하면 간단히 요건을 충족하게 되었다. 작년까지만 해도 밀키트의 식품 유형이 따로 없어서 '즉석조리식품'으로 기입했지만, 2021년부터는 밀키트도 즉석섭취/편의식품류 중 하나인 '간편조리세트'로 신설 및 시행되었다.

> • 식품의약품안전처 고시 제2022-25호 '식품의 기준 및 규격' 고시 개정안
>
> [식품공전]
> 1) 간편조리세트:
> (특수의료용도식품 중 간편조리세트형 제품 포함)중 식육, 기타식육 또는 수산물을 구성재료로 포함하는 제품
> 2) 식육간편조리세트:
> 식품제조·가공업 영업자가 냉동식육 또는 냉동수산물을 단순해동 또는 해동 후 절단하여 간편조리세트(*육함량 60% 이상 (분쇄육은 50% 이상)의 밀키트 제품을 말함)

간편조리세트는 '손질은 했지만 조리되지 않은 농·축·수산물과 가공식품 등의 식재료와 양념류를 조리에 필요한 정량에 맞게 구성하여 제공하고, 함께 동봉된 조리법에 따라 소비자가 간편하게 조리해서 먹을 수 있도록 제조한 제품'이다. 제공된 재료를 볶거나 삶는 등 별도의 조리 과정이 필요하다는 것이 중요한 포인트다.

시중에서 판매하는 스프나 죽 상품처럼 단순히 가열만 하면 되는 것은 즉석조리식품에 해당한다. 구성된 재료를 단순히 혼합하는 비빔밥의 경우는 즉석섭취식품에 해당하며 간편조리세트로 분류되지 않는다. 즉, 단순히 열만 가하는 것이 아니라 식재료들을 순서에 맞게 집어넣어 조리하는 과정도 필요한 제품은 간편조리세트로 분류된다.

| 간편조리세트 제조/가공 기준 |
| --- |
| 1) 가열, 세척 또는 껍질을 제거하는 과정 없이 그대로 섭취하도록 제공되는 채소류 또는 과일류는 살균·세척해야 한다.<br>2) '식용란', '가금육' 및 가열 조리 없이 섭취하는 농·축·수산물은 다른 재료와 직접 접촉하지 않도록 각각 구분하여 포장해야 하고, 그 외 재료도 비가열 섭취 재료와 가열 후 섭취 재료가 서로 섞이지 않도록 구분하여 포장해야 한다.<br>3) 식용란을 포함하는 경우, 물로 세척된 식용란을 사용해야 한다. 다른 제조업자가 포장을 완료한 식품을 포장된 상태 그대로 구성 재료로 사용하는 경우, 기준 및 규격에 적합한 것을 사용해야 한다. |

현재 밀키트 제품을 즉석조리식품으로 품목제조보고하여 제조/판매하고 있을 때, 식품유형을 간편조리세트로 변경하여야 하나요? 라고 하는 질문이 많은데 2022년부터 본격적으로 시행되는 간편조리세트의 유형의 경우, '간편조리세트'로 품목제조보고하거나 기존 보고된 유형을 '간편조리세트'로 변경한 경우에 '간편조리세트'로 제조할 수 있다.

간편조리세트 유형이 신설된 후부터 제조업자는 개별 식재료들을 각각 품목제조보고를 한 후에 합포장하는 방법을 택하거나 조리세트 자체로서 하나의 단일 제품으로 품목제조보고를 하여 제조할지를 선택할 수 있게 된다.

앞에서 밀키트는 HMR 도입기에 등장했다고 언급했다. 밀키트 시장에 진출하려면 HMR에 대해 파악하고 있어야 한다. 먼저 HMR 발달 세대별 트렌드가 어떻게 변화되었는지 살펴보고, HMR 발달 수명 주기도 함께 살펴보자. 1세대 HMR은 레토르트 식품으로 우리가 잘 알고 있는 3분 요리가 그 대표적인 예다. 끓는 물에 3분간 데우면 다양한 요리를 즐길 수 있다. 편의점 등에서 구매해서 간단하게 먹을 수 있는 김밥이나 샌드위치 등이 1세대에 해당된다. 2세대 HMR은 냉동 만두, 국 등의 즉석조리식품을 말하며, 이 제품을 보다 고급화한 것이 3세대 HMR이다.

마지막으로 4세대와 5세대 HMR이 바로 밀키트인데, 사전 준비식품이라고 표현한다. HMR은 세대별로 식품의 형태와 조리하는 방식에 따라 다양하게 분류되고 성장하고 있다. 구매 후 바로 먹을 수 있는 상품에서 데우기만 하면 먹을 수 있는 식품으로 변화한 것처럼 소비 트렌드와 함께 성장하고 있다. 그리고 1인 가구의 증가와 코로나 팬데믹은 또 다른 HMR 시장의 성숙기를 가져왔다. 그것은 바로 4세대 HMR인 밀키트다.

소비자의 트렌드와 시대적 상황이 반영된 HMR 5세대 밀키트는 당분간 지속적으로 변화하면서 발전할 것이다.

| HMR 발달 세대별 트렌드 | | |
|---|---|---|
| 즉석섭취식품<br>(삼각김밥, 샌드위치 등)<br>신선편의식품(샐러드 등) | 1세대 | 레토르트 식품<br>(3분 요리, 즉석밥 등의 편의성 우선 제품) |
| 즉석조리식품<br>(냉동 만두, 간단한 국밥류 등) | 2세대 | 반찬 중심 HMR |
| | 3세대 | HMR의 고급화 |
| 사전준비식품 | 4세대 | 외식의 HMR화 |
| | | 밀키트 HMR |
| | 5세대 | 케어푸드 |

## HMR 발달 수명 주기

| 성숙기 | 성장기 |
|---|---|
| RTE<br>(Ready to Eat) | RTH<br>(Ready to Heat) |
| 구매 후<br>바로 먹을 수<br>있는 상태 | 구매 후<br>데우기만 해서<br>먹을 수 있는 상태 |
| 냉장 샌드위치,<br>샐러드,<br>즉석 도시락 등 | 냉장 피자,<br>즉석 떡볶이,<br>볶음밥,<br>스파게티 등 |

 확장

| 도입기 | | |
|---|---|---|
| RTC<br>(Ready to Cook) | RTP<br>(Ready to Prepare) | CMR<br>(Convenient Meal replacement) |
| 장시간 데우거나<br>조리 과정이<br>필요한 상태 | 바로 조리할 수<br>있도록 식재료가<br>준비된 상태 | 데우거나<br>조리하지 않고<br>바로 먹는 제품 |
| 냉동 찌개,<br>냉동 만두 등 | 또띠아,<br>볶은 김치, 두부,<br>떡볶이용 떡 등 | 시리얼, 에너지바,<br>셰이크 등 |

다양화

| 도입기 | | |
|---|---|---|
| RMR<br>(Restaurant Meal Replacement) | Service to Eat | 바로 개봉해서 제공하는 상품<br>샐러드, 콜드컷, 냉채 등 데우지 않고 바로 제공 |
| | Service to Heat | 데워서 제공하는 상품<br>전자렌지, 중탕, 후라이팬 등을 이용하여 간편히 데워서 제공 |
| | Service to Cook | 90% 이상의 재료가 모두 들어 있어<br>레시피에 따라 손쉽게 조리하여 제공 |
| 케어푸드<br>(Care Food) | | 이유식, 연화식, 치료식, 다이어트식 등 전 연령층에 걸친 생애 주기형 식품<br>(특수 목적형 HMR) |

출처:식품외식경제

# 밀키트를
## 시작해야 하는 이유

코로나 시국이 장기화되면서 외출이 조심스러워지다 보니 외식 문화에 제한이 생겨 대부분의 식사를 집에서 해결해야 하는 시기가 찾아왔다. 우리나라는 배달의 민족, 배달 공화국이라는 이야기가 나올 정도로 배달 문화가 매우 발달되어 있어서 다양한 메뉴의 음식을 배달시켜 먹고, 많은 소비자가 배달 음식으로 식사를 해결하곤 한다. 하지만 배달 음식도 한계가 있다. 배달 음식으로 차린 식탁 풍경에 대한 소비자의 피로도가 높아지고 있다. 그러다 보니 자연스럽게 요리에 대한 욕구가 커지고 있다. 요리를 하기 위해서는 시장이나 마트에서 신선한 재료를 구매하고, 재료를 손질하며, 간을 맞추고, 양념을 만드는 등의 준비 과정이 필요하다. 하지만 요리 준비에 쏟을 시간이 부족할 뿐더러, 이러한 복잡함을 이겨 내고 요리할 의지도 부족하다.

그렇기 때문일까? 요리 초보인 요린이(요리+어린이)들 뿐만 아니라 매일의 식탁을 책임지는 주부들도 고민이 시작되었다. 배달 음식보다 건강하면서 요리하는 시간과 수고를 줄일 수 있는 방법을 고민하는 소비자들의 선택은 바로 밀키트이다.

온라인 쇼핑 채널을 통해 구매한 밀키트로 10분 내외로 조리한 음식은 고급 레스토랑과 외식 전문 브랜드를 옮겨 놓은 듯한 분위기를 연출한다. 건강한 식재료를 눈으로 확인하고 짧은 시간 안에 간편하게 가정식 요리를 만들 수 있다는 점에서 밀키트는 소비자의 마음을 훔치기에 충분하다.

2020년 밀키트 시장 규모는 2000억 원에 이르렀다. 2017년 밀키트 시장 규모 200억 원 대비 10배의 성장을 보인 것이다. 한국농촌경제연구원은 2019년 밀키트 시장 규모가 1000억 원이었지만 2024년에는 7배 성장한 7000억 원대를 예상한다.

### 밀키트 성장세

코로나 팬데믹으로 인한 식문화 변화에 따른 밀키트 산업은 유통과 식품업계의 새로운 시장으로 떠오르고 있다. 밀키트는 해외에서 먼저 발전하기 시작했다. 미국의 밀키트 시장은 2012년부터 본격적으로 시작되어 급격한 성장을 이루었다. 글로벌 데이터 분석 기업 Nielsen의 조사에 따르면, 미국 전체 인구의 9퍼센트에 해당하는 10만 가구 이상이 밀키트 서비스를 이용한

적이 있다고 밝힘으로써 앞으로도 밀키트 산업을 긍정적으로 보고 있다. 밀키트 시장이 이미 발전한 미국에 비하면 우리나라는 밀키트 시장 형성이 늦은 편이다. 국내에서 밀키트는 2017년이 되어서야 분리되고 인식되기 시작했다. 밀키트 시장 형성은 늦었지만, 우리나라 밀키트 시장의 성장 속도는 결코 늦지 않고 빠르게 진행되고 있다.

국내 밀키트 시장의 성장세를 단적으로 보여 주는 예는 다음과 같다. 신세계 SSG닷컴의 밀키트 매출은 2020년도 대비 196.3퍼센트가 성장했다. 이베이 코리아에 따르면, G마켓의 밀키트 매출은 2020년도 대비 788퍼센트가 성장했다. 밀키트 시장은 온라인 쇼핑 채널에서만 성장한 것이 아니다. 비대면 시대임에도 불구하고 롯데마트의 경우 전년 대비 25.4퍼센트가 성장했다.

한국농촌경제연구원에서 진행한 2020년 식품산업동향분석 보고서에 따르면, 2020년 상반기에 식품 구입 지출은 전년 동기 대비 5.5퍼센트가 증가했고, 소비자의 외식 지출 비용은 10.4퍼센트가 감소했다. 이는 코로나 19로 인해 비대면 확대로 외식은 줄고, 식품을 구매하거나 밀키트를 구매하는 소비는 증가함을 보여 준다.

## 밀키트 시장 현장

국내 밀키트 시장은 밀키트 전문 브랜드뿐만 아니라 대형 식품 제조 및 유통 브랜드가 모두 시장에 뛰어들면서 경쟁이 날로 치열해지고 있다. 스타트업 기업인 '프레시지'의 경우, 2017년 말 매출 15억 원으로 시작했는데 다음 해인 2018년에 218억 원으로 매출이 성장하여 세간의 관심을 모았다. 2019년에는 712억 원의 매출을 올렸고, 2020년에는 1271억 원의 매출을 올렸다. 말 그대로 급격한 성장과 밀키트의 시장성을 제대로 보여 준 사례이다. 프레시지는 현재 밀키트 시장의 70퍼센트를 점유할 정도로 독보적 1위를 차지하고 있다. 프레시지는 자체 생산을 포함한 OEM과 ODM을 통해 다양한 상품군을 생산하고 있다. 창업 당시 3명으로 시작한 직원이 현재는 300명이 될 정도로 놀라운 성장세를 보이고 있다.

그 밖의 스타트업 기업으로는 인기 연예인 영탁을 내세운 '마이셰프', 한국야쿠르트의 '잇츠온', GS리테일의 '심플리쿡', CJ제일제당의 '쿡킷'이 있다. 이들은 점유율을 높이기 위해 치열한 각축전을 벌이고 있다. CJ제일제당은 2019년 4월에 밀키트 전문 브랜드 '쿡킷'으로 밀키트 시장에 진출했다. 그리고 자사 브랜드 CJ온마트에 밀키트 전용관을 만들어서 서울, 경기, 인천 등 수도권을 중심으로 판매를 시작했다. 쿡킷은 1000억 원의 매출 목표를 가지고 시장을 확대해 나가고 있다. 후발 주자인 이마트도 2024년까지 밀키트 판매 실적을 500억 원까지 늘릴 계획이다. 밀키트 시장은 스타트업 기업을 중심으로 대기업과 경쟁 구조가 만들어지면서 시장이 더욱 세분화되고 다양해지고 있는 추세다. 올해 성장 속도와 시장의 변화는 더욱 가속화될 것이다.

스타트업 기업과 대기업의 경쟁이 본격화될 것으로 예상된다. 대기업은 기존 밀키트 스타트업 기업과는 차별화된 전략으로 시장을 만들어 가고 있다. 밀키트 시장을 선도한 스타트업 기업들은 가격 경쟁력과 대중적인 아이템을 중심으로 성장했다. 반면에 대기업은 유명 레스토랑 메뉴를 밀키트화 하거나 특산물을 이용한 밀키트 상품을 내놓고 있다. 또한 가격 전략도 가성비보다는 프리미엄 전략으로 경제력 있는 고객을 타깃으로 삼는다.

밀키트 판매 상위 제품을 살펴보면 스테이크, 밀푀유나베 등 외식으로 먹을 수 있는 제품군이 인기가 많다. 물론 최근 밀키트 시장에는 일산식 칼국수, 청주식 짜글이, 동두천식 부대찌개 등 다소 생소한 지역의 연계 제품이 나오고 있다. 이렇게 밀키트 종류와 상품이 다양해지면서 가성비를 앞세운 제품에서 프리미엄 시장까지 밀키트 시장은 폭넓게 성장하고 있다.

2017년 15억 원 규모였던 밀키트 시장은 2020년 1800억 원 규모로 성장하면서 짧은 기간 동안 약 120배의 성장율을 보였다. 코로나 시국으로 빠른 성장세를 보이고 있는 밀키트 시장은, 요리는 어렵지만 건강을 생각하는 소비자들에게 선택이 아닌 필수가 되고 있다. 신선한 식재료와 프리미엄 수요의 결과로 인해 건강과 면역력을 고민하는 소비자들의 관심으로 밀키트의 확산세는 계속되리라고 전망한다.

이러한 밀키트 시장의 성장세와 현황으로 볼 때, 시대의 흐름과 상황에 맞추어 계속해서 변화하며 발전하고 있는 가운데 외식업계 자영업자들에게 밀키트가 하나의 새로운 도전이자 방법과 희망이 될 수 있다고 본다. 코로나 시국으로 밀키트가 빠른 성장세를 보인다고 해서 단지 소비자에게 코로나를 맞서는 수단이 아니라 보다 더 건강하고 편리한 식탁, 보다 더 즐겁고 행복한 식사로 소비자의 니즈를 충족시켜 주는 것. 이것이 바로 지금 밀키트를 시작해야 하는 이유이다.

## 첫번째
# 밀키트 제조 허가

1. 즉석판매제조가공업 VS 식품제조가공업
2. 밀키트 제조 시설
3. 밀키트 허가 신고 절차
4. OEM과 ODM

# 1 즉석판매제조가공업 VS 식품제조가공업

일반 음식점을 하는 사장님들이 밀키트 사업에 본격적으로 뛰어들기에 앞서 하는 고민은 이렇다. "과연 우리 매장에서 밀키트를 만들어도 될까?" 사실 코로나 팬데믹 상황이 없었다면, 일반 음식점에서 밀키트를 만드는 것은 불가능한 일이었다. 코로나 팬데믹으로 인해 고객들은 음식점에 가서 식사를 하기보다는 비대면으로 음식을 배달하여 먹거나 온라인으로 구매하고 있다. 이로 인해 음식점들의 폐업이 늘어나고 음식점을 운영하던 매장들의 폐업이 속출하게 되었다. 국민일보 9월 19일자 보도에 따르면, 지난 한 해 동안 서울 상권 기준 일반 음식점 폐업 점포는 17,151곳에 달했다. 2020년 하반기에는 창업 후 1년을 버티지 못한 일반 음식점이 3,138곳이다. 또한 휴게 음식점 폐업도 충격적인 수치를 기록하고 있다. 10년 이상 외식업을 하다가 폐업한 음식점이 1,709곳이다. 상황이 이렇다 보니, 휴게 음식점을 하는 자영업자 업장에서 밀키트 제조 시설에 대한 기준이 많이 완화되었다.

이로 인해 밀키트를 제작하는 수요가 많아지면서 자연스럽게 컨설팅을 받는 분들이 많아지고 있다. 컨설팅을 받는 분들이 하는 첫 번째 질문은 제조 시설을 어떻게 만들어야 하는가이다. 그리고 인허가에는 어떤 것이 있는지를 가장 많이 질문한다. 밀키트 제조 시설은 생각보다 규제나 허가 사항이 까다롭지 않기 때문에 매장에서 시작하는 음식점 사장님들이 이 책을 통해 자세히 안내를 받는다면 혼자서도 제조 시설을 만들 수 있다. 그러면 지금부터 밀키트 제조 시설 인허가 및 갖춰야 하는 시설에 대해 알아보자.

**밀키트 제조 허가**

밀키트 제조 인허가 신고는 밀키트 사업에서 필수적인 행정 등록 절차이자 최우선적으로 갖추어야 하는 요건이다. 밀키트 제조나 판매 유통을 위해 알아야 할 주요 인허가 신고 사항은 두 가지다. '식품제조가공업'과 '즉석판매제조가공업' 신고다. 밀키트 사업에서 확장성을 고려한다면 '식품제조가공업' 허가를 받는 것이 정답이다. 그러나 식품제조가공업 허가를 받는 것은 조건이 까다롭고 시설을 만드는 데 들어가는 비용도 많다. 그렇기 때문에 밀키트를 판매하려는 많은 업체는 상대적으로 허가받기 쉬운 '즉석판매제조가공업'을 선택한다. 자영업으로 음식점을 운영하는 경우는 즉석판매제조가공업 신고를 하는 것이 해답이다.

그렇다면 여기서 두 인허가의 차이점을 반드시 알고 넘어가야 한다. 만약 내가 만든 밀키트를 편의점이나 슈퍼, 다른 사람이 운영하는 쇼핑몰 등에서 판매하려면, 식품제조가공업 허가를 받아야 한다. 그리고 밀키트를 내 매장과 내가 운영하는 스마트스토어 등의 쇼핑몰에서 판매하려면 즉석판매제조가공업 신고를 하면 된다. 즉, BtoB<sup>유통</sup>를 하려면 식품제조가공업 허가를 받아야 하고, BtoC<sup>우리 매장 고객</sup> 소비자 대상으로 밀키트를 판매하려면 즉석판매제조가공업 신고를 하는 것이 효율적이다. 다시 한번 말하지만, 밀키트 제조 인허가 신고는 밀키트 사업에서 필수적인 행정 등록 절차이자 최우선적으로 갖추어야 하는 요건이다.

밀키트 판매를 위한 인허가 신고 조건은 '식품위생법'에 의거한다. 하지만 밀키트 제조 허가 부분은 지자체마다 식품위생법에 대한 해석이 다르기 때문에 밀키트를 제조 및 판매하고자 하는 주소지의 관할 지자체 식품위생과를 방문하거나 전화로 허가 사항을 체크해야 한다.

## 밀키트 제조 생산량에 따른 허가

밀키트 제조 허가 시설에서 고려해야 할 또 다른 사항은 생산량이다. 내가 판매하려는 밀키트 아이템이 확장성이 좋은 상품이라면, 식품제조가공업 허가를 받거나 아니면 이미 허가를 받은 업체에서 생산하는 것이 필수다. 예를 들어, 냉면 브랜드를 운영한다고 하자. 매장에서 직접 밀키트를 만들어서 판매하는 것은 문제가 없다. 하지만 판매량이 증가하여 매장에서 생산할 수 있는 양이 턱없이 부족하다면, 아이템의 확장성과 판매량을 고려하여 제조 허가를 받아야 한다. 대량 생산이 필요한 경우에는 식품제조가공업 허가를 받고 판매를 시작해야 한다.

일단 식품제조가공업 허가를 받으면, 제품을 마트에 납품할 수 있고 도소매나 온라인 등에서 판매할 수도 있다. 하지만 작은 규모의 매장에서 밀키트 사업을 처음으로 시작한다면, 인허가 요건을 갖추기 힘들다. 예를 들어, 작업을 하는 건축물의 용도를 공장이나 근린생활시설<sup>제조업소</sup>로 한정하고 가공실, 위생실, 포장실, 열처리실 등 각 목적에 따라 분리된 공간을 구비해야 하는 등 필수 구비 시설이 다양하다. 사실 식품제조가공업은 CJ나 이마트, 오뚜기 같은 대기업 기준의 허가 사항이기 때문에 규제가 까다로운 편이다. 그러다 보니 자영업자가 식품제조가공업을 하는 것은 규모에 맞지 않는 형태이다. 향후 본인의 밀키트 판매량이 늘어나면 아웃소싱을 고려하는 것이 좋다.

## 2  밀키트 제조 시설

**일반 음식점에서 갖춰야 할 밀키트 제조 시설**

그렇다면 일반 음식점을 하는 분들은 밀키트 제조 시설을 어떻게 갖춰야 할까? 일반 음식점의 경우에는 제조 및 가공 공간을 분리하면 즉석식품제조가공업 허가를 받을 수 있다. 식품제조가공업처럼 가공 시설을 만드는 것이 아니라 밀키트를 제작하기 위한 시설<sup>밀키트 제조, 가공, 포장</sup>만 갖추면 허가를 받을 수 있다. 그리고 공간을 분리하기 위해 제조 및 포장 공간의 인테리어를 대대적으로 새롭게 할 필요는 없다. 일반 음식점의 경우, 운영하는 매장을 커튼이나 파티션으로 분리해도 시설 허가를 받을 수 있다. 일반 음식점업 사업자를 가지고 있다면, 식품 판매를 전문적으로 하는 공간은 이미 확보되어 있기 때문에 그 안에서 일부 공간이 독립되어 있다는 '표시만' 있으면 된다.

용인시에서 곱창 배달 매장을 운영했던 '곱사임당'의 시설 기준 허가 사례를 살펴보자. 기존에 운영하던 음식점 주방 한 켠에 천장부터 바닥까지 절반가량 떨어지는 커튼을 설치하여 공간을 분리했다. 이 분리된 공간에 밀키트를 제조하는 시설을 갖추고 시설 기준 허가를 받았다. 이처럼 즉석판매제조가공업 허가의 경우, 코로나 시국으로 인해 정부나 지자체가 밀키트 제조 시설에 대한 허가를 많이 완화하고 있다. 원칙적으로는 밀키트를 만드는 조리 공간과 포장 공간 등을 별도로 갖추어야 하지만, 기존에 운영하고 있던 음식점의 경우에는 주방이 밀키트를 만드는 제조 시설이 되므로 밀키트를 포장하는 공간과 시설만 따로 준비하면 된다. 일반 음식점의 경우에 매장에서 테이크아웃이나 배달 이외에 밀키트를 통해 또 다른 영업 활성화 기회가 만들어진 것이다.

곱사임당 즉석판매제조가공업 시설 기준 허가 사례

현재 일반 음식점을 운영하고 있다면, 매장에서 판매하는 메뉴를 밀키트로 만들 수 있는 제조 허가를 갖추고 밀키트를 제작하여 판매하기를 추천한다. 비대면 시대가 되어 매장에 오지 않는 고객을 기다리기보다는 고객의 구매 채널, 즉 온라인 채널을 통해 고객의 구매 동선에 우리 매장을 오픈하고 고객이 구매할 수 있게 해야 한다. 예를 들어, 일반 음식점의 온라인 마케팅 판매 채널로 추천하는 것은 네이버 기반의 스마트스토어와 그 외 오픈마켓들이다. 국내 주요 오픈마켓으로는 쿠팡, 지마켓, 옥션, 티몬, 11번가 등이 있다. 스마트스토어는 별도의 입점 비용이 없고 우리 매장의 메뉴를 직접 업로드해서 판매할 수 있다. 단 판매 수수료와 카드 수수료 등은 발생한다. 자영업자들이 쉽게 만들 수 있는 온라인 마케팅 채널은 오픈마켓과 SNS 마케팅 채널인 인스타그램, 페이스북 등이 있다.

### 즉석판매제조가공업과 식품제조가공업 등록 요건 비교

자영업자들이 밀키트 제작에 몰리는 가장 큰 이유는 적은 투자 비용으로 매출 향상을 노릴 수 있기 때문이다. 인건비와 공과금 같은 매장 유지 비용을 줄일 수 있으면서 박스와 진공 포장용 비닐 같은 포장재 외에는 고정 지출이 크게 들지 않는다.

특히 매력적인 것은 기존에 운영하던 매장의 시설을 일부 분리하여 밀키트 사업을 쉽게 시작할 수 있다는 점이다. 코로나 19가 장기화되면서 매장 운영을 접고 밀키트 사업에 전념하는 자영업자들이 늘어나고 있다. 하지만 무조건 공간만 분리한다고 해서 조건이 갖춰지는 것이 아니다. 인허가 종류에 따라서 다른 구비 요건을 갖춰야 밀키트 제조 시설의 진정한 준비를 마칠 수 있다.

식품의약품안전처는 2018년 1월부터 시설 투자 등으로 인한 영업자 부담을 줄이기 위해 일반 음식점과 인접한 장소에서 즉석판매제조가공업 영업을 하려는 경우에 주방을 공동으로 사용할 수 있게 했다. 예를 들면, 기존에 운영하던 음식점의 운영 면적, 즉 홀의 면적은 줄이고 주방 공간에 밀키트를 포장하는 장소를 늘리는 식으로 면적을 조정하여 영업 신고를 하면 된다.

인허가는 업종 종류에 따라서 다를 뿐만 아니라 지자체별 위생법에 따라서도 시설 구비 기준이 다를 수 있다. 그러므로 사업장 주소지 소재의 지자체에서 확인해야 한다.

즉석판매제조가공업의 경우에는 1종 근린생활시설 또는 판매시설로 기재된 곳에서 해야 하는데, 쉽게 생각하면 우리 매장에서 하면 된다. 판매시설로 기재된 곳이 바로 우리 매장을 뜻하기 때문이다. 사업장의 위치도 무난하게 넘어가면 되는데, 작업장이라는 항목을 신경 써서 준비해야 한다. 작업장이란 식품제조가공을 할 수 있는 기계, 기구류 등이 설치된 제조·가공실을 말한다. 이 부분이 즉석판매제조가공업 허가 사항의 핵심이다. 다시 말해, 유튜브〈김상미의 밀키트 Talk〉에서도 여러 차례 언급한 것처럼 분리의 개념으로 이해하면 된다. 식당의 주방에 들어갔을 때 조리하는 공간과 포장할 공간을 커튼, 자바라, 칸막이 등으로 분리하면 된다. 즉석판매제조가공업 허가는 지자체별로 융통성있게 진행하기 때문에 비교적 부담이 적은 편이다. 따라서 지자체의 가이드에 맞게 준비하면 된다.

앞에서 살펴본 곱사임당의 경우는 커튼으로 포장 공간을 분리하고 즉석판매제조가공업 허가를 받았다. 즉석판매제조가공업 허가는 자영업을 하는 일반 음식점의 매출 활성화를 위한 배려가 많은 허가 사항이다 보니 식품제조가공업 보다는 허가가 용이한 편이다.

식품제조가공업에 대한 허가 사항을 살펴보면, 등록 요건이 2종 근린생활시설 이상만 가능하다. 반드시 독립된 사업장이 있어야 하고, 취급 품목에 따라 인허가 사항이 매우 복잡하다. 그래서 즉석 판매를 준비하는 일반 음식점 사장님들에게는 식품제조가공업을 추천하지 않는다. 단 우리 매장의 매출이 우상향으로 지속성장되고 백화점 대형 쇼핑몰 브랜드입점을 생각한다면 식품제조가공업을 권한다. 이처럼 어떤 형태로 밀키트를 생산하고 팔 것인지에 따라 즉석판매제조가공업 또는 식품제조가공업을 선택해서 허가를 받아야 한다.

## 즉석판매제조가공업

| 등록 요건 | • 1종 근린생활시설 또는 판매시설로 기재된 곳<br>• 해당 용도 지역 내에서 영업이 허용된 곳 |
|---|---|

| 시설 기준 ||
|---|---|
| 사업장 위치 | • 독립 건물이거나 즉석판매제조/가공 외의 용도로 사용되는 시설과 분리 또는 구획되어야 한다.<br>  – 평수는 중요하지 않으며 매장의 홀 등과 구분된 독립된 공간이어야 함<br>• 건물의 위치는 축산 폐수·화학물질 기타 오염물질의 발생시설로부터 식품에 나쁜 영향을 주지 않는 거리를 두어야 한다.<br>• 건물의 구조는 제조하려는 식품의 특성에 따라 적정한 온도가 유지될 수 있어야 하고, 환기가 잘 되어야 한다.<br>• 건물의 자재는 식품에 나쁜 영향을 주지 않고 식품을 오염시키지 않는 것이어야 한다. |
| 작업장 | • 식품을 제조·가공할 수 있는 기계·기구류 등이 설치된 제조·가공실을 두어야 한다.<br>• 작업장은 독립된 건물이거나 식품 제조·가공 외의 용도로 사용되는 시설과 분리(벽·층 등의 별도로 방으로 구별되는 경우를 말한다. 이하 같다)되어야 한다.<br>• 작업장은 원료 처리실·제조 가공실·포장실 및 기타 식품의 제조·가공에 필요한 작업실을 말하며, 각각의 시설은 분리 또는 구획(칸막이·커튼 등으로 구별되는 경우)되어야 한다. 다만, 제조 공정의 자동화 또는 시설·제품의 특수성으로 인해 분리 또는 구획할 필요가 없다고 인정되는 경우로써 각각의 시설이 서로 구분(선·줄 등으로 구별되는 경우)될 수 있는 때는 그렇지 않다.<br>• 작업장의 바닥·내벽 및 천정은 다음과 같은 구조로 설비되어야 한다.<br>  ❶ 바닥은 콘크리트 등으로 내수 처리를 하고, 배수가 잘 되게 해야 한다.<br>  ❷ 내벽은 바닥으로부터 1.5미터까지 밝은 색의 내수성으로 설비하거나 세균방지용 페인트로 도색해야 한다.<br>  ❸ 작업장의 내부 구조물, 벽, 바닥, 천장, 출입문, 창문 등은 내구성, 내부식성 등을 가지고, 세척·소독이 용이해야 한다<br>• 작업장 내에서 발생하는 악취·유해가스·매연·증기 등을 환기시키기에 충분한 환기 시설을 갖추어야 한다.<br>• 작업장은 외부의 오염물질이나 해충, 설치류, 빗물 등을 환기시키기에 충분한 환기 시설을 갖추어야 한다.<br>• 작업장은 폐기물·폐수 처리시설과 격리된 장소에 설치해야 한다. |
| 식품취급<br>시설 등 | • 식품을 제조·가공하는데 필요한 기계·기구류 등 식품취급시설은 식품의 특성에 따라 식품 등의 기준 및 규격에서 정하는 제조·가공 기준에 적합해야 한다.<br>• 식품취급시설 중 식품과 직접 접촉하는 부분은 위생적인 내수성재질[스테인레스·알루미늄·에프알피(FRP)·테프론 등 물을 흡수하지 않는 것을 말한다. 이하 같다]로서 씻기 쉬운 것이거나 위생적인 목재로서 씻는 것이 가능해야 하며, 열탕·증기·살균제 등으로 소독·살균이 가능해야 한다.<br>• 냉동·냉장시설 및 가열처리시설에는 온도계 또는 온도를 측정할 수 있는 계기를 설치해야 한다. |
| 급수시설 | 1) 수돗물이나 「먹는물관리법」 제5조에 따른 먹는 물의 수질 기준에 적합한 지하수 등을 공급할 수 있는 시설을 갖추어야 한다.<br>2) 지하수 등을 사용하는 경우 취수원은 화장실·폐기물처리시설·동물사육장, 그 밖에 지하수가 오염될 우려가 있는 장소에서 20미터 이상 떨어진 곳에 위치해야 한다. |
| 판매시설 | 식품을 위생적으로 유지·보관할 수 있는 진열·판매시설을 갖추어야 한다. |
| 화장실 | 1) 화장실을 작업장에 영향을 미치지 않는 곳에 설치해야 한다.<br>2) 정화조를 갖춘 수세식 화장실을 설치해야 한다. 다만, 상·하수도가 설치되지 않은 지역에서는 수세식이 아닌 화장실을 설치할 수 있다.<br>3) 2)에 따라 수세식이 아닌 화장실을 설치하는 경우에는 변기 뚜껑과 환기시설을 갖추어야 한다.<br>4) 공동화장실이 설치된 건물에 있는 업소 및 인근에 사용이 편리한 화장실이 있는 경우에는 따로 설치하지 않을 수 있다. |

## 식품제조가공업

| 등록 요건 | • 2종 근린생활시설 이상<br>• 2종 근린생활시설 이상으로 용도 변경이 가능한 곳<br>• 건축물대장상 제조업 또는 공장 등으로 표기가 된 곳 |
|---|---|
| **시설 기준** | |
| 사업장 위치 | 1) 건물의 위치는 축산폐수·화학물질, 그 밖에 오염물질의 발생시설로부터 식품에 나쁜 영향을 주지 않는 거리를 두어야 한다.<br>2) 건물의 구조는 제조하려는 식품의 특성에 따라 적정한 온도가 유지될 수 있고, 환기가 잘될 수 있어야 한다.<br>3) 건물의 자재는 식품에 나쁜 영향을 주지 않고 식품을 오염시키지 않는 것이어야 한다. |
| 작업장 | 1) 작업장은 독립된 건물이거나 식품제조·가공 외의 용도로 사용되는 시설과 분리(별도의 방을 분리함에 있어 벽이나 층 등으로 구분하는 경우를 말한다. 이하 같다)되어야 한다.<br>2) 작업장은 원료처리실·제조가공실·포장실 및 그 밖에 식품의 제조·가공에 필요한 작업실을 말하며, 각각의 시설은 분리 또는 구획(칸막이·커튼 등으로 구분하는 경우를 말한다. 이하 같다)되어야 한다. 다만, 제조 공정의 자동화 또는 시설·제품의 특수성으로 인하여 분리 또는 구획할 필요가 없다고 인정되는 경우로서 각각의 시설이 서로 구분(선·줄 등으로 구분하는 경우를 말한다. 이하 같다)될 수 있는 경우에는 그렇지 않다.<br>3) 작업장의 바닥·내벽 및 천장은 다음과 같은 구조로 설비되어야 한다.<br>   가) 바닥은 콘크리트 등으로 내수 처리를 해야 하며, 배수가 잘 되도록 해야 한다.<br>   나) 내벽은 바닥으로부터 1.5미터까지 밝은 색의 내수성으로 설비하거나 세균방지용 페인트로 도색해야 한다. |
| 식품취급 시설 | 1) 식품을 제조·가공하는 데 필요한 기계·기구류 등 식품취급시설은 식품의 특성에 따라 식품 등의 기준 및 규격에서 정하고 있는 제조·가공 기준에 적합한 것이어야 한다.<br>2) 식품취급시설 중 식품과 직접 접촉하는 부분은 위생적인 내수성재질[스테인레스·알루미늄·에프알피(frp)·테프론 등 물을 흡수하지 않는 것을 말한다. 이하 같다]로서 씻기 쉬우며, 열탕·증기·살균제 등으로 소독·살균이 가능한 것이어야 한다.<br>3) 냉동·냉장시설 및 가열처리시설에는 온도계 또는 온도를 측정할 수 있는 계기를 설치해야 한다. |
| 급수시설 | 1) 수돗물이나 「먹는물관리법」 제5조에 따른 먹는 물의 수질 기준에 적합한 지하수 등을 공급할 수 있는 시설을 갖추어야 한다.<br>2) 지하수 등을 사용하는 경우 취수원은 화장실·폐기물처리시설·동물사육장, 그 밖에 지하수가 오염될 우려가 있는 장소로부터 20미터 이상 떨어진 곳에 위치해야 한다. |
| 화장실 | 1) 작업장에 영향을 미치지 않는 곳에 정화조를 갖춘 수세식 화장실을 설치해야 한다. 다만, 인근에 사용하기 편리한 화장실이 있는 경우에는 화장실을 따로 설치하지 않을 수 있다.<br>2) 화장실은 콘크리트 등으로 내수처리를 해야 하고, 바닥과 내벽(바닥으로부터 1.5미터까지)에는 타일을 붙이거나 방수페인트로 칠해야 한다. |
| 창고 등 | 1) 원료와 제품을 위생적으로 보관·관리할 수 있는 창고를 갖추어야 한다. 다만, 창고에 갈음할 수 있는 냉동·냉장시설을 따로 갖춘 업소에서는 이를 설치하지 않을 수 있다.<br>2) 창고의 바닥에는 양탄자를 설치해서는 안 된다. |
| 검사실 | 1) 식품 등의 기준 및 규격을 검사할 수 있는 검사실을 갖추어야 한다. 다만, 다음 각 호의 어느 하나에 해당하는 경우에는 이를 갖추지 않을 수 있다.<br>   가) 법 제31조제2항에 따라 식품위생검사 기관 등에 위탁하여 자가품질검사를 하려는 경우<br>   나) 같은 영업자가 다른 장소에 영업 신고한 같은 업종의 영업소에 검사실을 갖추고 그 검사실에서 법 제31조제1항에 따른 자가품질검사를 하려는 경우<br>   다) 같은 영업자가 설립한 식품 관련 연구·검사 기관에서 자사 제품에 대하여 법 제31조제1항에 따른 자가품질검사를 하려는 경우<br>2) 검사실을 갖추는 경우에는 자가품질검사에 필요한 기계·기구 및 시약류를 갖추어야 한다. |

# 3 밀키트 허가 신고 절차

밀키트를 판매하기 위한 허가 신고 절차는 즉석판매제조가공업과 식품제조가공업 두 가지로 분류된다. 두 가지 모두 밀키트를 판매하기 위한 허가 사항으로 허가 기준과 준비 서류가 다르기 때문에 아래 서류 작성 예시 등을 활용해서 잘 준비하길 바란다. 우선 음식점을 운영하는 자영업자 분들이 즉석판매제조가공업 신고를 하려면, 매장의 사업장 주소지 소재 지자체 식품위생과에 가서 영업 신고증을 수정하면 된다. 밀키트 제조 허가를 받기 위해 신규로 사업자를 내야 한다고 잘못 알고 계시는 사장님이 많다. 그래서 엠엠컨설팅연구소에 문의를 많이 한다. 밀키트 제조업은 내가 운영하는 음식점에서 내메뉴를 내가 운영하는 온라인 채널이나 매장에서 팔기 위한 사업이다. 그러므로 밀키트 제조업을 하기 위해 새롭게 허가를 내는 것이 아니라 기존 사업자의 영업 신고증에 항목을 추가하면 된다. 그리고 밀키트 제조 시설을 확보해야 허가를 받을 수 있다. 이때 새로운 공간을 임대하는 것이 아니라 주방 공간을 분리하여 즉석판매제조가공업 영업 신고를 하면, 기존 일반 음식점을 폐업 신고하지 않고도 밀키트 사업을 동시에 운영할 수 있다. 주방 공간을 분리하여 신고하는 것은 조리 공간과 포장 공간을 별도로 구성하기 위함이다. 식품영업신고서를 작성할 때 식품용수 종류를 선택하는 항목이 있는데, 지하수를 사용한다면 수질 검사<sup>시험</sup> 성적서를 발급받아 제출해야 한다.

밀키트 제조 허가 사항을 정리하자면, 매장 소재지 지자체 식품위생과에 가서 식품제조가공영업등록신청서, 식품영업신고서, 식품영업허가사항변경신고서를 작성하여 제출하면 된다. 그리고 오픈마켓, 자사몰 등에서 밀키트를 판매할 경우에는 관할 지자체 지역경제순환과<sup>일자리경제과(지자체마다 이름이 다름)</sup>에 가서 통신판매신고를 하면 된다. 이 같이 매장과 온라인 판매에 대한 법적 허가 사항을 신고하면, 신고 이수 실사를 통해 밀키트 판매 허가를 받을 수 있다.

# 즉석판매제조가공업 허가 신고 절차

* 기존 매장에 즉석판매제조가공업 허가를 받는 방법을 기준으로 작성함

| | |
|---|---|
| 즉석판매제조가공업 등록요건 확인 | • 상가계약(임대차 계약서 준비)<br>• 영업 신고 전 건축물 용도 등 즉석판매제조가공업 허가 요건에 맞는 상가인지 사전확인 필요 |
| 위생교육 후 식품위생교육 수료증 | 1. 교육신청 : 한국식품산업협회 (온라인/집합 교육)<br>- 신규 교육자는 집합교육으로만 진행됨<br>* 2022년 10월부터 신규영업자 위생교육은 집합교육으로만 수강할 수 있음<br><br>관련근거 . 식품위생법 제 41조 제 6항 (영업을 하려는 자가 미리 받아야 하는 식품위생교육은 집합교육으로 실시한다.)<br><br>- 한국식품산업협회 : 02)3470-8150 ( https://www.kfia.or.kr/ )<br>- 교육 신청방법은 아래 표 참조<br><br>2. 교육시간 및 비용 :<br>- 식품제조·가공업, 즉석판매제조·가공업, 식품첨가물제조업, 공유주방 운영업 : 8시간(35,000원)<br>- 식품운반업, 식품소분·판매업, 식품보존업, 용기·포장류제조업 : 4시간(20,000원)<br><br>* 교육비용은 지역별로 상이할 수 있음 |
| 보건증(건강진단서) | • 관할 보건소 or 보건증 발급 가능한 사설병원에서 발급<br>• 사전 예약 후 방문 권장<br>• 발급까지 약 1주일 정도 소요 |
| 영업 신고 및 발급 | 1. 사전 준비서류 :<br>1) 신분증<br>2) 임대차 계약서<br>3) 식품위생교육 수료증<br>4) 보건증<br>*지하수 사용시, 수질검사성적서를 추가 준비해야 함<br><br>2. 방문 작성 서류 :<br>1) 식품영업신고서<br>(식품영업신고서는 뒷페이지의 별지 양식 참조하여 작성)<br>2) 제조법 설명서<br>(구청에 구비되어 있는 작성 예시 참조하여 작성(*p 참조)<br>*서류는 관할구청에 구비되어 있음<br><br>대리인 방문시 추가 서류 :<br>영업자의 인감증명서, 인감도장, 위임장, 대리인 신분증<br>법인일 경우 추가 서류 :<br>법인등기부등본, 법인인감증명서, 법인인감도장, 위임장, 대리인 신분증 |

| | |
|---|---|
| 인테리어 및 현장실사 | • 인테리어 : 즉석판매가공업 인허가에 맞는 시설 기준 충족<br>• 현장실사 : 구청에서 현장실사 나옴(서류 접수 완료일로부터 약 2-4주 후)<br><br>* 매장 평수, 조리장 내부, 정화조 시설, 하수구 시설, 조리장과 포장공간의 분리 여부 등 확인<br>*즉석반매제조업은 현장실사를 안 나오는 경우가 대부분이나, 식품제조가공업은 현장실사 진행됨 |
| 통신판매업 신고* | 1. 신고방법 (아래 2가지 중 택1)<br>• 직접 방문신고 : 시, 군, 구 행정지원 센터의 경제과 방문<br>• 온라인 신고 : 정부 24 홈페이지<br><br>2. 필요서류<br>대표자의 신분증, 사업자 등록증, 구매안전서비스 이용확인증, 통신판매업 신고증<br><br>3. 신고~발급절차 (아래 1)~5)번 내용 도식화)<br>1) 정부24에서 통신판매업 신고<br>2) 등록면허세 납부 안내 문자 수신 (1~3일 소요)<br>3) 납부<br>4) 처리완료 문자 수신 (1~3일 소요)<br>5) 정부24 홈페이지의 '나의 서비스'에서 직접 발급<br><br>* 등록면허세 : 40,500원(*서울 기준이며 지역에 따라 다를 수 있음)<br>* 통신판매업 신고허가 처리 완료일로부터 7일 이내로만 신고증출력 가능하니, 기간 준수필<br>* 사업자등록증 보유자일 경우 : *통신판매업신고 〉 사업자등록증 업태추가 〉 구매안전 확인증<br>* 사업자등록증 미보유자일 경우 : 사업자등록증 발급 〉 구매안전확인증 〉 *통신판매업 신고 〉 사업자 등록증 업태 추가 |
| 사업자등록증 발급 | • 관할 세무서 or 국세청 홈택스(온라인)에서 사업자등록증 발급 / 업태추가<br>• 필요서류 : 신분증, 통신판매업신고증, 사업자등록증 |
| 사업자 통장 개설 및 구매안전서비스이용 확인증 발급 | • 인터넷 판매를 하려면 필수 발급 필요<br>• 필요서류 : 신분증, 통신판매업신고증, 사업자등록증 |
| 스마트스토어 가입 및 판매 | 스마트스토어 가입서류 :<br>1) 사업자 등록증 사본(1년 이내 발급본)<br>2) 대표자 인감 증명서 사본 (3개월 이내 발급, 주민등록번호 뒷자리 부분은 마스킹필요)<br>- '본인서명사실확인서'로 대체 접수 가능<br>3) 대표자(사업자) 명의 통장 사본<br><br>* 추후 통신판매업신고번호 인증 필요 |

## 서류를 미리 준비하세요! (1. 식품영업등록신청서)

[별지 제41호의2서식] 〈개정 2021. 12. 30.〉

# 식품( 제조·가공 )영업등록신청서

| 접수번호 | 접수일자 | 발급일자 | 처리기간 | 3일 |
|---|---|---|---|---|

| 신청인 | 성명 (본인 성명) | | 주민등록번호 (본인 주민번호) |
|---|---|---|---|
| | 주소 (본인 거주지 주소) | | 전화번호 (본인 연락처) |

| 신청사항 | 명칭(상호) (신청하려는 영업장 명칭 성명) | 영업의 종류 식품제조가공업 |
|---|---|---|
| | 소재지 (신청하려는 영업장 주소) | 전화번호 (영업장 연락처) |
| | 영업장 면적 | (신청하려는 영업장 면적 수치) ㎡ |
| | 식품용수의 종류 [V] 수돗물 [ ] 먹는샘물 [ ] 먹는염지하수<br>　　　　　　　　　[ ] 지하수(먹는샘물 및 먹는염지하수는 제외합니다)<br>　　　　　　　　　[ ] 먹는해양심층수　　[ ] 그 밖의 먹는물<br>　　　　　　　* 식품용수를 2개 이상 사용하는 경우에는 중복 표기가 가능합니다. | |
| | 공유주방을 사용하는 영업의 종류<br>※공유주방을 사용하는 영업의 종류는「식품위생법 시행령」제21조제9호의 공유주방 운영자만 적습니다. | |
| | 공유주방의 사용 여부 [V] 해당 [ ] 미해당 | |

「식품위생법」제37조제5항 및 같은 법 시행규칙 제43조의2제1항에 따라 위와 같이 영업등록을 신청합니다.

　　　　　　　　　　　　　　　　　　　　　　　　　　　　　　　　2023 년 1 월 1 일
　　　　　　　　　　　　　　　　　　　　　　　　　　　　　　　　　　(서명 또는 인)

　　　　　　　　　　　신청인　　　(본인 성명)

**지방식품의약품안전청장**
**특별자치시장·특별자치도지사·시장·군수·구청장** 귀하

| 신청인<br>제출서류 | 1. 공통서류<br>가.「식품위생법」제41조제2항에 따라 미리 교육을 받은 경우: 교육이수증<br>나. 수돗물이 아닌 지하수 등을 먹는 물 또는 식품등의 제조과정 등에 사용하는 경우:「먹는물관리법」에 따른 먹는물 수질검사기관이 발행한 수질검사(시험)성적서<br>2.「식품위생법 시행령」제21조제1호의 식품제조·가공업 및 같은 조 제3호의 식품첨가물제조업을 하려는 경우<br>가. 제조·가공하려는 식품 또는 식품첨가물의 종류 및 제조방법 설명서<br>나. 공유주방 소재지, 면적 등이 기재된 공유주방 사용계약에 관한 서류(「식품위생법 시행령」제21조제9호의 공유주방 운영업자의 공유주방을 사용하는 경우만 해당한다)<br>3.「식품위생법 시행령」제21조제9호의 공유주방 운영업을 하려는 경우<br>가. 제55조제1항에 따른 위생관리책임자 선임고서<br>나.「식품위생법」제44조의2 및 영 제30조에 따른 책임보험에 가입하였음을 증명하는 서류 | 수수료<br><br>2만 8천원<br>(수입인지 또는<br>수입증지) |
|---|---|---|
| 담당 공무원<br>확인사항 | 1. 토지이용계획확인서<br>2. 건축물대장 또는「건축법」제22조제3항제2호에 따른 건축물의 임시사용 승인서<br>3.「다중이용업소의 안전관리에 관한 특별법」제9조제5항에 따라 소방본부장 또는 소방서장이 발급하는 안전시설 등 완비증명서(「다중이용업소의 안전관리에 관한 특별법 시행령」제2조제1의2에 따른 영업을 하려는 경우만 해당합니다)<br>4. 건강진단결과서(「식품위생법 시행규칙」제49조에 따른 건강진단대상자만 해당합니다) | |

### 행정정보 공동이용 동의서

본인은 이 건 업무처리와 관련하여 담당 공무원이「전자정부법」제36조에 따른 행정정보의 공동이용을 통하여 위의 담당 공무원 확인 사항을 확인하는 것에 동의합니다. * 동의하지 않는 경우에는 신청인이 직접 관련 서류를 제출해야 합니다.

　　　　　　　　　　　신청인　　　　　　　　　　　　　　　　　　　　(서명 또는 인)

### 유의 사항

1. 영업등록을 하려는 자는「식품위생법 시행규칙」제43조의2에서 정한 사항 외에 해당 영업등록과 관련된 다음 법령에 위반되거나
저촉되는지 여부를 검토해야 합니다.
  -「국토의 계획 및 이용에 관한 법률」,「하수도법」,「농지법」,「학교보건법」,「옥외광고물 등의 관리와 옥외광고산업 진흥에 관한 법률」,「하천법」,「한강수계 상수원수질개선 및 주민지원 등에 관한 법률」,「물환경보전법」,「소음·진동관리법」,「관광진흥법」,「학원의 설립·운영 및 과외교습에 관한 법률」,「청소년 보호법」,「근로기준법」,「산업집적활성화 및 공장설립에 관한 법률」,「주차장법」,「지방세법」등 그 밖의 관련 법령
2. 등록한 영업을 폐업하는 때에는 영업의 폐업신고를 해야 합니다

### 처리 절차

| 신청서 작성 | ⇨ | 접 수 | ⇨ | 검 토 | ⇨ | 현장실사 및 시설조사 | ⇨ | 결 재 | ⇨ | 등록증 발급 |
|---|---|---|---|---|---|---|---|---|---|---|
| 신청인 | | 처리기관 : 지방식품의약품안전청, 특별자치시·특별자치도·시·군·구(식품영업허가 담당부서) | | | | | | | | |

210mm×297mm[일반용지 70g/㎡(재활용품)]

## (2. 식품영업신고서)

■식품위생법 시행규칙 [별지 제37호서식] 〈개정 2022. 7. 28.〉

# 식품 영업 신고서

※ 뒤쪽의 구비서류와 신고안내, 유의사항을 읽고 작성하시기 바라며, [ ]에는 해당되는 곳에 √ 표를 합니다.     (앞쪽)

| 접수번호 | | 접수일자 | 발급일 | 처리기간 | 즉시 |
|---|---|---|---|---|---|
| 신고인 | 성명(법인은 법인 명칭 및 대표자의 성명)<br>(개인) 본인 이름 / (법인) 사업명 | | 주민(법인)등록번호<br>(개인) 주민번호 / (법인) 등록번호 | | |
| | 주소(법인은 주된 사무소의 소재지)<br>(개인) 본인 거주지 / (법인) 사무소 | | 전화번호<br>(개인) 본인 연락처 / (법인) 사무소 연락처 | | |
| 신고사항 | 명칭(상호) | | | 전화번호 | |
| | 영업의<br>종류 | [√]즉석판매제조·가공업<br>[ ]식품운반업<br>[ ]식품소분업<br>[ ]식용얼음판매업<br>[ ]식품자동판매기영업<br>[ ]유통전문판매업 | [ ]집단급식소 식품판매업<br>[ ]기타식품판매업<br>[ ]식품냉동·냉장업<br>[ ]용기·포장지제조업<br>[ ]옹기류제조업<br>[ ]휴게음식점영업 | [ ]일반음식점영업<br>[ ]위탁급식영업<br>[ ]제과점영업 | |
| | 영업장 면적: 건물 내부 장소 [ 10 ㎡ ]   건물 외부 장소 [   ㎡]<br>영업장의 소재지: 영업장 주소     ···· 밀키트 가공(포장) 업무를 할 공간의 면적<br>(야외공간 상관 X) | | | | |
| | ※ 건물 외부 장소의 면적은 「식품위생법 시행령」 제21조제8호가목의 휴게음식점영업, 같은 호 나목의 일반음식점영업 또는 같은 호 바목의 제과점영업을 하려는 자가 해당 외부 장소에서 음식류 등을 제공하는 경우만 적습니다.<br>※ 음식판매자동차를 사용하여 휴게음식점영업 또는 제과점영업을 하려는 경우에는 그 영업장 면적을 해당 음식판매자동차의 자동차등록번호와 함께 건물 내부 장소에 적고, 해당 영업소의 소재지를 적습니다. | | | | |
| | 식품용수의 종류 [√] 수돗물   [ ] 먹는샘물   [ ] 먹는염지하수<br>              [ ] 지하수(먹는샘물 및 먹는염지하수는 제외합니다)<br>              [ ] 먹는해양심층수   [ ] 그 밖의 먹는물<br>              * 식품용수를 2개 이상 사용하는 경우에는 중복 표기가 가능합니다. | | | | |
| | 공유주방의 사용 여부 [√] 해당   [ ] 미해당 | | | | |
| | 공동조리장 이용 여부 [√] 해당   [ ] 미해당<br>공동조리장을 함께 이용하는 영업장의 업소명, 영업의 종류 및 소재지 : 공동주방 주소 | | | | |

「식품위생법」제37조제4항 및 같은 법 시행규칙 제42조제1항에 따라 위와 같이 영업을 신고합니다.

2023 년   l 월   l 일

신고인     (본인 이름)     (서명 또는 인)

**특별자치시장·특별자치도지사·시장·군수·구청장** 귀하

### 행정정보 공동이용 동의서

본인은 이 건 업무처리와 관련하여 담당 공무원이 「전자정부법」제36조제1항에 따른 행정정보의 공동이용을 통하여 담당 공무원 확인 사항을 확인하는 것에 동의합니다. * 동의하지 아니하는 경우에는 신청인이 직접 관련 서류를 제출하여야 합니다.

신고인(대표자)     (서명 또는 인)

### 신고 안내

〈특별자치시장·특별자치도지사·시장·군수·구청장에게 신고를 하여야 하는 업종〉
1. 즉석판매제조·가공업 2. 식품운반업 3. 식품소분업 4. 식용얼음판매업 5. 식품자동판매기영업 6. 유통전문판매업 7.집단급식소 식품판매업 8. 기타식품판매업 9. 식품냉동·냉장업 10. 용기·포장류제조업(자신의 제품을 포장하기 위하여 용기·포장류를 제조하는 경우는 제외) 11. 옹기류제조업 12. 휴게음식점영업 13. 일반음식점영업 14. 위탁급식영업 15.제과점영업

### 유의 사항

1. 신고한 영업을 폐업하는 때에도 신고를 하여야 합니다.
2. 신고를 하여야 하는 업종을 신고를 하지 아니하고 영업을 하는 경우에는 「식품위생법」제97조제1호에 따라 3년 이하의 징역 또는 3천만원 이하의 벌금을 부과하게 됩니다.
3. 영업신고를 하려는 자는 「식품위생법 시행규칙」제40조에서 정한 사항 외에 해당 영업신고와 관련된 다음 법령에 위반되거나 저촉되는지 여부를 검토하여야 합니다.
 -「국토의 계획 및 이용에 관한 법률」,「하수도법」,「농지법」,「학교보건법」,「옥외광고물 등의 관리와 옥외광고산업 진흥에 관한 법률」,「하천법」,「한강수계 상수원수질개선 및 주민지원 등에 관한 법률」,「물환경보전법」,「소음·진동관리법」,「관광진흥법」,「학원의 설립·운영 및 과외교습에 관한 법률」,「청소년 보호법」,「근로기준법」,「산업집적활성화 및 공장설립에 관한 법률」,「주차장법」,「지방세법」등 그 밖의 관련 법령
4. 「식품위생법 시행규칙」별표 14 제8호가목2)라)에 따라 공동조리장을 사용하는 경우에는 공동으로 사용하는 조리장의 면적을 포함하여 신고하여야 합니다.

210mm×297mm[백상지 80g/㎡(재활용품)]

우리 매장 인기메뉴로 밀키트 판매하는 방법

(뒤쪽)

| | | |
|---|---|---|
| 제출서류 | 1. 교육이수증 1부(「식품위생법」 제41조제2항에 따라 미리 교육을 받은 경우만 해당합니다)<br>2. 제조・가공하려는 식품의 유형 및 제조방법 설명서 1부(「식품위생법 시행령」 제21조제2호의 영업만 해당합니다)<br>3. 시설사용계약서 1부(식품운반업을 하려는 경우로서 차고 또는 세차장을 임대할 경우만 해당합니다)<br>4. 「먹는물관리법」에 따른 먹는물 수질검사기관이 발행한 수질검사(시험)성적서 1부(수돗물이 아닌 지하수 등을 먹는 물 또는 식품등의 제조과정이나 식품의 조리・세척 등에 사용하는 경우만 해당합니다)<br>5. 유선 또는 도선사업 면허증 또는 신고필증 1부(수상구조물로 된 유선장 또는 도선장에 「식품위생법 시행령」 제21조제8호가목의 휴게음식점영업, 같은 호 나목의 일반음식점영업 및 같은 호 바목의 제과점영업을 하려는 경우만 해당합니다)<br>6. 식품자동판매기의 종류 및 설치장소가 적힌 서류 1부(2대 이상의 식품자동판매기를 설치하고 일련관리번호를 부여하여 일괄 신고를 하는 경우만 해당합니다)<br>7. 수상레저사업 등록증 1부(수상구조물로 된 수상레저사업장에서 「식품위생법 시행령」 제21조제8호가목의 휴게음식점영업 및 같은 호 바목의 제과점영업을 하려는 경우만 해당합니다)<br>8. 「국유재산법 시행규칙」 제14조제3항에 따른 국유재산 사용허가서 1부(국유철도의 정거장시설 또는 군사시설에서 「식품위생법 시행령」 제21조제2호의 즉석판매제조・가공업의 영업, 같은 조 제5호의 식품소분・판매업의 영업, 같은 조 제8호가목의 휴게음식점영업, 같은 호 나목의 일반음식점영업 또는 같은 호 바목의 제과점영업을 하려는 경우만 해당합니다)<br>9. 해당 도시철도사업자와 체결한 도시철도시설 사용계약에 관한 서류 1부(도시철도의 정거장시설에서 「식품위생법 시행령」 제21조제2호의 즉석판매제조・가공업의 영업, 같은 조 제5호의 식품소분・판매업의 영업, 같은 조 제8호가목의 휴게음식점영업, 같은 호 나목의 일반음식점영업 또는 같은 호 바목의 제과점영업을 하려는 경우만 해당합니다)<br>10. 예비군식당 운영계약에 관한 서류 1부(군사시설에서 「식품위생법 시행령」 제21조제8호나목의 일반음식점영업을 하려는 경우만 해당합니다)<br>11. 영업장과 연접하는 외부 장소를 영업장으로 사용하려는 경우에는 해당 외부 장소에 대해 정당한 사용 권한이 있음을 증명하는 서류(「식품위생법 시행령」 제21조제8호가목의 휴게음식점영업, 같은 호 나목의 일반음식점영업 또는 같은 호 바목의 제과점영업을 하려는 자가 해당 외부 장소에서 음식류 등을 제공하는 경우만 해당합니다)<br>12. 해당 영업장에서 영업을 할 수 있음을 증명하는 「식품위생법 시행규칙」 별표 15의2에 따른 서류 1부[음식판매자동차(「자동차관리법 시행규칙」 별표 1 제1호・제2호 및 비고 제1호가목에 따른 이동용 음식판매 용도인 소형・경형화물자동차 또는 같은 표 제2호에 따른 이동용 음식판매 용도인 특수작업형 특수자동차)를 사용하여 「식품위생법 시행령」 제21조제8호가목의 휴게음식점영업 또는 같은 호 바목의 제과점영업을 하려는 경우만 해당합니다]<br>13. 「어린이놀이시설 안전관리법」 제12조제1항 및 같은 법 시행령 제7조제4항에 따른 어린이놀이시설 설치검사합격증 또는 「어린이놀이시설 안전관리법」 제12조제2항 및 같은 법 시행령 제8조제5항에 따른 어린이놀이시설 정기시설검사합격증(「식품위생법 시행령」 제21조제8호가목, 나목, 마목 또는 바목의 영업을 하려는 경우로서 해당 영업장에 어린이놀이시설을 설치하는 경우만 해당합니다)<br>14. 공유주방 소재지, 면적 등이 기재된 공유주방 사용계약에 관한 서류(「식품위생법 시행령」 제21조제9호의 공유주방 운영업자의 공유주방을 사용할 경우만 해당합니다) | 수수료<br>28,000원<br>(수입인지 또는 수입증지) |
| 담당<br>공무원<br>확인사항 | 1. 토지이용계획확인서(「식품위생법 시행규칙」 제42조제1항제10호에 따른 국유재산 사용허가서를 제출한 경우에는 제외합니다)<br>2. 건축물대장 또는 「건축법」 제22조제3항제2호에 따른 건축물의 임시사용 승인서(「식품위생법시행규칙」 제42조제1항제10호에 따른 국유재산 사용허가서를 제출한 경우에는 제외합니다)<br>3. 액화석유가스 사용시설완성검사증명서(「식품위생법 시행령」 제21조제8호가목의 휴게음식점영업, 같은 호 나목의 일반음식점영업 및 같은 호 바목의 제과점영업을 하려는 사람 중 「액화석유가스의 안전관리 및 사업법」 제44조제2항에 따라 액화석유가스 사용시설의 완성검사를 받아야 하는 사람의 경우만 해당합니다)<br>4. 자동차등록증(음식판매자동차를 사용하여 「식품위생법 시행령」 제21조제8호가목의 휴게음식점영업 또는 같은 호 바목의 제과점영업을 하려는 경우만 해당합니다)<br>5. 사업자등록증(음식판매자동차를 사용하여 「고등교육법」 제2조에 따른 학교에서 해당 학교의 경영자가 「식품위생법 시행령」 제21조제8호가목의 휴게음식점영업 또는 같은 호 바목의 제과점영업을 하려는 경우만 해당합니다)<br>6. 건강진단결과서(제49조에 따른 건강진단대상자의 경우만 해당합니다)<br>7. 「다중이용업소의 안전관리에 관한 특별법」 제9조제5항에 따라 소방본부장 또는 소방서장이 발급하는 안전시설등 완비증명서(「다중이용업소의 안전관리에 관한 특별법 시행령」 제2조제1호가목에 따른 영업을 하려는 경우만 해당합니다 | |

처리 절차

신고서 작성 ⇨ 접 수 ⇨ 검 토 ⇨ 결 재 ⇨ 신고증 발급 ⇨ 필요시 시설조사 (15일 이내)

신고인  처리기관 : 지방식품의약품안전청, 특별자치시・특별자치도・시・군・구(식품영업허가 담당부서)

3장・첫 번째 _ 밀키트 제조 허가

(3. 식품영업허가사항 변경)

■ 식품위생법 시행규칙 [별지 제36호서식] 〈개정 2021. 12. 30.〉

# 식품 영업신고사항 변경신고서

※ 뒤쪽의 구비서류와 신고안내, 유의사항을 읽고 작성하시기 바라며, [ ]에는 해당되는 곳에 √ 표를 합니다.  (앞쪽)

| 접수번호 | 접수일 | 발급일 | 처리기간 | 즉시 |
|---|---|---|---|---|

| 신청(신고)인 | 성명<br>(개인) 본인 성명 / (법인) 대표자 성명 | | 생년월일(법인등록번호)<br>(개인) 본인 생년월일 / (법인) 등록번호 | |
| | 주소<br>(개인) 본인 거주지 / (법인) 사무소 | | 전화번호<br>(개인) 본인 연락처 / (법인) 사무소 연락처 | |

| 변경 대상 | 영업소 명칭 또는 상호명<br>(변경하려는 영업소 · 상호명) | | | |
| | 영업의 종류<br>(식품접객업- 일반음식점 영업) | | 허가번호<br>제 (허가증 좌측 상단 번호) 호 | |

| 변경 사항 | 변경 전 | 변경 후 |
|---|---|---|
| 영업자<br>(법인은 대표자) | (개인) 본인 성명<br>(법인) 대표자 성명 | (개인) 본인 성명<br>(법인) 대표자 성명 |
| 영업소 명칭 (상호) | (변경하려는 영업소 · 상호명) | (변경하려는 영업소 · 상호명) |
| 영업소 소재지 | (영업소 주소) | (영업소 주소) |
| 영업장 면적 | 건물 내부 장소 [ 125㎡ ]<br>건물 외부 장소 [    ㎡ ] | 건물 내부 장소 [ 115㎡ ] (기존 면적) - (밀키트 포장공간 면적)<br>건물 외부 장소 [    ㎡ ] = 식품영업허가사항 변경 신고서에 기입한 면적과 동일해야 함 |
| 주요 영업시설의 변경 | (별 첨) | (별 첨) |

변경 사유
즉석판매제조가공업 신고로 인한 사업장(주방) 공동 사용
(납득 가능한 수준의 변경 사유로 기입)

「식품위생법」제37조제1항 및 같은 법 시행규칙 제41조제1항에 따라 식품 영업허가사항의 변경허가를 신청하거나 허가사항의 변경신고를 합니다.

2023 년  월  일

신청(신고)인  (개인) 본인 성명
(법인) 대표자 성명   (서명 또는 인)

지방식품의약품안전청장
특별자치시장·특별자치도지사   귀하
시장·군수·구청장

210mm×297mm[백상지 80g/㎡(재활용품)]

(4. 품목제조방법)

품목제조보고서는 제조하는 식품의 품목을 상세히 기록한 문서로 제품 생산 개시 전이나 개시 후 7일 이내에 신고관청에 제출해야 한다. 제조방법설명서와 유통기한 설정사유서 등을 첨부해야 한다. 품목제조보고서는 각 지자체 홈페이지에서 양식을 다운받을 수 있다. 별도 양식이 없는 경우에는 아래 양식을 참고하여 작성하면 된다.

식품제조업의 경우에는 완제품에 대해 품목제조보고의 의무가 있지만, 즉석판매제조가공업의 경우에는 품목제조보고의 의무가 없으므로 식품 표시사항을 준수하여 판매하면 된다. 다만, 한글식품표시사항 라벨을 제작하는 기초가 되는 자료이기 때문에 자세히 작성해야 한다.

## 제 조 방 법 설 명 서

| | |
|---|---|
| 1. 제품명 | ○○○ 의 곱창전골 |
| 2. 식품유형<br>(식품종류) | 즉석조리식품(또는 간편조리세트) |
| 3. 원재료 및 성분배합비율 (%) | 양념육 30%[염통 20%, 절창 10%, 소창(국내산) 50%, 대창(국내산) 20%]<br>육수 65%(허파 10%, 뼈 5%, 물 85%)<br>다대기장 5%(고추가루, 마늘, 양파, 물엿, 간장) |
| 4. 제조방법 | 1) 냉동된 곱창을 해동하여 부유물 제거 및 세척 후 절단하여 양념한다.<br>2) 뼈와 허파로 육수를 우려내어 용기에 양념육, 육수 다대기장을 계량하여 포장 후 냉동 제품으로 판매한다. |
| 5. 성상 | 액체, 고체 |
| 6. 용도용법 | 식사류, 조리 후 섭취 |
| 7. 포장방법 및 포장단위 | 1kg, pp, 알루미늄 |
| 8. 유통기한 | 냉장보관시 제조일로 부터 3일 |
| 9. 기타 | |

# 4  OEM과 ODM

　만약 일반 음식점에서 매장의 상품을 밀키트로 판매했는데 온라인 마케팅 활성화를 통해 매출이 급격하게 늘었다고 가정해 보자. 밀키트를 만드는 작업 공간 및 하루에 만들 수 있는 생산량에는 한계가 있기 때문에 기존의 즉석판매제조가공업 형태로는 물량을 맞출 수 없을 때가 생긴다. 또한 타 판매 채널에서 납품 제안을 받는다면 '식품제조가공업 허가를 받아야 할까?'라는 고민을 하게 된다. 그럴 때는 식품전문공장에 아웃소싱 형식으로 OEM이나 ODM을 맡기는 것이 합리적이고 보다 더 원활한 진행을 할 수 있다. 단 아웃소싱을 할 때 내 레시피가 공유될 위험이 있다는 것을 고민해야 한다. 그럼에도 불구하고 직접 식품제조가공업을 할 수 없다면, 아웃소싱은 선택이 아닌 필수가 되므로 보안을 지킬 수 있는 좋은 업체를 찾는 것이 매우 중요하다.

　일반 음식점을 운영하는 상황에서 가장 합리적인 밀키트 제작 허가 사항은 즉석판매제조가공업이지만, 문제는 제3자에게 위탁 판매가 불가능하다는 것이다. 그러므로 밀키트 상품의 판매가 활성화되어 물량을 즉석판매제조가공업 허가 시설에서 처리할 수 없다면 아웃소싱, 즉 OEM이나 ODM을 권유한다. 그런데 여기서 반드시 고민해야 할 것은 내 레시피의 공유 문제뿐만 아니라 다른 사람의 레시피 공유라는 찬스도 있다는 점이다. 관례를 보면, 식품제조가공업을 하는 공장의 경우, 자사가 개발하여 납품한 소스나 제품의 사용 기간을 통상 2년으로 본다. 그러다 보니 2년이 지나면 다른 브랜드의 레시피를 받아 볼 수 있게 된다. OEM과 ODM 공장들은 이런 다양한 레시피를 가지고 있어서 나의 신제품 또는 기존 제품의 다양성을 꾀할 수 있는 기회가 되기 때문에 레시피 공유에 대한 두려움으로 아웃소싱을 기피할 필요는 없다. 업체별로 경쟁적으로 내놓는 신상품을 보더라도 세상에 없던 음식이 아니라 어떤 관점에서 해석한 메뉴인가의 차별성이 있을 뿐이다. 우리 매장에서 더 이상 밀키트를 제작하기 벅찬 상황이 온다면, 더 넓은 관점에서 다양한 브랜드를 통해 나만의 색깔을 찾아갈 수 있는 OEM과 ODM을 권한다.

## OEM과 ODM이란?

OEM(Original Equipment Manufacturer)은 주문자(판매사)로부터 의뢰받은 제품을 요구에 따라 제조하여 제공하는 위탁 생산 방식이다. 여기서 주문자는 밀키트 상품을 만들어서 사업을 시작하고자 하는 매장 주인을 말한다. 그리고 보통 외주 업체로는 식품제조가공업 인허가를 갖고 있는 식품제조공장을 이용한다. 밀키트를 어떤 구성으로, 어떤 재료를 넣어 제작할지는 내 매장에서 정하고, 상품을 생산하는 제작 과정만 특정 업체에 외주를 맡기는 것이다. 생산 시설을 이미 제대로 갖춘 제조사에 생산을 맡기는 것이기 때문에 판매사 입장에서는 대용량의 상품을 생산하고자 할 때, 그를 위한 생산 시설을 설비하는 비용을 절감할 수 있다.

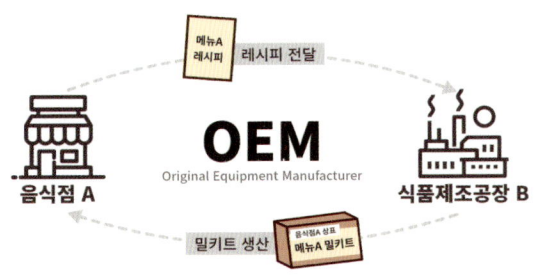

이와 다르게 ODM(Original Development Manufacturer)은 '생산자 개발' 방식으로 만드는 제품으로 최근에 자주 등장하는 용어다. 제조사에서 제품 개발과 생산을 전부 담당하는 방식으로 밀키트 레시피 개발부터 완제품 생산까지 전부 담당하지만 밀키트 생산을 주문한 내 매장의 상호를 붙인다. ODM을 하고 있는 업체는 경험을 통해 쌓인 기술력이 있기 때문에 내 매장 음식의 레시피가 밀키트화하기에 적합하지 않다면 그에 맞춰 레시피를 간소화하거나 변경하는 등의 개발이 가능하다.

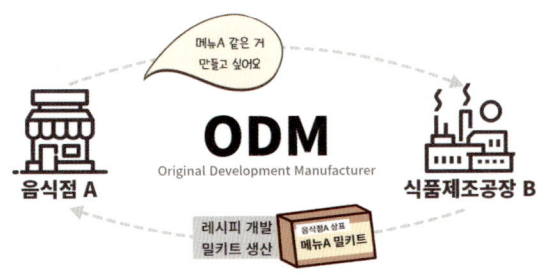

정리하면, 둘 다 생산된 밀키트 제품에 주문한 매장의 상표를 부착한다. 다만 제조사인 식품제조공장이 내 밀키트의 레시피를 정하고 포장 용기를 결정하는 등 설계 과정에 관여하는 여부가 다르다. OEM은 식품제조공장에서 밀키트를 제작하려는 매장의 레시피를 받아서 그대로 만든 뒤 포장하여 생산하는 방식이며, ODM은 식품제조공장이 생산뿐만 아니라 직접 매장의 레시피를 간소화하거나 개발하는 등의 계획 과정까지 책임지는 방식이기 때문이다.

이 같이 밀키트 생산량을 기준으로 제조 허가 사항을 체크하여 합리적인 선택을 해야 한다.

그리고 즉석식품가공업 허가에 대한 이야기를 계속하자면 신고에 필요한 절차가 있다. 즉석판매제조가공업으로 신고하려면, 매장의 사업장 주소지 소재의 지자체 식품위생과에 가서 영업 신고증을 수정하면 된다. 밀키트 제조업을 하기 위해 새롭게 허가를 내는 것이 아니라 기존 사업자의 영업 신고증에 항목을 추가하면 된다. 우선 면적 변경 신고를 통해 기존에 운영하던 일반 음식점의 운영 면적을 줄인다. 그리고 주방 공간을 분리하여 즉석판매제조가공업 영업 신고를 하면, 기존 일반 음식점을 폐업 신고하지 않고 밀키트 사업을 동시에 운영할 수 있다. 주방 공간을 분리하여 신고하는 것은 조리 공간과 포장 공간을 별도의 공간으로 구성하기 위함이다. 식품영업신고서를 작성할 때 식품용수의 종류를 선택하는 항목이 있는데, 지하수를 사용한다면 수질 검사[시험] 성적서를 발급받아 제출해야 한다.

밀키트 제조 허가 사항을 다시 한번 정리하자면, 매장 소재지 지자체 식품위생과에 가서 식품제조가공영업등록신청서, 식품영업신고서, 식품영업허가사항변경신고서를 작성하여 제출하면 된다. 그리고 오픈마켓, 자사몰 등에서 밀키트를 판매할 경우에는 관할 지자체 지역경제순환과[일자리경제과]에 가서 통신판매신고를 하면 된다. 이 같이 매장과 온라인 판매에 대한 법적 허가 사항을 신고하면, 신고 이수 실사를 통해 밀키트 판매 허가를 받게 된다.

# 두 번째
# 밀키트 포장 용기

1. 포장시 고려해야 할 사항
2. 포장 용기의 종류
3. 실링 포장 VS 진공 포장
4. 밀키트 포장 구성 예시
5. 포장 용기 판매 업체 리스트

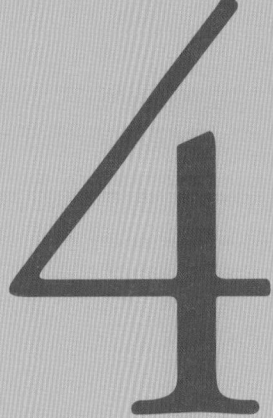

# 1 포장시 고려해야 할 사항

손질된 재료들과 양념을 가공하여 제조하는 밀키트의 특성상 제품에 알맞은 용기를 선택하여 구성하는 것은 사업 준비에 아주 중요한 부분이다. 또한 음식점을 운영하다가 밀키트 사업으로 확장하기에 앞서 가장 많이 궁금해하는 부분이기도 하다. 포장 용기와 포장지를 선택하는 것은 밀키트 사업의 성과를 올리기 위해 반드시 유의해야 할 사항이다. 유튜브에서 신제품을 개봉하는 언박싱 영상이 인기를 끌듯이, 밀키트도 기존 포장 용기를 그대로 소비자에게 제공하는 것이 아니라, 우리 매장만의 특별한 포장 패키지를 고민해야 한다. 고객에게 즐거움을 주는 패키지, 고객으로 하여금 사진을 찍어서 SNS를 통해 홍보하게 하는 패키지는 우리 매장의 영업 사원이 된다. 고객의 마음을 훔치는 정성스러운 패키지나 재미있는 패키지를 고민해보자. 밀키트 제품의 패키지를 고민할 때 두가지 질문에서 시작하면 좋은 답을 찾을 수 있다.

Question 1 '바로 먹을 수 있는가?'
Question 2 '일반 택배로 취급하여 원거리 배송이 가능한가?'

일반적으로 매장에서 판매하는 음식을 배달해서 먹는 경우는 동네 상권에서 주문하는 것이라 바로 먹을 수 있도록 조리해서 배달이 된다. 동네 상권의 경우, 최소 30분에서 1시간 거리에서 주문한다. 그러므로 동네 상권을 중심으로 배달하는 음식의 패키지는 배달원이 음식을 쏟거나 뒤집는 경우를 제외하고는 특별히 고민할 문제는 없다. 따라서 음식물이 새지 않고 배달 중에 음식이 식지 않도록 보온에 신경을 써서 포장 용기를 고르면 된다.

그러나 밀키트는 말 그대로 쿠킹박스다. 메뉴에 알맞은 식재료들이 적정량의 원물이나 적정 크기로 손질되어 있어서 간단한 조리 과정을 통해 만들어 먹을 수 있다. 배달 음식은 완제품의 모양과 맛이 변질되지 않도록 포장에 신경을 써야 하지만, 밀키트는 각 식재료의 모양이 망가지지 않도록 개별 포장에 신경을 써야 한다. 또한 밀키트를 판매하려는 대부분의 사장님들은 온라인 판매를 염두에 두므로 택배 배송 과정에서 생길 수 있는 문제점도 미리 고려해야 한다. 밀키트 상품이 장거리로 배송되는 과정에서 다른 일반 택배와 섞여 상온에 장기간 방치되거나 던져지는 상황이 발생할 수 있어 고객 컴플레인으로 이어질 수 있기 때문이다. 시중에 나와 있는 밀키트 제품에서 흔히 사용하는 포장 방식은 식재료를 각각의 특성에 맞게 비닐로 실링 포장하거나 진공 포장하는 것이다. 이렇게 포장된 제품들을 하나의 용기에 담아 포장하거나 별도의 포장 박스에 넣어 포장한다.

| | | |
|---|---|---|
| 판매 유형에 따른 선택 | 매장에서 판매하는 경우 | 매대에 진열해서 소비자가 직접 가져가는 경우이니, 가져가는 과정에서 국물이 새거나 하는 경우만 잘 해결한다면 너무 값비싼 포장 용기를 살 필요는 없다. |
| | 배달로 판매하는 경우 | 배달 과정에서 용기가 깨지거나 음식물이 흐르지 않도록 튼튼한 포장 용기가 필요하다. |
| | 온라인으로 판매하는 경우 | 택배 배송을 하는 것이기 때문에 패키지만 정한다고 되는 것이 아니라, 튼튼한 포장 용기와 배송할 때 한 번 더 감쌀 수 있는 배송 박스까지 같이 고려해야 한다. |
| 음식 종류에 따른 선택 | 스프, 스튜, 죽 등 | 쏟아지거나 새지 않는 안정성 있는 용기가 필요하다. 비닐 포장에만 넣는 경우 새어 나올 위험성이 있다. |
| | 샐러드류 | 가볍게 열어서 먹을 수 있는 용기가 필요하다. 은연 중에 열리는 것을 방지하기 위해 슬리브나 띠지를 사용하여 포장하기도 한다. |
| | 생물이 들어간 음식 | 기승전 진공 포장! 얼마나 빠르게 배송되는지, 구매 후 얼마나 빠르게 조리해서 먹는지에 따라 식재료의 신선도와 위험성이 달라지므로, 최대한 신선도를 보존하기 위한 포장 방법을 선택해야 한다. |

    가열이 필요한 제품의 경우, 별도의 냄비를 사용하지 않아도 되도록 가열이 가능한 알루미늄 호일 용기에 담아서 패키지를 구성하기도 한다. 각 식재료들이 섞이지 않도록 개별 포장을 하는 것이 일반적이다. 이렇게 포장된 구성품들을 플라스틱 용기나 보냉백에 넣은 다음 스티로폼으로 된 아이스박스에 아이스팩과 함께 담아 상하지 않도록 지속성을 높인다.

    즉석판매제조가공업 사업자를 가지고 있다면 소분 판매 자격이 있는 것이다. 직접 최종 소비자에게 판매하는 경우에 한하여, 기존에 판매하던 고기나 야채, 소스 등을 소분하여 합포장한 뒤 판매할 수 있다. 하지만 다음에 해당하는 식품은 소분할 수 없다.

    예를 들어, 식초는 소분할 수 없는 품목이다. 냉면 밀키트를 만들 때, 별첨할 수 있도록 우리 매장에서 팔고 있는 식초를 소형 지퍼백에 조금 담아 동봉하는 행위는 불가하다. 스테이크 밀키트에 고기를 굽기 위해 버터를 동봉하려고 할 때, 대량 버터에서 일부 조각을 내어 개별 포장하여 밀키트 구성품으로 동봉하는 것은 불가하다.

그러나 즉석판매제조가공업이나 밀키트 상품 구성에 대한 법령이 아직은 모호한 부분이 많다. 조리 과정의 일부에 불과하다는 판단을 받으면 소분하여 동봉하는 것이 가능할 수 있다. 그렇기 때문에 인허가나 포장 조건 등 모든 행정과 법률에 관련된 절차는 관할 지자체나 식약처에 먼저 확인하고 나서 진행하는 것이 바람직하다.

다음 법령 중 2항에 해당하는 식품은 소분할 수 없는 것이 일반적인 법령 기준이다.

---

**즉석판매제조가공업 대상 식품(제37조 관련)**

i 영 제21조제1호에 따른 식품제조·가공업 및 「축산물 위생관리법 시행령」 제21조제3호에 따른 축산물가공업에서 제조·가공할 수 있는 식품에 해당하는 모든 식품(통·병조림 식품 제외)

ii 영 제21조제1호에 따른 식품제조·가공업의 영업자 및 「축산물 위생관리법 시행령」 제21조제3호에 따른 축산물가공업의 영업자가 제조·가공한 식품 또는 「수입식품안전관리 특별법」 제15조 제1항에 따라 등록한 수입식품등 수입·판매업 영업자가 수입·판매한 식품으로 즉석판매제조·가공업소 내에서 소비자가 원하는 만큼 덜어서 직접 최종 소비자에게 판매하는 식품. 다만, 다음 각 항목의 어느 하나에 해당하는 식품은 제외한다.

  가. 통·병조림 제품

  나. 레토르트 식품

  다. 냉동식품

  라. 어육제품

  마. 특수용도식품(체중조절용 조제식품은 제외한다)

  바. 식초

  사. 전분

  아. 알가공품

  자. 유가공품

---

밀키트를 상품화하는 시작에 맞춰 용기를 결정하여 구비하기 보다는 3-4주가량 테스트 마케팅 기간을 거친 다음 차근차근 결정하는 것이 좋다. 우선은 기본 실링기 정도만 갖추고 소량 판매를 하면서 자신의 밀키트 제품의 판매 가능성을 확인해야 한다. 매출이 나올 수 있겠다는 확신이 생기면, 테스트를 마친 후에 자신의 밀키트에 알맞은 용기를 최종 선정하면 된다. 밀키

트 용기를 고를 때 가장 먼저 고려할 사항은 주 고객층이 누구인가를 정하고 고객의 편의성을 고려하는 것이다. 아래 제품들의 사례를 살펴보자. 캠핑을 즐기는 고객이나 조리기구가 적은 고객을 대상으로 고안한 고수미 웰빙김치찜은 알루미늄 호일냄비 포장을 했다. 또한 순이할매 낙지의 경우 가정에서 간편하게 먹기 위해 플라스틱 용기에 각 재료들을 담아 밀키트를 구성하였다. 그리고 경주밀면의 경우 면과 육수를 따로 실링포장하여 가정에서도 쉽게 즐길 수 있도록 하였다.

고수미웰빙김치찜 밀키트
(알루미늄 용기)

순이할매낙지밀키트
(플라스틱 용기)

경주밀면 밀키트
(실링포장)

김은희연잎밥 밀키트
(진공포장)

최근에는 환경 보호와 ESG 경영이념, 기업의 사회적 책임에 대한 관심이 증가하면서 비닐과 플라스틱 포장재 이외의 친환경 포장재를 사용하는 밀키트 전문 업체들이 많이 늘어나는 추세다. 식재료별 개별 포장을 최소화하거나 종이 포장재 같은 대체 소재를 사용하기도 한다. 또한 젤 형태의 아이스팩이 아닌 순수 물 100퍼센트로 된 아이스팩을 사용하는 곳도 늘어나고 있다.

친환경 포장재는 일반 플라스틱 포장재에 비하면 가격이 몇 배는 비싸다. 하지만 기업 경영 이념이나 주소비자층의 충성도를 만들어주는 또다른 마케팅 수단이 되고있다.

## 체크해 보세요!

| 우리 매장 인기메뉴가 밀키트가 될 수 있는지 체크해 보세요! | |
|---|---|
| 1. 몇 인분을 기준으로 판매할 예정인가요? | |
| 2. 조리 과정이 3단계 이내로 간단한 편인가요? | |
| 3. 조리 시간이 짧은 편인가요? | |
| 4. 불필요한 포장이 많지는 않나요? | |
| 5. 육수는 터질 위험이 없나요? | |
| 6. 유통 중 변질의 위험은 없나요? 있다면 어떤 재료를 신경 써야 하나요? | |
| 7. 가격에 비해 포장에 들어가는 비용이 너무 크지 않나요? | |
| 8. 야채는 실링 포장했나요? | |
| 9. 감자와 같이 딱딱하거나 갈변 위험이 있는 야채는 진공 포장했나요? | |
| 10. 육류는 공기 접촉 없이 진공 포장했나요? | |
| 11. 각 재료가 섞이지 않게 개별 포장했나요? | |
| 12. 기름이나 양념은 새지 않게 포장했나요? | |
| 13. 포장 비용까지 포함한 마진은 30% 이상이 되나요? | |

## 2  포장 용기의 종류

우리 매장 인기메뉴를 밀키트로 만들어 판매할 수 있다는 판단이 서면, 가장 먼저 고민해야 할 것은 포장 용기다. 포장 용기는 단순하게 제품을 담는 개념이 아니라 고객에게 우리 제품을 어떻게 보여 줄 것인가에 대한 마케팅적인 고민에서 출발해야 한다. 간단하게 국물 요리를 예로 들어 보자. 대부분의 음식점은 곰국을 주문한 고객에게 플라스틱 국 용기에 곰국을 포장해서 판매한다. 그런데 이 곰국을 스파우트 파우치에 담으면 어떨까? 고객의 입장에서는 쏟아질 염려가 적고 그동안 곰국 포장에서는 보지 못한 새로운 포장법이 위생적이라고 생각된다. 즉, 고객을 향한 마음과 정성이 느껴지는 포장이 될 수 있다. 물론 플라스틱 용기에 비하면 가격이 있고, 더 번거로울 수도 있다. 하지만 고객의 마음을 얻을 수만 있다면, 매출로 연결되는 고객의 충성심을 만드는 작업으로 이해하고 기존 용기를 바꿔 보기를 권한다.

일반적으로 배달 음식을 포장하는 용기는 많이 경험했을 것이다. 예를 들어, 치킨을 주문하면 치킨은 종이 상자에 포장되고 무는 플라스틱 용기에 실링해서 배달이 온다. 만약 택배로 치킨을 받는다고 생각해 보자. 여름철 평균 34도가 넘는 날씨에 택배 배송을 하려면, 일단 치킨은 스티로폼 상자에 담아야 하고 아이스팩과 같은 보냉이 필수적이다. 만약 종이 상자에 넣어 택배를 보내면, 치킨이 눅눅해져서 먹을 수 없게 된다. 이처럼 포장 용기도 매장에서 테이크아웃으로 판매할지, 아니면 택배로 배송할지에 따라 포장 방법이 다르다. 이번 장에서는 밀키트 제품을 매장 판매와 택배 배송 등의 상황에 맞게 포장할 수 있는 포장 용기들에 대해 살펴보자.

일반적으로 음식을 포장하는 용기는 플라스틱, 알루미늄, 종이, 펄프 등 크게 4가지로 분류할 수 있다. 재질에 따라서 담는 음식이 다르고 장단점이 다르다. 우리 매장의 밀키트 메뉴에 적합한 포장 용기를 찾는 것이 중요하다. 다음에 나오는 예시를 살펴보면서 포장 용기의 종류와 장단점을 알아보자.

1) 플라스틱
- 플라스틱 재질로 제작된 일회용 포장 용기이다.
- 일상생활에서 가장 흔히 볼 수 있다.
- 다양한 음식 포장이 가능해 가장 활용도가 높다(국물, 찜, 면 요리 등).
- 여러 가지 상황에 맞게 재질을 선택하고, 단가를 고려해 유동적으로 사용할 수 있다.

2) 알루미늄
- 알루미늄 재질의 일회용 포장 용기이다.
- 오븐, 가스레인지, 인덕션 / 냉장, 냉동 등 다양하게 사용이 가능하다.
- 직화용 알루미늄 호일 냄비의 경우, 포장 용기 그대로 가열하고 조리할 수 있어 편리하다.
- 전골이나 찌개, 샤브샤브 등의 포장 용기로 많이 사용된다.
- 제품에 따라 인덕션 사용이 불가능한 용기도 있다.
  그럴 경우 소비자에게 주의사항을 안내하여 사고를 예방하는 것이 필요하다.

3) 스파우트 파우치
- 소스, 육수 등 액상형태의 제품을 포장하는데 사용된다.
- 대부분 윗부분이 오픈되어 있어, 제품을 손쉽게 담고, 열접착기(실링기)를 활용하여 접착하여 활용하는 것이 대부분이다.
- 스파우트 파우치는 뚜껑(캡)이 별도 달려있어. 사용이 편리하고, 재사용에도 용이하기 때문에 소비자 편의성을 제공할 수 있다.

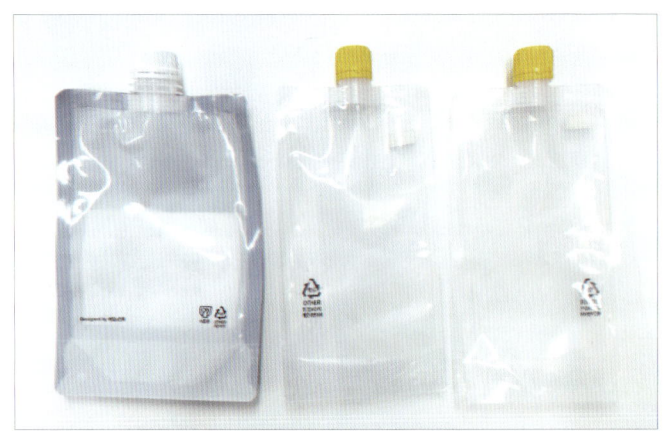

4) 펄프
- 펄프 재질의 일회용 배달 포장 용기이다.
- 종이 재질과 마찬가지로 크라프트나 사탕수수 원료로 제작하여 친환경적이다.
- 충격 흡수가 잘 되어서 음식 모양을 유지시키기 좋다.
- 수제 버거, 샐러드 등의 데일리 신선 신품 포장 용기로 많이 사용된다.

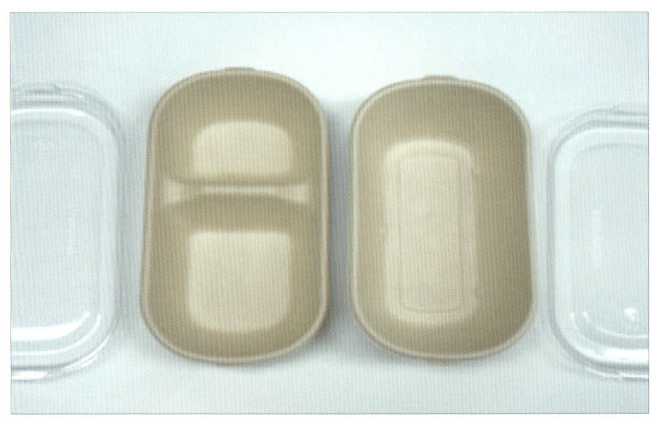

# 3   실링 포장 vs 진공 포장

### 재료를 포장하는 3가지 방법

　밀키트 상품을 만들 때 레시피박스처럼 각각의 재료를 소포장해야 할 경우에는 진공 포장과 실링 포장에 대해 고민해야 한다. 전체 상품을 하나의 용기에 담아서 판매하는 즉석조리식품은 해당 사항이 없지만, 레시피박스<sup>각각의 재료를 레시피 카드와 함께 담아서 포장하는 박스</sup>의 경우에는 야채, 고기, 생선, 양념 등에 따라 진공 포장과 실링 포장을 결정해야 한다. 그렇다면 어떤 재료를 진공 포장하고, 또 어떤 재료를 실링 포장하는 게 효과적인지 알아보자.

| 포장 방법 | 설명 | 신선도 유지 |
|---|---|---|
| 실링 포장<br>(비진공) | 플라스틱 재질의 봉투에 담아 공기가 들어오지 않도록 밀봉하는 방법 | 낮음 |
| 진공 포장 | 공기를 제거하고 진공 상태로 포장하는 방법. 제품의 부피를 줄이고 공기에 노출되지 않기 때문에 변질되지 않고 오랜 시간 유통할 수 있는 장점이 있다. | 높음 |

　밀키트 상품을 처음 만들게 되면, 진공 포장과 실링 포장에 대한 정확한 이해가 없기 때문에 오류에 빠질 수 있다. 내가 만들려고 하는 밀키트와 유사한 제품을 찾아보기만 해도 알 수 있는 부분을 전혀 준비하지 않고 포장하다 보면 많은 시행착오를 겪는다. 예를 들어, 감자나 당근, 무 등의 딱딱한 채소나 갈변하는 채소는 진공 포장을 해야 한다. 야채라고 생각해서 간단하게 실링 포장한다면, 감자의 갈변을 막을 수 없고 수분이 증발되어 신선도 유지에 도움이 되지 않는다. 야채, 육류, 생선의 종류와 특성에 따라 진공 포장과 실링 포장을 알맞게 사용해야 한다. 음식점을 하는 많은 자영업자 분들이 헷갈려 하는 부분이기에 재료별로 알맞은 포장 방법을 다음과 같이 분류해 놓았다.

### 재료별 알맞은 포장 방법
1) 육류 : 진공 포장
- 공기 접촉이 차단되어 신선도 저하를 늦출 수 있다.

※ 배달거리가 동네 상권이라면 보냉이 필요하지 않지만, 거리와 시간에 따라 아이스팩 등의 보냉이 필요할 때도 있다.

2) 소스(액체) : 실링 포장 또는 용기 포장
- 액체는 터질 수 있기 때문에 진공 포장이 불가하다.
※ 고체 형태의 소스 및 다대기의 경우, 실링 포장을 하면 비닐에 묻거나 포장할 때 불편하기 때문에 플라스틱 용기를 사용한다.

3) 야채 : 혼합 포장
 - 양파, 양배추, 대파 등 : 한 비닐에 혼입 포장이 가능하다.
 - 감자, 당근 등 : 진공 포장(산소를 차단하여 갈변 현상을 방지할 수 있다.)
 - 향신료 : 기호에 따라 추가할 수 있도록 따로 포장한다.
※ 조리시 넣는 순서와 야채 종류를 고려하여 혼합 또는 개별로 포장한다.

## 포장 기계 선택하는 방법

밀키트 상품을 진공 포장하거나 실링 포장하기 위해서는 포장 기기를 별도로 구매해야 한다. 이런 포장 기기를 구매할 때는 밀키트를 제조하는 작업장의 크기, 포장할 제품의 사이즈, 밀키트 포장 작업량을 고려해서 적절한 장비를 구매하는 것이 중요하다. 전문업체를 두 곳 이상 비교하되, 업체별로 우리 밀키트와 동일한 제품을 판매하는 업체가 사용하는 제품을 추천받는 것이 좋다. 그리고 포장 기기의 경우에는 중고제품의 가격이 신제품에 비해 차이가 크게 안 나므로 새 제품을 구매하기를 권장한다. 포장 기기를 구매할 때 진공기와 실링기는 별도의 기계이므로 우리 밀키트 제품에 맞게 구매해야 한다. 진공 포장기 종류는 진공 챔버가 하나인 단식 진공포장기, 챔버가 두 개인 복식 진공포장기, 노즐이 파우치로 들어가 진공 및 실링하는 노즐식 진공포장기 등이 있다.

〈김상미의 밀키트 Talk〉의 '진공포장 기계 구매 가이드' 편에서는 다음과 같이 분류했다.

| 진공기 종류 | 장점 | 단점 |
|---|---|---|
| 챔버식 | • 가장 많이 쓰는 일반 챔버식<br>• 한 번에 많은 양을 포장할 수 있음(최대 9개)<br>• 작업량이 많은 곳에서 사용 추천 | • 6개월에 한 번씩 필터와 엔진오일을 교체해야 함(15-20만원 소요) |
| 챔버식테이블 | • 챔버식보다 부피가 훨씬 작아서 테이블 위에 올려놓고 쓸 수 있음<br>• 작업량은 챔버식의 1/2 정도 | • 6개월에 한 번씩 필터와 엔진오일을 교체해야 함(15-20만원 소요) |
| 노즐형 | • 부피가 작아 작은 업장에서도 사용하기 쉬움<br>• 엔진오일과 필터를 교체할 필요가 없음 | • 한 번에 하나씩만 포장이 가능함 |

유튜브 영상에서는 육류를 사용하는 경우에 200만 원이 넘는 진공기를 구매할 것을 권하고 있다. 가장 큰 이유는 진공기 기계에 따른 성능 차이 때문이다. 너무 저렴한 기계는 진공이 잘 풀리는 경우가 있기 때문에, 제품의 품질 유지를 위해 적절한 진공 포장기를 구매해야 한다.

또한 진공의 정도 뿐만 아니라 생산성 측면에도 차이가 있다. 1번 진공하는데 걸리는 시간과 한번에 몇 개를 진공할 수 있는지 등의 기계 스펙을 잘 살펴보고, 내 현황에 맞는 제품을 선택하는 것이 중요하다. 제품의 검증이 필요한 테스트 단계이거나 자금이 부족할 경우에는 소형 진공기를 알아보는 것이 초기 투자 부담을 줄일 수 있다.

**이렇게 준비해 보세요!**

| 체크사항 | 종류 | 확정 |
|---|---|---|
| 1. 컨셉 | 프리미엄 / 가성비 / 친환경 / 기타 | |
| 2. 종류 | 뚜껑 포장 / 진공 포장 / 실링 포장 | |
| 3. 재질 | 알루미늄 / 플라스틱 / 종이 / 펄프 | |
| 4. 모양 | 원형 / 사각 / 맞춤 제작 | |
| 5. 사이즈 | (몇 인분 기준으로 판매할 것인지 용량을 파악한다.) | |
| 6. 포장지 색상 | 검은색 / 흰색 / 갈색 / 투명 | |

# 4  밀키트 포장 구성 예시

다음 사례들은 엠엠컨설팅연구소에서 밀키트 패키지 컨설팅을 하거나 현재 운영하는 매장에서 직접 패키지를 구성해서 판매하는 제품이다. 1번 '강씨네 아천칡냉면'은 냉면 사리는 진공 포장하고 나머지 재료들은 비닐 포장한 후 아이스팩를 동봉하여 스티로폼 박스로 최종 포장했다. 2번 '경주밀면'은 냉면은 비닐포장하였고 육수는 실링포장 하였다. 3번 '왕할머니칼국수'는 단단한 야채, 바지락, 칼국수는 진공 포장하고, 김치는 비닐 포장하고, 육수는 파우치에 담았다. 4번 '고수미웰빙김치찜'은 냉동 후 알루미늄 직화 냄비를 사용하였다. 5번 '유노추보'는 모든 제품을 실링해서 포장했다. 6번 '당감댁'은 닭도리탕과 곱도리탕 전문 브랜드로 닭과 곱창은 진공 포장하고, 야채는 실링 포장하고, 마늘과 소스는 플라스틱 용기에 넣어 포장했다. 7번 '동산정 낙지며느리'는 소스는 플라스틱 용기에 담고, 나머지 재료들은 진공 파우치에 포장했다. 8번 '들안길 지수연갈비'는 완제품을 플라스틱 용기에 포장하고, 아이스팩을 동봉하여 보냉 박스로 최종 포장했다. 9번. '군포전주감자탕'은 간편조리식 제품으로 완제품을 플라스틱 용기에 포장했다.

### 1. 강씨네 아천칡냉면

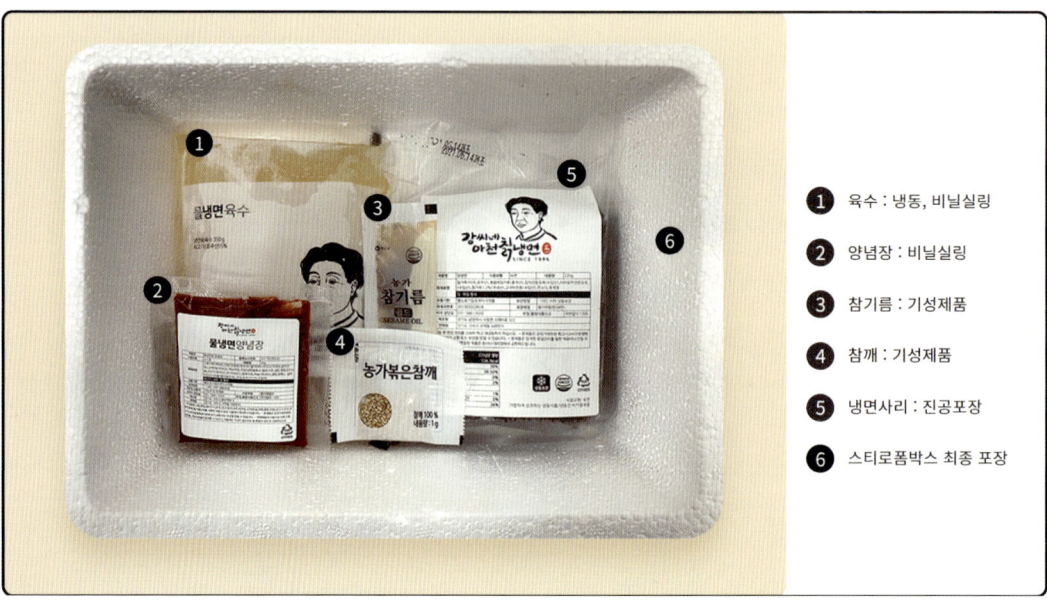

## 2. 경주밀면

1. 육수 : 실링포장
2. 면사리 : 진공파우치
3. 양념 : 파우치
4. 무김치 : 진공파우치
5. 소스 : 플라스틱통
6. 삶은달걀 : 일반 포장

## 3. 왕할머니칼국수

1. 김치 : 비닐실링
2. 바지락 : 진공포장
3. 야채 : 진공포장
4. 칼국수면 : 진공포장
5. 육수 : 파우치

## 4. 고수미웰빙김치찜

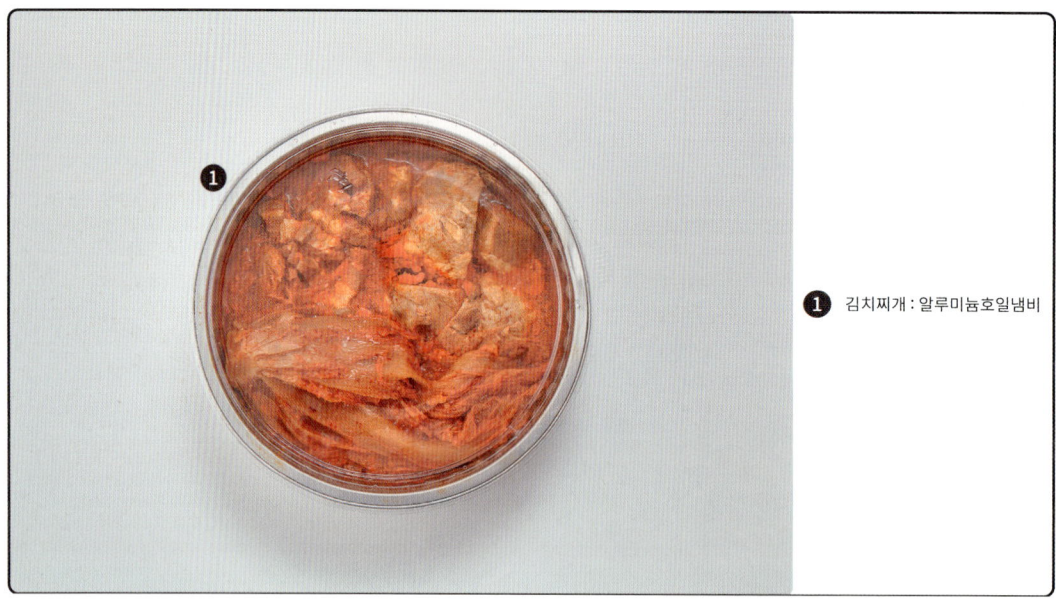

① 김치찌개 : 알루미늄호일냄비

## 5. 유노추보

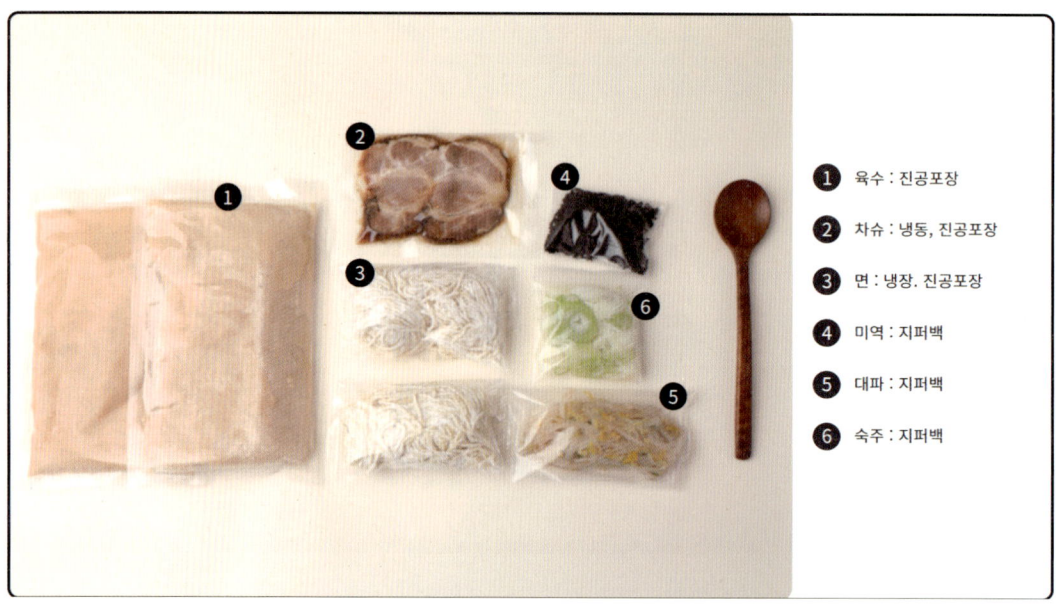

① 육수 : 진공포장
② 차슈 : 냉동, 진공포장
③ 면 : 냉장. 진공포장
④ 미역 : 지퍼백
⑤ 대파 : 지퍼백
⑥ 숙주 : 지퍼백

## 6. 당감댁

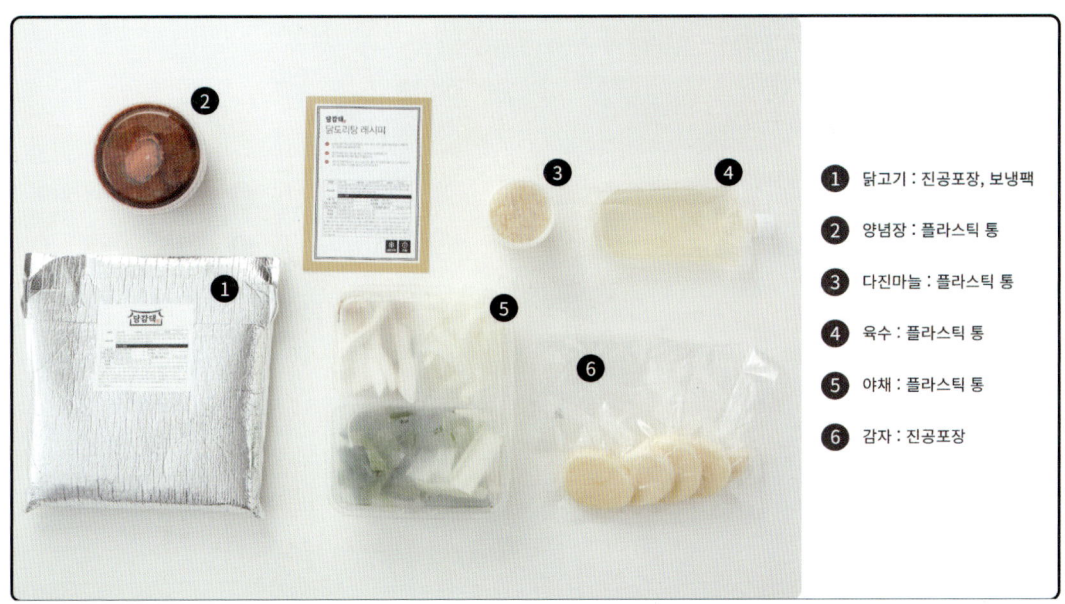

① 닭고기 : 진공포장, 보냉팩
② 양념장 : 플라스틱 통
③ 다진마늘 : 플라스틱 통
④ 육수 : 플라스틱 통
⑤ 야채 : 플라스틱 통
⑥ 감자 : 진공포장

## 7. 동산정 낙지며느리

① 소스 : 플라스틱 통
② 낙지 : 진공파우치
③ 오이 : 진공파우치
④ 양파 : 진공파우치
⑤ 미나리 : 진공파우치

## 8. 들안길 지수연갈비

① 감자탕 : 플라스틱통(실링)

② 보냉박스 최종 포장

## 9. 군포전주감자탕

① 감자탕 : 플라스틱통(실링)

**설명**

군포전주감자탕은 시래기, 감자 등 야채는 모두 건져 내고 고기와 육수만 담아 밀키트로 포장하여 판매하는 전략을 취했다.

\* 위 이미지들은 밀키트 컨설팅 과정 중 개발 단계의 밀키트 포장 방법으로, 업체별 포장 방법이 실제와 약간 차이가 있을 수 있다.

# 5  포장 용기 판매 업체 리스트

밀키트 포장 용기를 찾는 가장 빠른 방법은 네이버, 구글 등의 사이트를 통해 검색하는 것이다. 검색창에 우리 매장에서 팔고 있는 메뉴와 포장 용기라는 단어를 조합해서 검색하면 다양한 브랜드를 만날 수 있다. 예를 들어, 칼국수 포장 용기를 구매하고자 한다면 검색창에 '칼국수 포장 용기'라고 검색한다. 그러면 네이버의 경우, 파워 링크부터 스마트스토어까지 다양한 업체들이 나온다.

만약 컴퓨터를 능숙하게 다루기가 어렵다면, 배달의민족에서 운영하는 배민상회를 통해 구매하는 것도 좋은 방법이다. 배민상회는 배달에 특화된 포장 용기를 많이 판매하는 곳이라서 여기서 아이디어를 얻고 우리 매장에서 판매하려는 밀키트 포장법의 솔루션을 찾을 수도 있다.

저자가 '밀키트 포장 용기', '포장 용기', '배달 포장 용기' 등의 검색어를 통해 찾은 업체 리스트는 다음과 같다. 아래 표에서 자신에게 맞는 업체가 있는지 찾아보거나 자신의 메뉴와 조합된 검색어를 통해 자신만의 포장 솔루션을 만들어 가길 바란다. 이 책을 읽는 모든 독자가 '우리 매장 인기메뉴로 밀키트를 만드는 방법'을 찾아가는 시간을 포기하지 않기를 바란다.

| 업체명 | 판매 품목 | 홈페이지 주소 |
| --- | --- | --- |
| 다산팩 | 진공 봉투, 플라스틱 용기, 실링기 등 | https://www.dasanpack.com |
| 파이팩 | 봉투 패키지 디자인 및 제작 | https://www.paipack.com/ |
| 삼부팩 | 플라스틱 실링 용기, 진공 봉투 등 각종 포장재 일체 | https://sbpack.kr |
| 태산팩 | 용도별 플라스틱 용기, 알루미늄 용기, 실링 필름 등 각종 포장재 일체 | http://tspack.co.kr |
| (주)우일 | 플라스틱 식품 포장 용기 진공 성형 | https://m.blog.naver.com/PostList.nhn?blogId=woill487 |
| 삼아 삭스호일 | 용도/사이즈별 일회용 알루미늄 용기 | https://ifoil.co.kr |
| 배민상회 | 일회용 포장 용기 일체 | https://mart.baemin.com |
| 다사자 | 일회용 포장 용기 전문 | https://smartstore.naver.com/dasazza |
| 이오포장 | 일회용 포장 용기 전문 | https://www.eopack.com/ |

# 태산팩(http://tspack.co.kr)
## - 플라스틱 용기

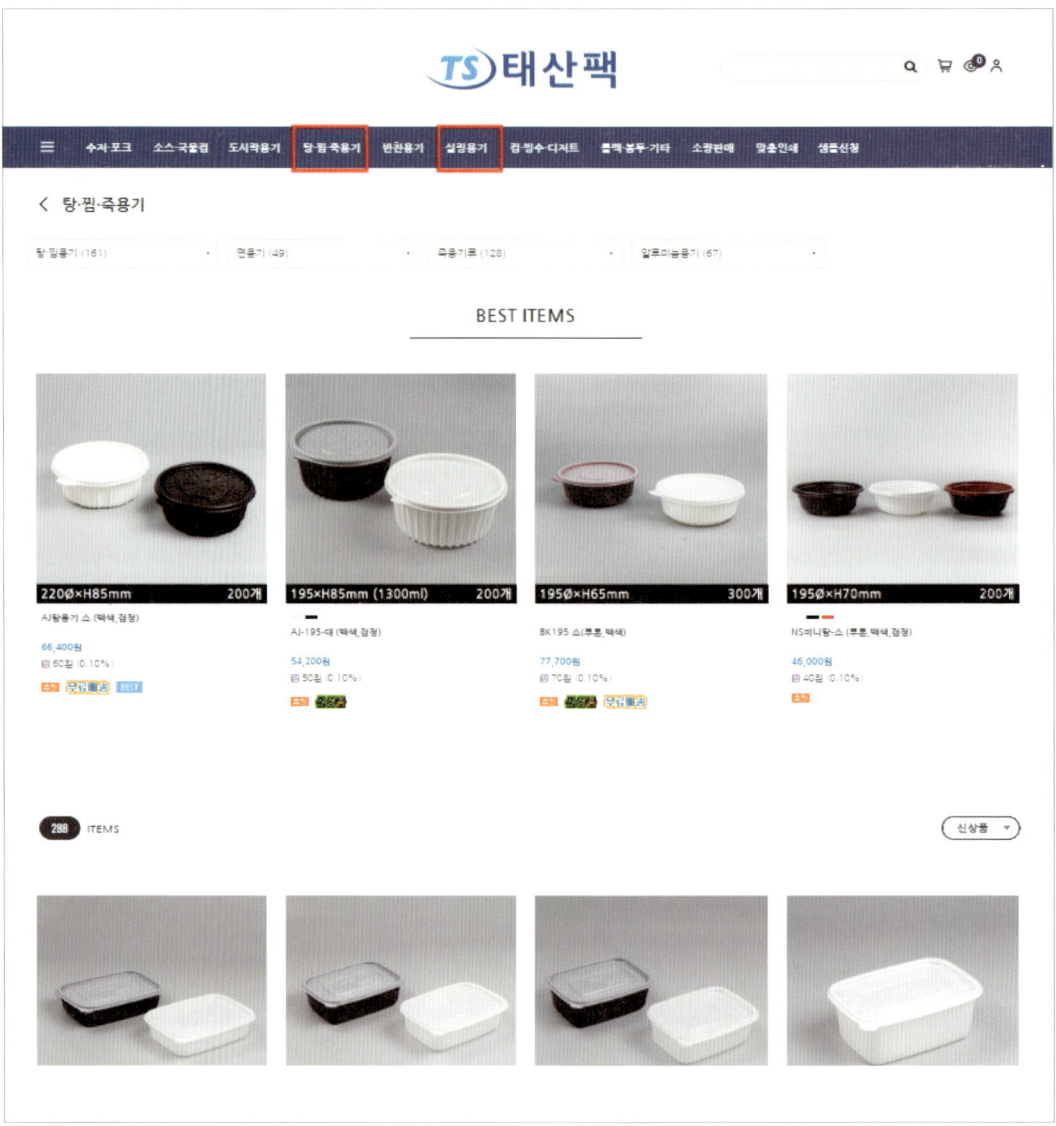

# 태산팩(http://tspack.co.kr)

– 알루미늄 용기

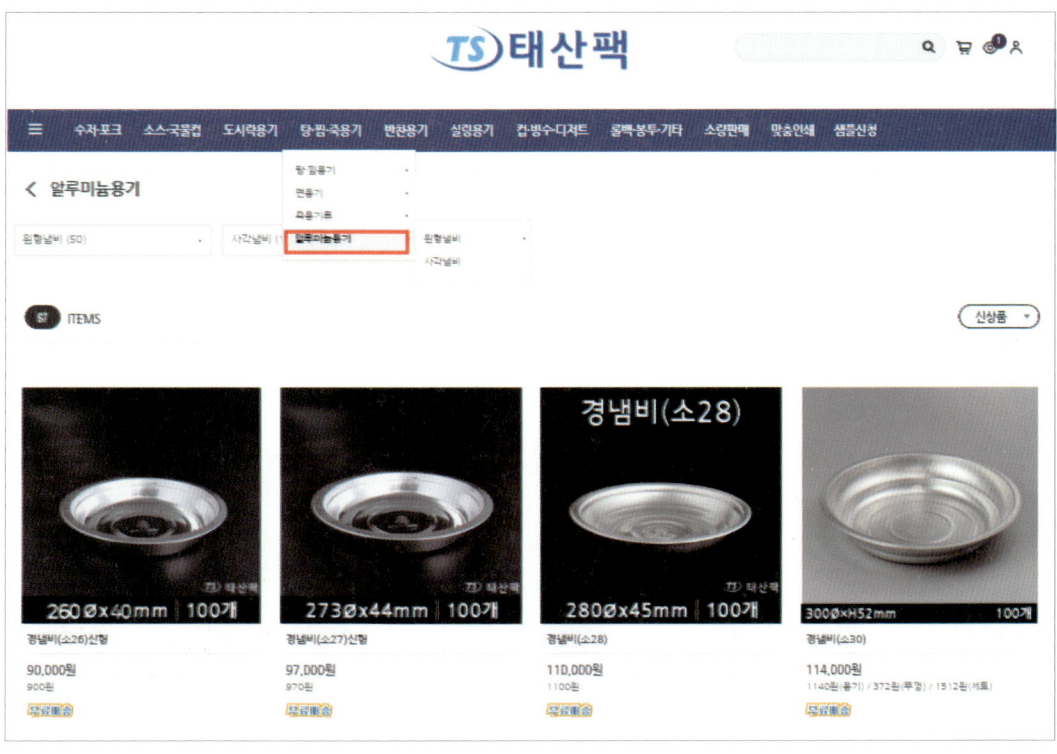

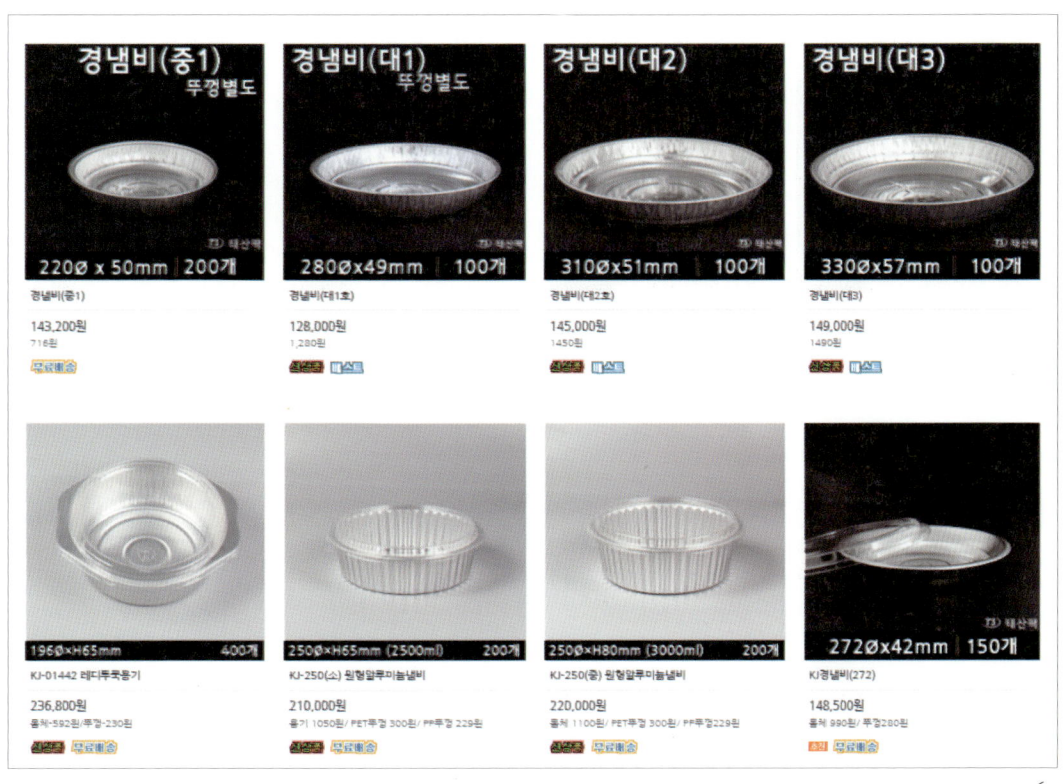

# 태산팩(http://tspack.co.kr)
## – 스파우트 파우치

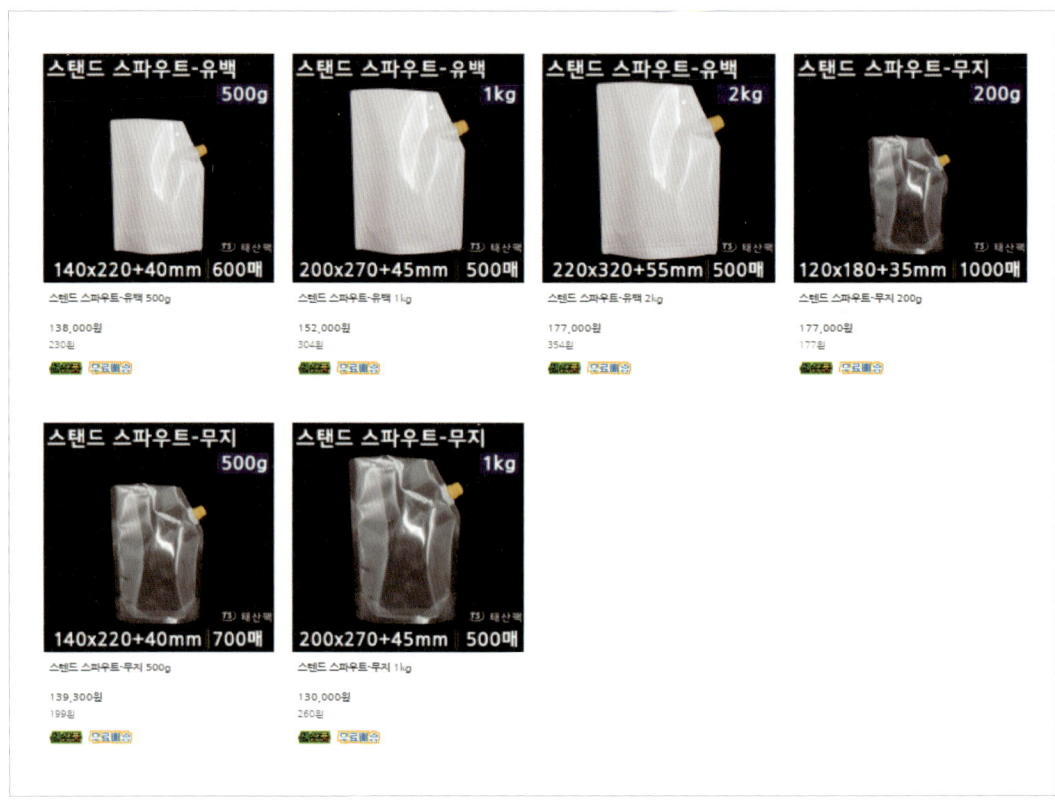

# 삼부팩(https://sbpack.kr)

## – 플라스틱 용기

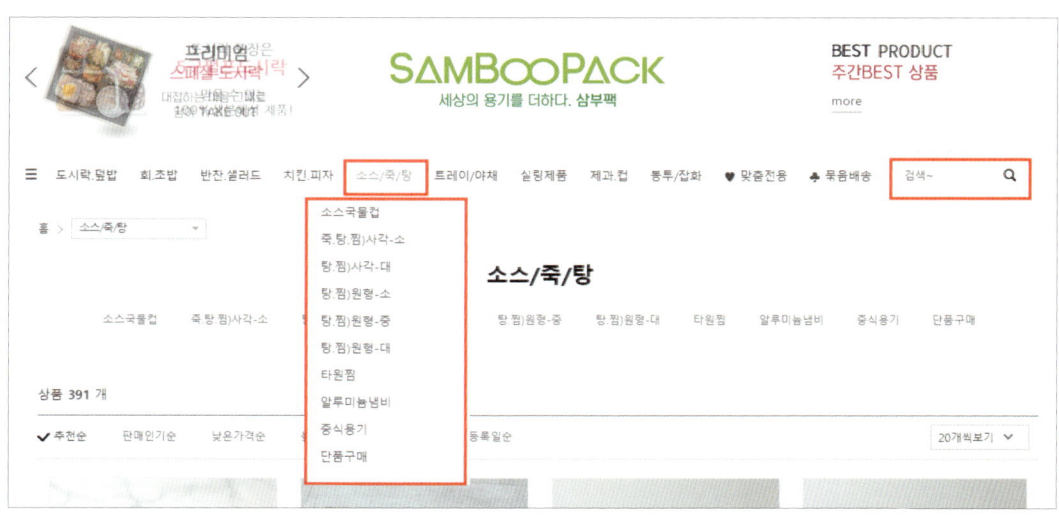

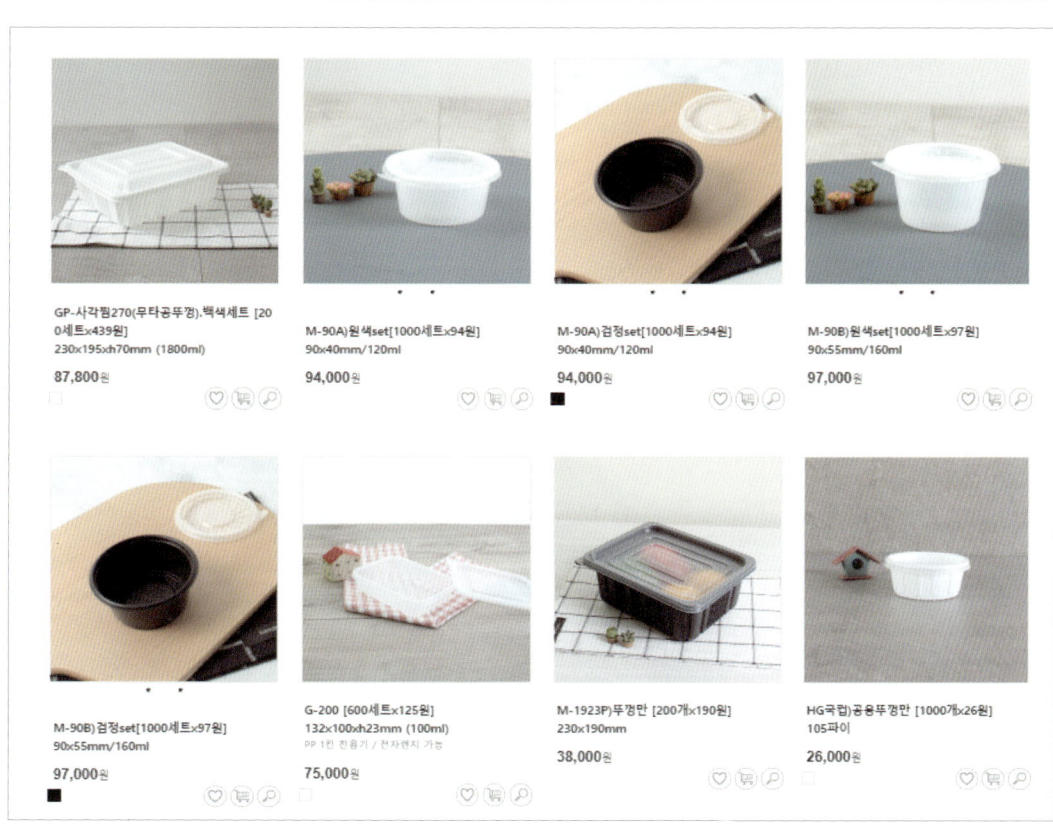

4장 • 두 번째_밀키트 포장 용기

# 삼부팩(https://sbpack.kr)

## - 알루미늄 용기

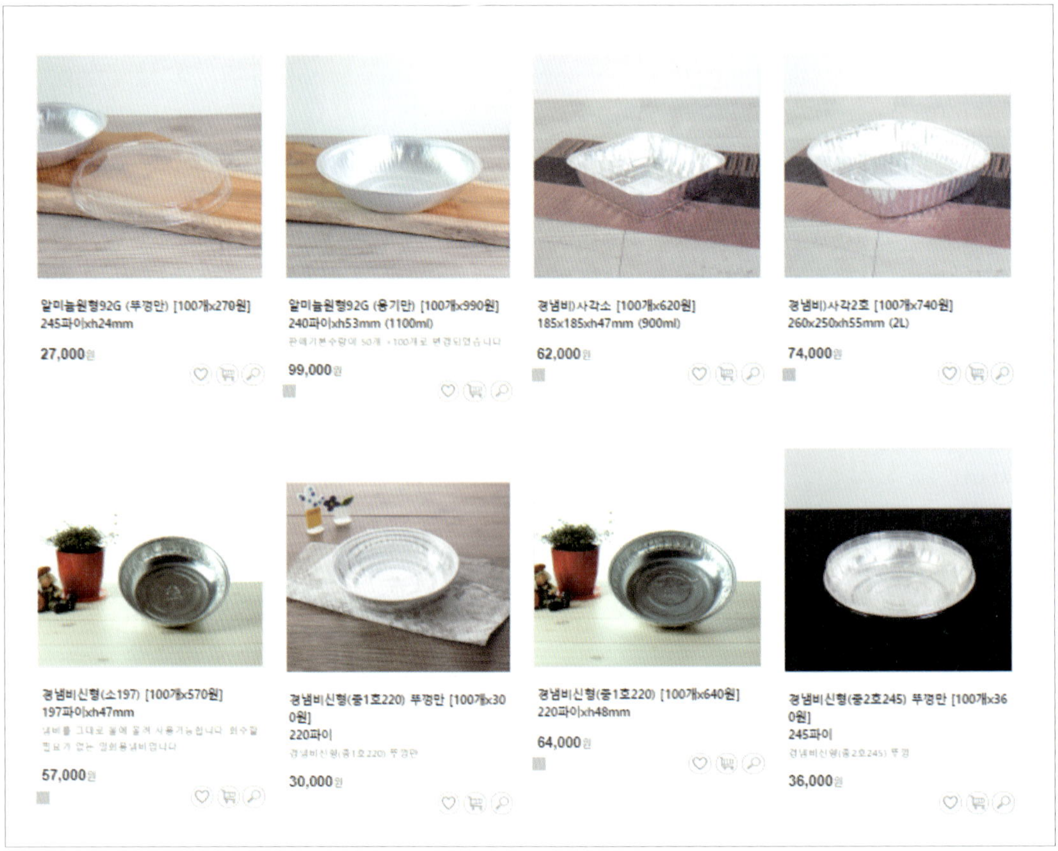

# 삼부팩(https://sbpack.kr)

– 실링 필름, 진공 비닐팩

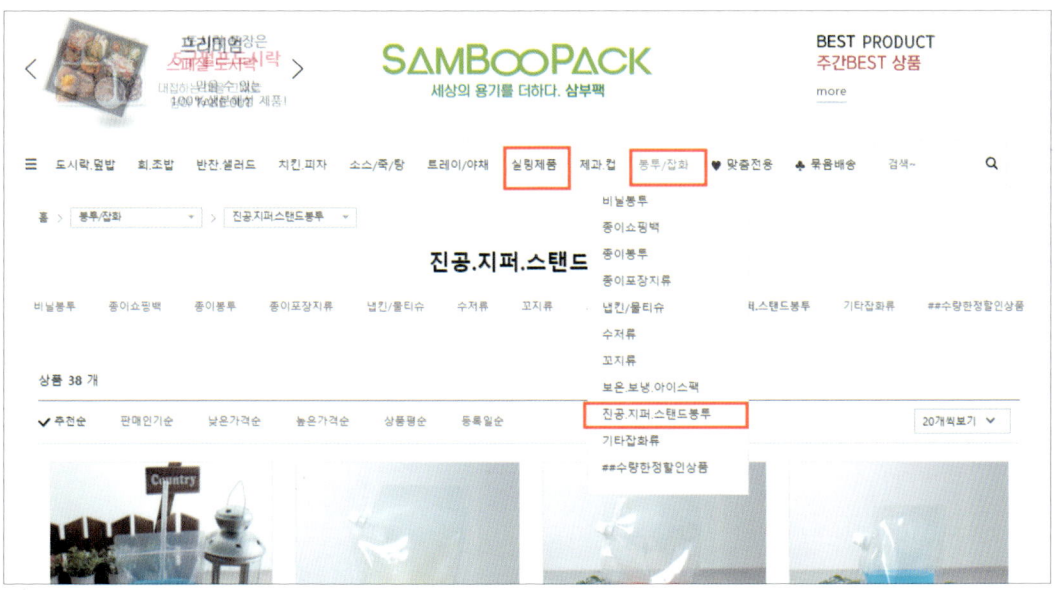

4장 • 두 번째 _ 밀키트 포장 용기

# 배민상회(https://mart.baemin.com)

- 플라스틱 용기

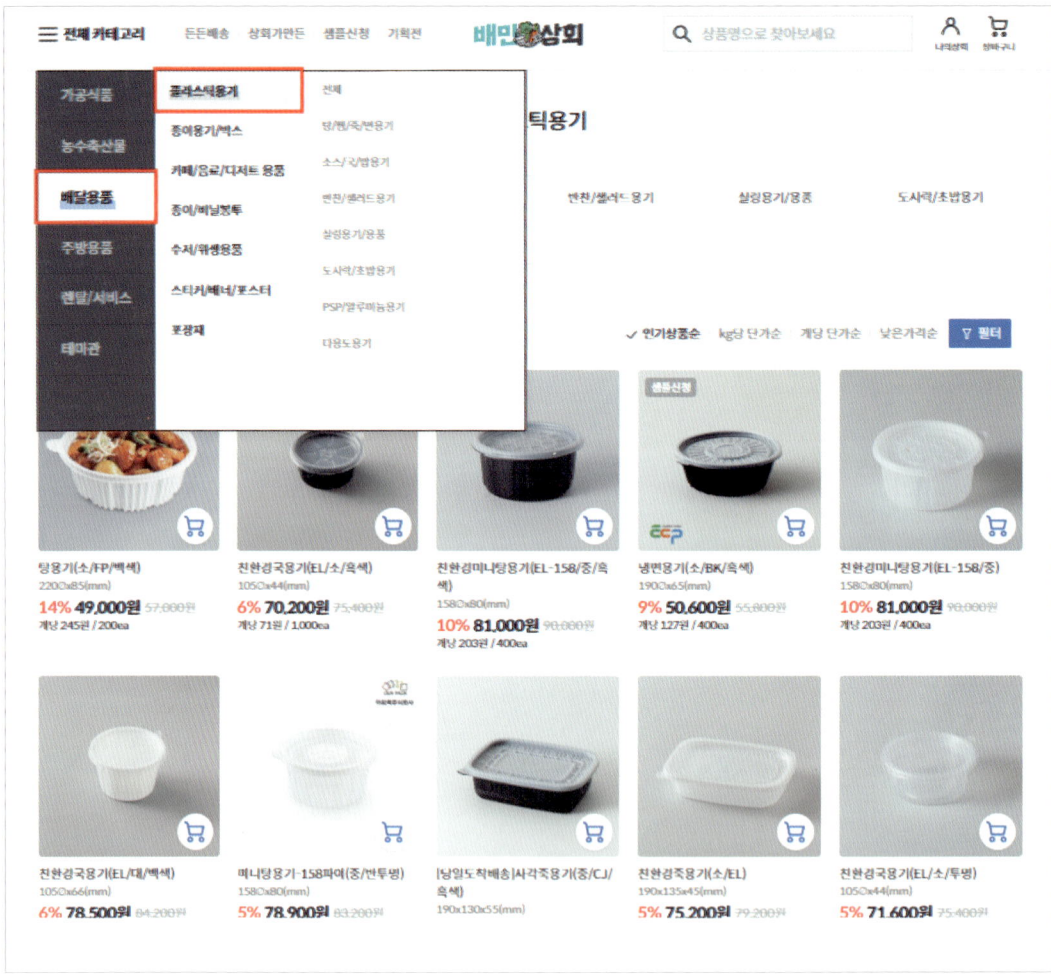

# 배민상회(https://mart.baemin.com)
## - 플라스틱 용기

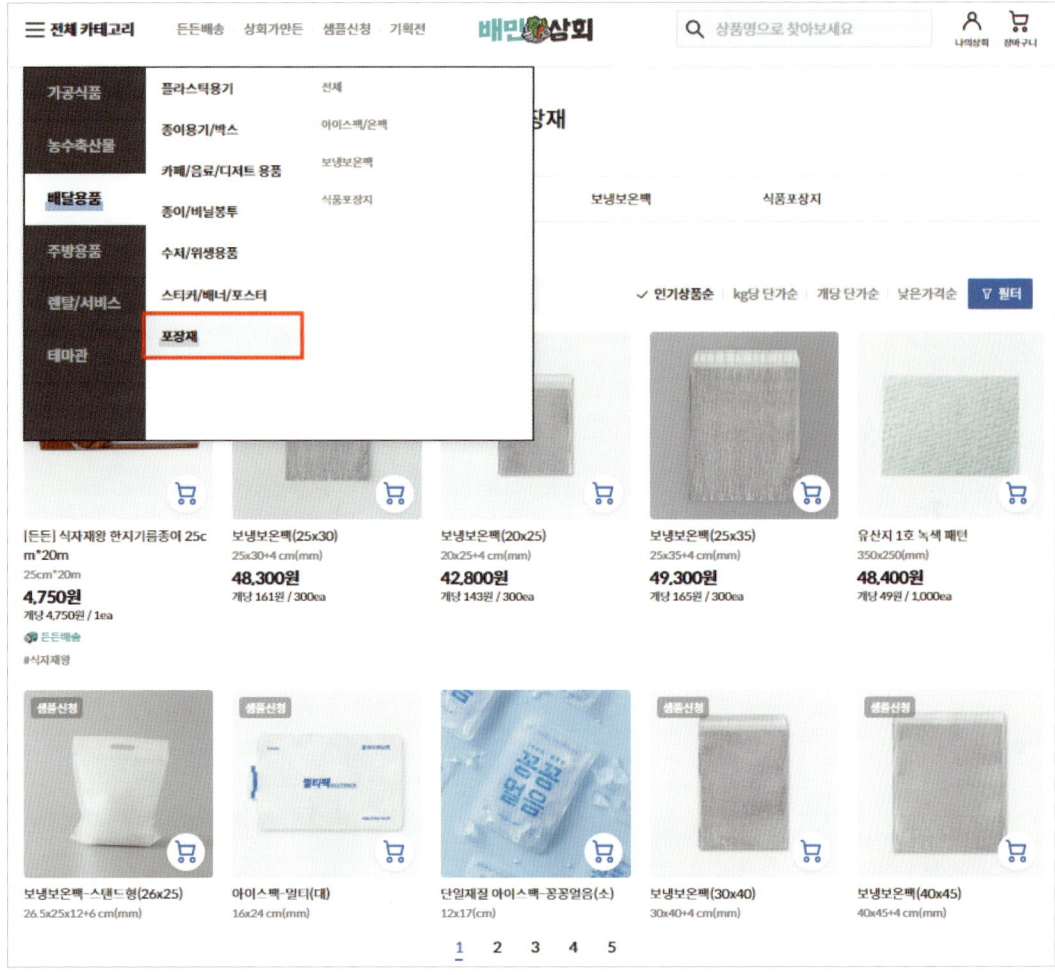

## 파이팩(https://www.paipack.com/)
– 봉투 패키지 디자인 및 제작

이오포장(https://www.eopack.com/)

– 일회용 포장 용기 전문

# 다산팩(https://www.dasanpack.com/)
– 진공 봉투, 실링기, 플라스틱 용기 등

# 세 번째
# 한글식품표시사항

1. 한글식품표시사항 구성
2. 한글식품표시사항 라벨 작성법
3. 식품제조가공업 필수 : 자가품질검사

# 1  한글식품표시사항 구성

　한글식품표시사항이란 「식품 등의 표시·광고에 관한 법률」에 따라 밀키트 제품이나 다채널에서 판매하는 식제품에 라벨 형태로 표시하는 것이다. 즉석판매제조가공업의 경우 음식점을 운영하면서 매장에서만 판매한다면 한글식품표시사항은 생략해도 무방하지만, 매장에서 만든 밀키트를 우편이나 택배 등의 온라인 판매를 한다면 반드시 한글식품표시사항을 표시해야 한다. 식품 인허가의 종류에 따라 기재해야 하는 내용이 다르지 않을까 생각할 수 있지만, 한글식품표시사항을 표기해야 하는 사항은 거의 동일하다. 단, 식품제조가공업은 품목제조보고를 하는 것이 의무이기 때문에 품목제조보고번호를 한글식품표시사항에 함께 넣어서 표시해야 한다. 한글식품표시사항은 식품의약품안전처(식약처)에서 관리하는 것으로 관련 법령은 식품의약품안전처 홈페이지에서 '식품 등의 표시 기준'에 대한 고시 전문 파일에서 확인할 수 있다.

### 1. 식품의약품안전처 홈페이지에 접속하여 법령/자료 탭 클릭

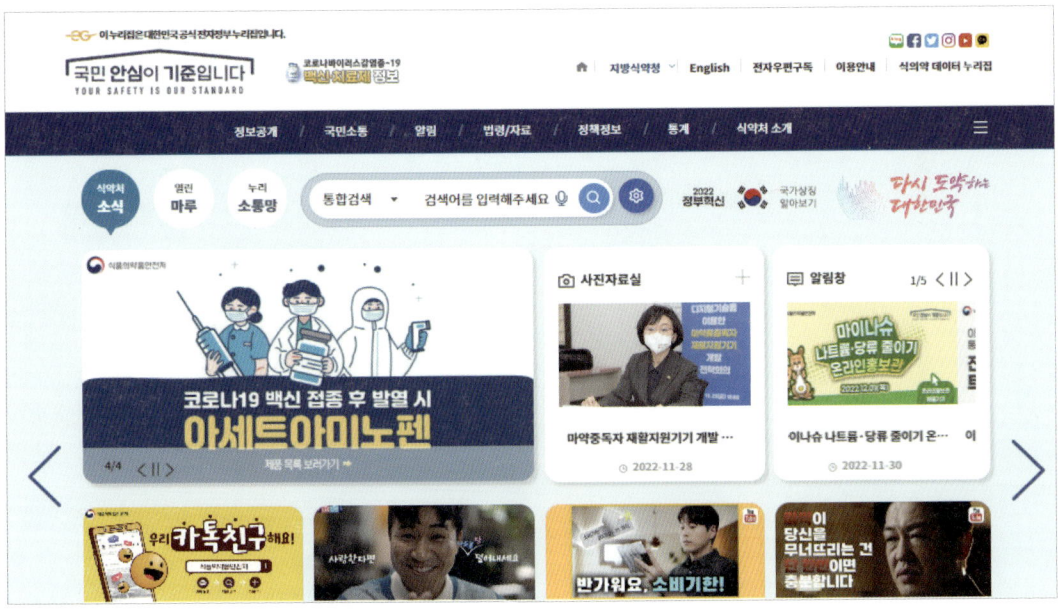

## 2. 고시훈령예규 클릭

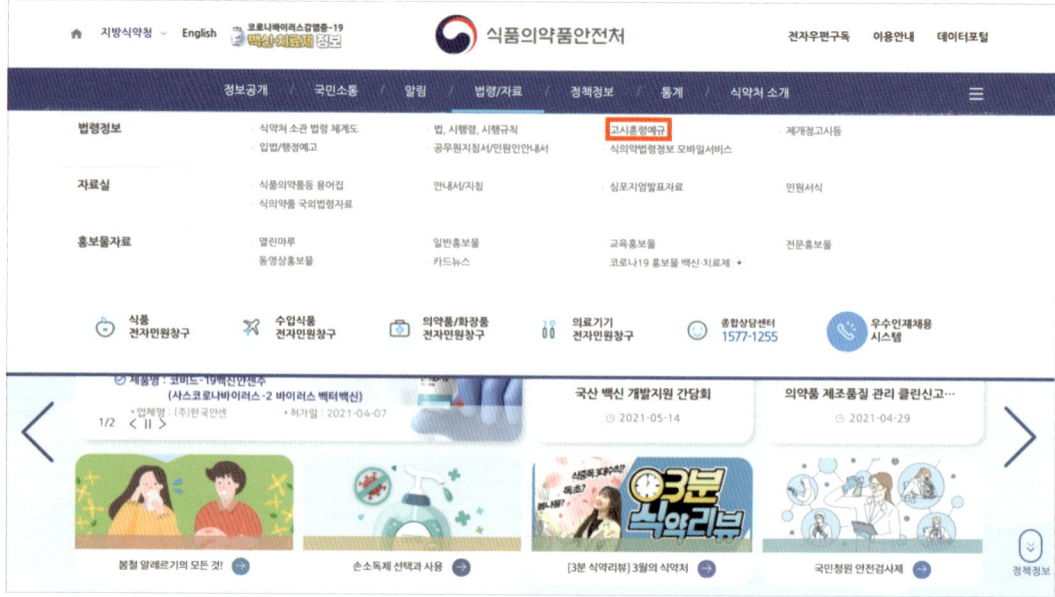

## 3. 검색창에 '표시기준' 검색

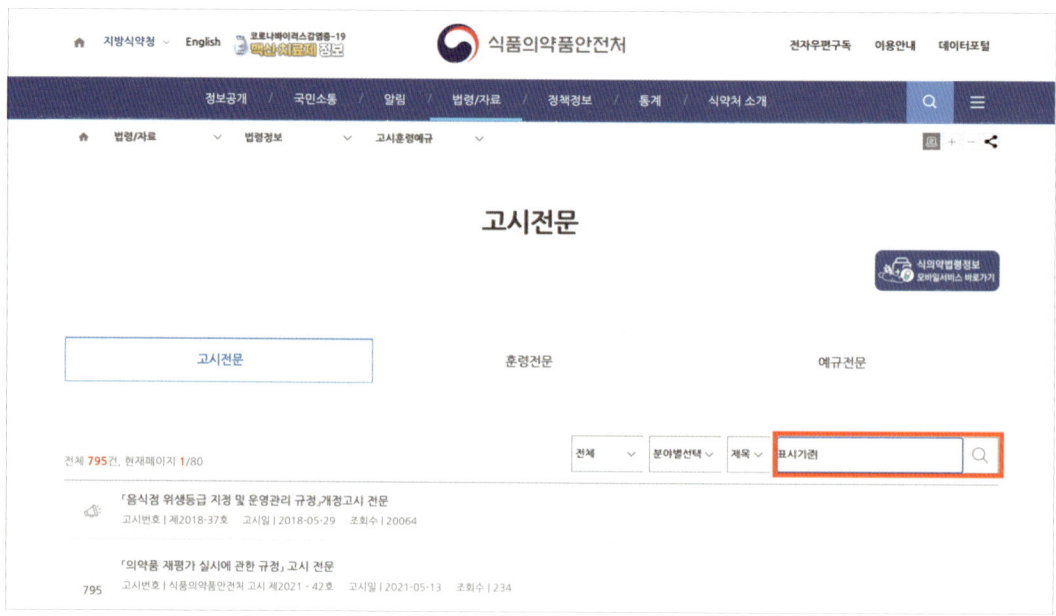

## 4. '식품등의 표시기준' 고시전문 파일 다운로드 및 내용 확인

한글식품표시사항을 작성할 때 식품표시사항은 별도의 표나 단락으로 나누어 표시하는 것이 기본이다. 하지만 정보 표시면의 면적이 100제곱센티미터 미만인 경우에는 표나 단락으로 표시하지 않아도 된다. 또한 한글식품표시사항을 제품에 표기할 때 지워지지 않는 잉크나 각인 또는 소인 등을 사용하는 것이 기본 원칙이다. 하지만 이 기본 원칙의 예외 사례가 있는데 즉석판매제조가공업 영업자가 우편이나 택배 등으로 온라인 판매할 때는 잉크 각인이나 소인이 아닌 스티커나 태그 형태의 라벨을 사용해도 된다.

글자 크기 기준이 정해져 있지만 표시면의 면적이 작으면 기준 크기를 따르지 않아도 된다. 이처럼 표시 관련 법령은 각각에 따라 예외 조항이 많이 달려 있다. 자신의 경우에 맞춰 법령 전체를 확인하거나 식약처에 연락하여 제품에 따라 자세하게 문의하는 것이 바람직하다.

밀키트를 처음 만드는 분들은 밀키트의 재료를 모두 표시해야 하는지, 아니면 대표적인 재료만 표시해도 되는지를 가장 궁금하게 여긴다. 두 가지 다 가능하다. 밀키트는 말 그대로 키트로 구성되는 제품이기 때문에 최소 판매 단위가 키트박스라면 각 구성품마다 낱개로 표시사항을 부착하지 않아도 된다. 키트의 앞면이나 뒷면에 복합적으로 표기해도 법적으로 아무런 문제가 없다.

마지막으로 한글식품표시사항에 대한 내용을 정리하자면, 식품류 제품에 들어가야 하는 한글식품표시사항의 내용은 제품명, 식품의 유형, 업소명 및 소재지, 제조연월일, 유통기한 또는 품질유지기한, 내용량, 원재료명 및 함량 등이다. 식품표시사항 기본 서식과 표시 장소별 표시사항 및 활자 크기의 기준은 다음 표를 참고하면 된다.

| 제품명 | OOO OO | |
|---|---|---|
| 식품 유형 | OOO(OOOOOO*)<br>*기타표시사항 | -(예시) 이 제품은 OOO를 사용한 제품과 같은 시설에서 제조 |
| 업소명 및 소재지 | OO식품, OO시 OO구 OO로 OO길 OO | -(타법 의무표시사항 예시) 정당한 소비자의 피해에 대해 교환 및 환불 |
| 유통기한 | OO년 OO월 OO일까지 | |
| 내용량 | OOOg | -(업체 추가표시사항 예시) 서늘하고 건조한 곳에 보관 |
| 원재료명 | OO, OOOO, OOOOOO, OOOOO, OO, OOOOOOO, OOO, OOOO OO*, OOO*, OO* 함유<br>(*알레르기 유발물질) | -부정·불량식품 신고: 국번 없이 1399 |
| 용기(포장)재질 | OOOOO | 영양성분*<br>(주표시면 표시 가능) |
| 품목보고번호 | OOOOOOOOOOO-OOO | |

표시사항 표시서식 도안

| 표시 장소 | 표시사항 | 활자 크기(포인트) |
|---|---|---|
| 주표시면 | 제품명 | 6pt 이상 |
| | 내용량(내용량에 해당하는 열량) | 12pt 이상 |
| 일괄 표시면 | 식품의 유형 | 8pt 이상 |
| | 제조연월일 | 10pt 이상 |
| | 유통기한/품질유지기한 | 10pt 이상 |
| | 원재료명 및 함량 | 7pt 이상 |
| | 성분명 및 함량 | 7pt 이상 |
| 기타 표시면 | 업소명 및 소재지 | 8pt 이상 |
| | 영양성분 | 8pt 이상 |
| | 주의사항 표시 | 10pt 이상 |
| | 기타사항 표시 | 6pt 이상 |

표시 장소별 표시사항 및 활자 크기

## 2  한글식품표시사항 라벨 작성법

한글식품표시사항 표시서식 도안을 살펴봐도 각 항목을 어떻게 작성해야 할지 막막할 수 있다. 그래서 저자가 그동안 컨설팅했던 사례를 중심으로 한글식품표시사항에 대한 항목별 작성 방법을 다음과 같이 소개한다.

### 1. 제품명

품목제조보고서에 보고하는 제품의 고유 명칭을 표시하는 부분이다. 상호 로고 또는 상표 등의 표현, 원재료명 또는 성분명을 사용할 수도 있다. 대부분 매장 상호명과 메뉴명을 조합하여 사용하거나<sup>예) 왕할머니손칼국수 깐바지락칼국수</sup> 밀키트 상품 전용 네이밍을 만들어 사용한다.

### 2. 식품의 유형

해당 제품의 품목제조보고서를 작성할 때 썼던 유형과 동일하게 작성한다. 2022년 1월 1일 간편조리세트 식품 유형 신설이 시행됨에 따라 '손질은 했지만 조리되지 않은 농·축·수산물과 가공식품 등의 식재료와 양념류를 조리에 필요한 정량에 맞게 구성하여 제공하고, 함께 동봉된 조리법에 따라 소비자가 간편하게 조리해서 먹을 수 있도록 제조한 제품<sup>즉, 밀키트</sup>'은 간편조리세트로 작성해야 한다. 2021년 12월 31일까지는 즉석조리식품으로 보고하여 제조 및 판매할 수 있었다. 식품 유형에 대한 자세한 내용은 1장 "밀키트의 정의"에서 다루어 놓았으니, 다시 한 번 살펴보는 것도 좋다.

### 3. 업소명 및 소재지

등록 또는 신고관청에 제출한 소재지를 표시한다. 업소의 소재지 대신 반품교환 업무를 대표하는 소재지를 표시할 수도 있다. 일반적으로 밀키트를 제조하는 매장 주소를 기입한다.

### 4. 제조연월일

일반적으로 밀키트 제품은 제조연월일 표시 의무 대상이 아니다. 만약 어떠한 이유로 제조연월일을 꼭 작성해야 한다면 '당일 제조된 상품', '상시 제조' 등의 설명을 달아 주자.

* 제조연월일 표시 의무 대상 : 도시락, 김밥, 햄버거, 샌드위치, 설탕, 식염, 빙과류, 주류 등

## 5. 소비기한

2023년 1월 1일부터는 '유통기한'이 아닌 '소비기한'을 표기해야 한다.

1. 제조일을 사용하여 소비기한을 표시하는 경우에는 "제조일로부터 ○○일까지", "제조일로부터 ○○월까지" 또는 "제조일로부터 ○○년까지", "소비기한 : 제조일로부터 ○○일"로 표시할 수 있다.

2. 소비기한이나 품질유지기한이 서로 다른 각각의 여러 가지제품을 함께 포장하였을 경우에는 그 중 가장 짧은 소비기한 또는품질유지기한을 표시하여야 한다. 다만 소비기한 또는 품질유지기한이 표시된 개별제품을 함께 포장한 경우에는 가장 짧은 소비기한만을 표시할 수 있다.

3. 소비기한 또는 품질유지기한을 주표시면 또는 정보표시면에 표시하기가 곤란한 경우에는 해당위치에 소비기한 또는 품질유지기한의 표시위치를 명시하여야 한다.

## 6. 내용량

내용물의 성상에 따라 중량, 용량 또는 개수로 표시해야 한다. 개수로 표시하는 경우에는 중량 또는 용량을 괄호 속에 표시해야 한다. 식품의약품안전처 고시에 따르면, 중량과 용량의 표시량과 그에 대한 허용 오차는 다음에 나오는 표와 같으므로 참고하면 된다.

영양 성분 대상 식품의 경우에는 내용량에 해당하는 열량을 표시해야 한다. 그러나 일반적으로 즉석판매식품제조업으로 만드는 밀키트 제품은 내용량만 표시하면 된다.

| 적용 분류 | 표시량 | 허용 오차 |
|---|---|---|
| 중량 | 50g 이하 | 9% |
| | 50g 초과 100g 이하 | 4.5g |
| | 100g 초과 200g 이하 | 4.5% |
| | 200g 초과 300g 이하 | 9g |
| | 300g 초과 500g 이하 | 3% |
| | 500g 초과 1kg 이하 | 15g |
| | 1kg 초과 10kg 이하 | 1.5% |
| | 10kg 초과 15kg 이하 | 150g |
| | 15kg 초과 | 1% |
| 용량 | 50ml 이하 | 9% |
| | 50ml 초과 100ml 이하 | 4.5ml |
| | 100ml 초과 200ml 이하 | 4.5% |
| | 200ml 초과 300ml 이하 | 9ml |
| | 300ml 초과 500ml 이하 | 3% |
| | 500ml 초과 1L 이하 | 15ml |
| | 1L 초과 10L 이하 | 1.5% |
| | 10L 초과 15L 이하 | 150ml |
| | 15L 초과 | 1% |

## 7. 원재료명 및 함량

- 원산지 표시 대상품목을 수입하는 자, 생산 가공하여 출하하거나 판매[통신판매 포함] 또는 판매 목적으로 보관 진열하는 자는 누구든지 원산지 표시를 해야 한다. 최종 제품에 남지 않는 정제수를 제외하고 원재료명을 함량이 많은 순서에 따라 표시한다. 이때, 2퍼센트 미만의 나머지 원재료는 함량 순서를 따르지 않는다.
- 복합원재료를 사용한 경우에는 그 복합원재료를 나타내는 명칭 또는 식품의 유형을 표시하고, 괄호 속에 물을 제외하고 많이 사용한 순서에 따라 5가지 이상의 원재료명 또는 성분명을 표시해야 한다.
- 원재료명은 표준국어대사전 등을 기준으로 대표명을 선정하는 것이 통상적이다.
- 제품명에 특정 원재료명이 사용될 경우에는 해당 원재료의 함량도 함께 기재한다.
- 식품첨가물은 그 명칭과 용도를 함께 표시한다.
- 원산지는 기본적으로 함유량 비율 상위 3순위에 해당하는 원재료에 대해 기재한다. 다만, 98퍼센트 이상인 원료가 있다면 그 원료와 두 가지 원료의 배합 비율합이 98퍼센트 이상의 원료가 있는 경우에 배합 비율이 높은 순서의 2순위까지 원료 원산지를 표시한다.

| | |
|---|---|
| 예시 1 | A 원료 30%(1순위), B 원료 30%(1순위), C 원료 25%(3순위), D 원료 15%(4순위)인 경우<br>⇨ 1순위(A, B), 3순위(C) 원료의 원산지를 표시한다. |
| 예시 2 | A 원료 30%(1순위), B 원료 20%(2순위), C 원료 20%(2순위), D 원료 20%(2순위), E 원료 10%(5순위)인 경우<br>⇨ 1순위(A), 2순위(B, C, D) 원료의 원산지를 표시한다. |
| 예시 3 | A 원료 35%(1순위), B 원료 20%(2순위), C 원료 15%(3순위), D 원료 15%(3순위), E 원료 15%(3순위)인 경우<br>⇨ 1순위(A), 2순위(B), 3순위(C, D, E) 원료의 원산지를 표시한다. |

## 8. 알레르기 유발물질

알레르기 유발물질을 원재료로 사용하거나, 알레르기 유발물질 원재료에서 추출 등의 방법으로 얻은 성분을 원재료로 사용한 식품, 또는 그 식품 등을 원재료로 사용할 경우에는 함유된 양과 관계없이 한글식품표시사항에 알레르기 유발물질을 표시해야 한다.

표시 방법은 「식품 등의 표시·광고에 관한 법률」 시행 규칙에 따르면, 원재료명 표시란 근처에 바탕색과 구분되도록 알레르기 표시란을 마련하고, 제품에 함유된 알레르기 유발물질의 양과 관계없이 원재료로 사용된 모든 알레르기 유발물질을 표시해야 한다. 다만, 단일 원재료로 제조·가공한 식품이나 포장육 및 수입 식육의 제품명이 알레르기 표시 대상 원재료명과 동일한 경우에는 알레르기 유발물질 표시를 생략할 수 있다.

[소비자 안전을 위한 표시사항(제5조제1항 관련)]

| | |
|---|---|
| 알레르기<br>유발물질 | 알류(가금류만 해당한다), 우유, 메밀, 땅콩, 대두, 밀, 고등어, 게, 새우, 돼지고기, 복숭아, 토마토, 아황산류(이를 첨가해 최종 제품에 이산화황으로 10mg/kg 이상 함유한 경우), 호두, 닭고기, 쇠고기, 오징어, 조개류(굴·전복·홍합 포함), 잣 |

## 9. 영양성분

영양성분을 표기해야 하는 식품의 유형은 다음과 같다.

레토르트 식품, 과자, 캔디류, 병과류, 빵류, 만두류, 초콜릿류, 잼류, 식용유지류, 면류, 음료류, 특수용도식품, 어육가공품 중 어육 소시지, 즉석섭취식품 중 김밥, 햄버거, 샌드위치, 커피, 장류

실제 사례를 통해 스터디하여 작성해 보자. (아래 라벨 예시는 폰트 크기를 6pt로 맞춰 작성했다. 실제 라벨을 작성할 때는 표시 장소별 표시사항 활자 크기 기준을 준수해야 한다.)

## 한식

| 제품명 | 곱창전골 | 내용량 | 1,320g |
|---|---|---|---|
| 식품 유형 | 즉석조리식품 | | |
| 품목보고번호 | 2023012345678 | | |
| 원재료명 | 소곱창(호주산), 소대창(호주산), 소염통(호주산), 양념소스[고추장, 청양고추가루, 된장, 간장, 다진마늘, 다진생강, 소주, 다시다], 배추, 양파, 두부, 새송이버섯, 느타리버섯, 소고기, 깻잎 | | |
| | **대두, 밀, 쇠고기 함유** | | |
| 내포장재질 | PE, PP | 보관방법 | 냉장보관(0-10℃) |
| 소비기한 | 제품 별도 표기일까지 | 반품 및 교환 | 제조원 및 판매처 |
| 제조원 | 업체명 / 주소지 | | |

• 이 제품은 알류, 우유, 새우, 호두, 닭고기를 사용한 제품과 같은 제조 시설에서 제조하고 있습니다. • 제품 수령 후 바로 냉장보관해 주시고 개봉한 제품은 변질의 우려가 있으니 가능한 빨리 섭취하시기 바랍니다. • 제품에 포함된 채소 및 버섯류는 조리 전 흐르는 물에 깨끗이 씻어 조리하십시오. • 본 제품은 소비자분쟁해결기준에 의거 교환 또는 보상받을 수 있습니다. • 부정·불량 식품 신고는 국번 없이 1399

곱창전골 밀키트 라벨 예시

| 제품명 | 해물부추전 | 식품 유형 | 즉석조리식품 |
|---|---|---|---|
| 내용량 | 510g | 품목보고번호 | 202300123456 |
| 소비기한 | 제품 내 별도표기 | 보관방법 | 냉장보관(0-10℃) |
| 내포장재질 | PE | 반품 및 교환 | 제조원 및 판매처 |
| 제조원 및 판매처 | 업체명 / 주소지 | | |
| 원재료명 및 함량 | 가루믹스 20.01%[쌀가루(국산), 부침가루(호주산, 미국산), 후추가루], 부추 17.87%, 오징어 21.87%(중국산), 새우 17.49%(베트남), 초간장(진간장, 사과식초, 고춧가루, 설탕), 홍고추 | | |
| | **대두, 밀, 새우, 돼지고기, 닭고기, 쇠고기, 조개류(굴, 바지락) 함유** | | |
| 소비자 상담 | | 000-000-0000 | |

※ 본 제품은 알류, 우유, 메밀, 땅콩, 고등어, 게, 복숭아, 토마토, 아황산류, 호두, 오징어, 조개류(전복, 홍합 포함), 잣을 사용한 제품과 같은 제조 시설에서 제조하고 있습니다. ※ 제품 구입 후 바로 냉장보관해 주시고 개봉한 제품은 변질의 우려가 있으니 가능한 빨리 섭취하시기 바랍니다. ※ 조리시 화상 및 화재에 주의하시기 바랍니다. ※ 본 제품은 소비자분쟁해결기준에 의거 교환 또는 보상 받을 수 있습니다. ※ 부정, 불량식품 신고는 국번 없이 1399

해물부추전 밀키트 라벨 예시

| 제품명 | 춘천 닭갈비 | 식품 유형 | 간편조리세트 | 내용량 | 825g |
|---|---|---|---|---|---|
| 원재료명 | 닭정육(브라질) 60.60%, 소스[진간장(탈지대두(외국산: 인도, 미국, 중국)), 천일염(호주산), 소맥(밀: 미국산), 물엿, 설탕, 고추장, 간마늘, 고춧가루, 두반장, 복합조미식품, 후추], 양배추, 고구마, 양파, 대파, 밀떡, 깻잎 | | | | |
| | **닭고기, 대두, 밀, 아황산류 함유** | | | | |
| 소비기한 | 뒷면 하단에 별도 표시 | 보관방법 | | 냉장보관 | |
| 반품 및 교환처 | 구입처 및 판매원 | 포장재질 | | 폴리에틸렌 | |
| 소비자 상담실 | 000-000-0000 | 부정, 불량식품 신고 | | 국번 없이 1399 | |
| 제조원 | 업체명 / 주소지 | | | | |
| 판매원 | 업체명 / 주소지 | | | | |

• 이 제품은 알러지식품[난류, 우유, 메밀, 밀, 토마토, 돼지고기, 쇠고기, 닭고기, 새우, 게, 조개류, 홍합, 전복, 굴, 오징어, 갑각류, 대두]를 사용한 제품과 같은 시설에서 제조하고 있습니다. • 본제품은 공정거래위원회고시소비자분쟁해결기준에 의거 교환 또는 보상을 받을 수 있습니다. • 제품의 무게는 오차 범위가 있을 수 있으며, 고기의 해동 상태, 야채의 수분 함량에 따라 달라짐을 알려드립니다. 구입 후 장시간 상온에 노출시키지 말고, 반드시 냉장보관하며, 개봉 즉시 조리하여 드시기 바랍니다.

춘천 닭갈비 밀키트 라벨 예시

## 양식

| 제품명 | 한우 안심 스테이크 | 내용량 | 290g |
|---|---|---|---|
| 식품 유형 | 식육함유가공품(비살균제품) | | |
| 품목보고번호 | 2023012345678 | | |
| 원재료명 | 소고기(안심/국내산) 81.23%, 스테이크소스 9.43%[레드와인, 케첩, 돈까스소스, 버터, 소금, 후추], 아스파라거스, 양송이버섯, 방울토마토, 마늘, 양파 | | |
| | **토마토, 쇠고기 함유** | | |
| 내포장재질 | PE | 보관방법 | 냉장보관(0-10°c) |
| 소비기한 | 제품 별도 표기일까지 | 반품 및 교환 | 제조원 및 판매처 |
| 제조원 | 업체명 / 주소지 | | |

• 이 제품은 알류, 우유, 대두, 밀, 새우, 돼지고기, 닭고기를 사용한 제품과 같은 제조 시설에서 제조하고 있습니다. • 제품 수령 후 바로 냉장보관해 주시고 개봉한 제품은 변질의 우려가 있으니 가능한 빨리 섭취하시기 바랍니다. • 조리시 화상 및 화재에 주의하시기 바랍니다. • 본 제품은 소비자분쟁해결기준에 의거 교환 또는 보상받을 수 있습니다. • 부정·불량식품 신고는 국번 없이 1399

한우 안심 스테이크 밀키트 라벨 예시

| 제품명 | 시그니처 국물파스타 | 식품 유형 | 즉석조리식품 |
|---|---|---|---|
| 내용량 | 530g | 품목보고번호 | 2023001234567 |
| 소비기한 | 제품 내 별도표기 | 보관방법 | 냉장보관(0-10℃) |
| 내포장재질 | PE | 반품 및 교환 | 제조원 및 판매처 |
| 제조원 및 판매처 | 업체명 / 주소지 | | |
| 원재료명 및 함량 | 육수 65.39%[계육잡뼈(국내산), 통후추, 양파, 당근, 월계수잎, 샐러리, 혼다시(유당, 자당, 가스오부시분말, 효모추출물, 가스오추출물), 간장, 꽃소금], 스파게티면 18.80%(스페인산), 느타리버섯 7.52%, 탈각새우 7.52%(베트남산), 양송이버섯, 갈릭오일, 마늘쫑, 버터, 마늘, 베트남건고추(베트남산), 크러쉬드페퍼, 후추가루 | | |
| | **대두, 밀, 새우, 돼지고기, 닭고기, 쇠고기, 조개류(굴, 바지락) 함유** | | |
| 소비자상담 | 000-0000-0000 | 배송문의 | 제조원 및 판매처 |
| ※ 본 제품은 알류, 우유, 메밀, 땅콩, 고등어, 게, 복숭아, 토마토, 아황산류, 호두, 오징어, 조개류(전복, 홍합 포함), 잣을 사용한 제품과 같은 제조 시설에서 제조하고 있습니다. ※ 제품 구입 후 바로 냉장보관해 주시고 개봉한 제품은 변질의 우려가 있으니 가능한 빨리 섭취하시기 바랍니다. ※ 조리시 화상 및 화재에 주의하시기 바랍니다. ※ 본 제품은 소비자분해결기준에 의거 교환 또는 보상받을 수 있습니다.<br>※ 부정, 불량 식품 신고는 국번 없이 1399 | | | |

시그니처 국물파스타 밀키트 라벨 예시

| 제품명 | 새우 감바스 알 아히요 | 식품 유형 | 즉석조리식품 |
|---|---|---|---|
| 내용량 | 505g | 품목보고번호 | 20230012344567 |
| 소비기한 | 제품 내 별도표기 | 보관방법 | 냉장보관(0-10℃) |
| 내포장재질 | PE | 반품 및 교환 | 제조원 및 판매처 |
| 제조원 및 판매처 | 업체명 / 주소지 | | |
| 원재료명 및 함량 | 새우 34.82%(베트남산), 갈릭오일 19.34%[포마스오일 89.55%(이태리산), 간마늘, 건바질], 마늘 11.61%(수입산), 방울토마토 11.61%, 바게트 6.67%[밀가루(미국산,캐나다산), 쇼트닝, 유화제, 전란분, 정제소금)], 스파게티건면 9.67%(스페인산), 베트남건고추(베트남산), 꽈리고추, 크러쉬드페퍼, 꽃소금, 후추가루 | | |
| | **대두, 밀, 새우, 돼지고기, 닭고기, 쇠고기, 조개류(굴, 바지락) 함유** | | |
| 소비자상담 | | 000-0000-0000 | |
| ※ 본 제품은 알류, 우유, 메밀, 땅콩, 고등어, 게, 복숭아, 토마토, 아황산류, 호두, 오징어, 조개류(전복, 홍합 포함), 잣을 사용한 제품과 같은 제조 시설에서 제조하고 있습니다. ※ 제품 구입 후 바로 냉장보관해 주시고 개봉한 제품은 변질의 우려가 있으니 가능한 빨리 섭취하시기 바랍니다. ※ 조리시 화상 및 화재에 주의하시기 바랍니다. ※ 본 제품은 소비자분해결기준에 의거 교환 또는 보상 받을 수 있습니다.<br>※ 부정, 불량 식품 신고는 국번 없이 1399 | | | |

새우 감바스 알 아히요 밀키트 라벨 예시

## 중식

| 제품명 | 마라탕 | 내용량 | 610g |
|---|---|---|---|
| 식품 유형 | 식육함유가공품(비살균제품) | | |
| 품목보고번호 | 2023012345678 | | |
| 원재료명 | 소고기(목심/호주산), 마라탕소스 12.43%[이금기중화두반장, 정제소금(국내산), 설탕, 화조유, 적산초], 즈마장소스(땅콩버터, 냉동마늘, 굴소스, 설탕), 느타리버섯, 팽이버섯, 청경채, 배추, 대파, 건면(고구마전분, 정제소금), 건두부 | | |
| | **땅콩, 대두, 쇠고기, 조개류(굴) 함유** | | |
| 내포장재질 | PE | 보관방법 | 냉장보관(0-10°c) |
| 소비기한 | 제품 별도 표기일까지 | 반품 및 교환 | 제조원 및 판매처 |
| 제조원 | 업체명 / 주소지 | | |

- 이 제품은 알류, 대두, 밀, 새우, 돼지고기, 닭고기를 사용한 제품과 같은 제조 시설에서 제조하고 있습니다. • 제품 수령 후 바로 냉장보관해 주시고 개봉한 제품은 변질의 우려가 있으니 가능한 빨리 섭취하시기 바랍니다. • 마라탕소스의 특성상 적산초가 들어 있어 특유의 입자감을 느낄 수 있으나 안심하시고 섭취하셔도 됩니다. • 조리시 화상 및 화재에 주의하시기 바랍니다. • 본 제품은 소비자분쟁해결기준에 의거 교환 또는 보상받을 수 있습니다. • 부정·불량식품 신고는 국번 없이 1399

마라탕 밀키트 라벨 예시

## 일식

| 제품명 | 밀푀유나베 |
|---|---|
| 식품 유형 | 식육함유가공품(비살균제품) |
| 업소명 및 소재지 | 업체명 / 주소지 |
| 소비기한 | 제품 별도 표기일까지 |
| 내용량 | 900g |
| 원재료명 | 소고기(목심/뉴질랜드산) 25%, 배추(국내산), 숙주나물(중국산), 숙면[밀가루, 감자전분, 정제소금], 나베육수베이스(양조간장, 소스류, 정제소금, 설탕), 피넛소스, 새송이버섯, 청경채 |
| | **계란, 땅콩, 밀, 쇠고기 함유** |
| 용기(포장)재질 | PE, PP |
| 품목보고번호 | 202301234567 |

- 이 제품은 알류, 돼지고기, 토마토, 호두, 오징어를 사용한 제품과 같은 제조 시설에서 제조하고 있습니다.
- 본 제품은 소비자분쟁해결기준에 의거하여 교환 또는 보상받을 수 있습니다.
- 제품 수령 후 바로 냉장보관해 주시고 개봉한 제품은 변질의 우려가 있으니 가능한 한 빨리 섭취하시기 바랍니다.
- 부정/불량 식품 신고는 국번 없이 1399
- 고객상담실 02-000-0000

밀푀유나베 밀키트 라벨 예시

## 기타

| 제품명 | 월남쌈 | 내용량 | 980g |
|---|---|---|---|
| 식품 유형 | 즉석조리식품 | | |
| 품목보고번호 | 2023012345678 | | |
| 원재료명 | 돼지고기(후지/국내산),월남쌈[베트남산/타피오카전분, 쌀가루, 정제소금], 소스[간장, 설탕, 정제수, 홍고추, 청고추, 까나리액젓, 식초, 레몬즙], 파프리카, 과채가공품[필리핀산/파인애플, 과채주스], 몬, 어린잎채소, 당근, 깻잎 | | |
| | **대두, 밀, 돼지고기 함유** | | |
| 내포장재질 | 용기:PET, 내포장:PE | 보관방법 | 냉장보관(0-10°c) |
| 소비기한 | 제품 별도 표기일까지 | 반품 및 교환 | 제조원 및 판매처 |
| 제조원 | 업체명 / 주소지 | | |

- 이 제품은 알류, 새우, 쇠고기, 닭고기를 사용한 제품과 같은 제조 시설에서 제조하고 있습니다.
- 제품 수령 후 바로 냉장보관해 주시고 개봉한 제품은 변질의 우려가 있으니 가능한 빨리 섭취하시기 바랍니다. • 원료의 산지 생육환경 재배시기에 따라 맛과 향이 달라질 수 있습니다. • 본 제품은 소비자분쟁해결기준에 의거 교환 또는 보상받을 수 있습니다. • 부정·불량식품 신고는 국번 없이 1399

월남쌈 밀키트 라벨 예시

### 우리 매장 밀키트 한글식품표시사항 라벨 준비하기

판매하려는 밀키트 제품의 라벨에 넣어야 할 내용을 아래 표에 적어 보세요! 앞에서 알려드린 한글표시사항 세부 내용 작성법 및 활자 크기 가이드라인을 참고하여 작성해 보세요.

| 제품명 | | 식품 유형 | | 내용량 | |
|---|---|---|---|---|---|
| 원재료명 | | | | | |
| 소비기한 | | | 보관방법 | | |
| 반품 및 교환처 | | | 포장재질 | | |
| 소비자 상담실 | | | 부정, 불량식품 신고 | | |
| 제조원 | | | | | |
| 판매원 | | | | | |

# 3  식품제조가공업 필수 : 자가품질검사

 일반 음식점에서 즉석판매제조가공업으로 허가를 내고 밀키트를 판매하고 있는데 밀키트 판매량이 많아지면 식품제조가공업 허가 요건을 갖춰야 한다. 또는 식품제조가공업 허가가 있는 곳에서 밀키트를 생산해야 한다. 즉석판매제조가공업에서 식품제조가공업으로 전환하기 위해서는 반드시 자가품질검사를 해야 한다. 자가품질검사란 식품군에 따라 샘플을 연구소에 보내 생산 제품이 법이 정하는 기준이나 규격에 적합한지 검사를 받은 후 판매 허가를 받는 것을 말한다.

 관련 법안은 아래와 같다.

| 관련 법안 | '식품위생법' 제31조<br>식품 등을 제조 및 가공하는 영업자는 제조 및 가공하는 식품 등이 기준 및 규격에 적합한지 검사해야 하고, '식품 등의 자가품질 검사항목 지정'에 따른 항목을 검사하도록 규정한다.<br><br>'식품위생법' 시행규칙 제31조 '별표 12'<br>식품 등에 대한 자가품질검사는 판매를 목적으로 제조 및 가공하는 품목별로 실시해야 한다. 다만, 식품공전에서 정한 동일한 검사항목을 적용받은 품목을 제조 및 가공하는 식품 유형별로 이를 실시할 수 있다.<br><br>자가품질검사주기는 처음으로 제품을 제조한 날을 기준으로 산정한다. 다만, 「수입식품안전관리 특별법」 제18조제2항에 따른 주문자상표부착식품등과 식품제조 · 가공업자가 자신의 제품을 만들기 위하여 수입한 반가공 원료식품 및 용기 · 포장은 「관세법」 제248조에 따라 관할 세관장이 신고필증을 발급한 날을 기준으로 산정한다. |
|---|---|

 즉석판매제조가공업의 경우는 식품의 종류에 따라 의무 여부가 상이하다. 하지만 일반 음식점에서 즉석판매제조가공업으로 밀키트를 만든다면, 2020년 7월 현시점에서는 자가품질검사를 받지 않고 영업할 수 있다. 그러나 식품제조가공업으로 사업을 신고하여 밀키트를 제작할 때는 자가품질검사가 필요하다. 식품제조가공업 영업 허가를 받고 나서 밀키트를 판매하기 전에 자가품질검사를 받으면 되는데, 대부분 직접 기관에 가서 자가품질검사를 받기보다는 대행을 한다. 대행을 통해 자가품질검사가 끝나면 제품별로 품목제조번호가 나온다.

 그러면 자가품질검사를 받기 위한 서류와 대행은 어떻게 진행해야 하는지 구체적으로 알아보자. 우선 자가품질검사를 받기 위해 식품의약품안전처 홈페이지에 들어가서 상단 탭에서 정책정보를 누르고 그 아래에 나오는 항목 중 '시험검사기관'의 '식품분야검사수수료 정보'를 클릭하고 들어간다. 그중에서 '식품시험전문기관' 탭과 '자가품질위탁시험검사기관' 탭에 들어가서 자신의 제품에 해당하는 식품류 검사를 지원하는 검사기관을 골라 홈페이지나 첨부파일을 보고 세부 내용을 확인해야 한다. 모든 기관에서 식품류 검사를 지원하는 것은 아니기 때문에 항목 분류를 보고 자신에게 해당하는 기관을 정해야 한다.

검사기관을 정한 후에는 그 연락처로 전화를 걸어 필요한 서류를 확인해야 한다. 보통 자가품질검사의뢰서, 사업자등록증 사본, 영업등록증<sup>식품제조가공업</sup> 또는 영업신고증<sup>즉석판매제조가공업</sup> 사본, 세금계산서 및 업무용 이메일 주소, 연락처, 담당자 이름이 필요하다. 검사 수수료는 검사하려는 식품의 종류에 따라 천차만별이기 때문에 통화할 때 물어보고 확인하는 것이 좋다. 이 검사는 초기에 한 번만 받는 것이 아니라 지속적으로 받아야 한다. 자가품질검사의 주기는 식품군마다 다르게 설정되어 있다.

## 업종 대상별 검사 주기 및 검사 항목

| 구분 | 대상 제품 | 검사 주기 | 검사 항목 |
|---|---|---|---|
| 식품제조가공업 | 과자류, 빵류 또는 떡류(과자, 캔디류, 추잉껌 및 떡류만 해당한다), 코코아가공품류, 초콜릿류, 잼류, 당류, 음료류[다류(茶類) 및 커피류만 해당한다], 절임류 또는 조림류, 수산가공식품류(젓갈류, 건포류, 조미김, 기타 수산물가공품만 해당한다), 두부류 또는 묵류, 면류, 조미식품(고춧가루, 실고추 및 향신료가공품, 식염만 해당한다), 즉석식품류(만두류, 즉석섭취식품, 즉석조리식품만 해당한다), 장류, 농산가공식품류(전분류, 밀가루, 기타농산가공품류 중 곡류가공품, 두류가공품, 서류가공품, 기타 농산가공품만 해당한다), 식용유지가공품(모조치즈, 식물성크림, 기타 식용유지가공품만 해당한다), 동물성가공식품류(추출가공식품만 해당한다), 기타가공품, 선박에서 통·병조림을 제조하는 경우 및 단순가공품(자연산물을 그 원형을 알아볼 수 없도록 분해·절단 등의 방법으로 변형시키거나 1차 가공처리한 식품원료를 식품첨가물을 사용하지 않고 단순히 서로 혼합만 하여 가공한 제품이거나 이 식품에 식품제조·가공업의 허가를 받아 제조·포장된 조미식품을 포장된 상태 그대로 첨부한 것을 말한다)만을 가공하는 경우 | 3개월마다 1회 이상 | 식품의약품안전처장이 정하여 고시하는 식품 유형별 검사항목 |
| | 식품제조·가공업자가 자신의 제품을 만들기 위하여 수입한 반가공 원료식품 및 용기·포장<br><br>1) 반가공 원료식품 : 6개월마다 1회 이상 식품의약품안전처장이 정하여 고시하는 식품유형별 검사항목<br><br>2) 용기·포장 | 동일재질별로 6개월마다 1회 이상 | 재질별 성분에 관한 규격 |

| 구분 | 대상 제품 | 검사 주기 | 검사 항목 |
|---|---|---|---|
| 식품제조가공업 | 빵류, 식육함유가공품, 알함유가공품, 동물성가공식품류(기타 식육 또는 기타 알제품), 음료류(과일·채소류음료, 탄산음료류, 두유류, 발효음료류, 인삼·홍삼음료, 기타음료만 해당한다, 비가열음료는 제외한다), 식용유지류(들기름, 추출들깨유만 해당한다). | 2개월마다 1회 이상 | 식품의약품안전처장이 정하여 고시하는 식품유형별 검사항목 |
| | 그 이외의 식품 | 1개월(주류의 경우에는 6개월)마다 1회 이상 | |
| 즉석판매 제조가공업 | 과자(크림을 위에 바르거나 안에 채워 넣은 후 가열살균하지 않고 그대로 섭취하는 것만 해당한다), 빵류(크림을 위에 바르거나 안에 채워넣은 후 가열살균하지 않고 그대로 섭취하는 것만 해당한다), 당류(설탕류, 포도당, 과당류, 올리고당류만 해당한다), 식육함유가공품, 어육가공품류(연육, 어묵, 어육소시지 및 기타 어육가공품만 해당한다), 두부류 또는 묵류, 식용유지류(압착식용유만 해당한다), 특수용도식품, 소스, 음료류(커피, 과일·채소류음료, 탄산음료류, 두유류, 발효음료류, 인삼·홍삼음료, 기타음료만 해당한다), 동물성가공식품류(추출가공식품만 해당한다), 빙과류, 즉석섭취식품(도시락, 김밥류, 햄버거류 및 샌드위치류만 해당한다), 즉석조리식품(수   류만 해당한다), 신선편의식품, 간편조리세트, 「축산물 위생관리법」 제2조제2호에 따른 유가공품, 식육가공품 및 알가공품 | 9개월마다 1회 이상 | 식품의약품안전처장이 정하여 고시하는 식품 및 축산가공품 유형별 검사항목 |
| | 그 이외의 식품 | 해당 없음 | |

# 네 번째
# 밀키트 패키지

1. 로고 만들기
2. 패키지 디자인
3. 레퍼런스 찾는 방법
4. 택배 포장 방법

6

# 1  로고 만들기

**기존 상호명을 그대로 쓰면 안 되는 이유**

밀키트 제작이 끝난 후에는 밀키트 제품의 패키지 디자인 작업을 해야 한다. 우리 매장 브랜드를 나타낼 수 있는 로고, 캐릭터 등 패키지에 사용할 디자인 요소가 필요하다. 그런데 많은 사장님들이 컨설팅 과정에서 "우리 매장 간판이나 기존에 제작한 캐릭터를 사용해야 하지 않을까요?"라고 말한다. 여기에 대한 저자의 대답은 "아니오"다. 기존 간판은 대체로 오래전에 제작되었고, 타깃 고객층 없이 제작된 것이 많아서 현재 트렌드에 맞지 않는 것이 대부분이다. 그리고 우리 매장 브랜드를 이용할 고객의 나이, 성별, 구매력에 따른 컨셉이 달라지면 시대에 뒤떨어진 간판과 아무 의미 없는 캐릭터를 사용하는 것은 바람직하지 않다.

2021년 초에 컨설팅을 받은 창해수산의 경우, 일본의 후쿠시마 방사성 오염수 방류 기사가 나온 날 장사를 망쳤다고 한다. 컨설팅을 받기 전의 상호는 '창해수산 생아구찜 생골뱅이'였다. 누가 봐도 수산물 전문 브랜드라는 걸 알 수 있다. 그러면 앞으로 일본이 본격적으로 방사성 오염수를 방류한다면 수산물을 주로 사용하는 음식점은 타격이 클 것이다. 그래서 창해수산 조 대표님과 심각한 회의 끝에 우리는 브랜드 네이밍을 바꾸었다. 젊은 2030세대가 찾아오고, SNS 마케팅에 강한 MZ 세대에게 어필할 수 있는 네이밍과 로고, 인테리어 전략을 사용했다. 컨설팅 이후 압구정 맛집이 되어 가는 창해식탁은 남들보다 빠른 결심이 생각보다 빨리 좋은 결과로 이어진 것에 대해 감사의 마음을 전해 왔다.

대부도 맛집인 '왕할머니손칼국수'는 2대째 이어 오는 대부도 찐맛집으로 밀키트 컨설팅 사례 중 기존 상호 및 로고를 그대로 사용한 곳이다. 대부도 칼국수 맛집으로 이미 인지도가 높은 곳이고, 로고 디자인도 패키지에 그대로 활용하여 사용해도 될 만큼 괜찮았다. 그래서 밀키트용 로고를 따로 제작하지 않고, 라벨 및 포장용 박스 테이프 등 패키지에 기존 상표를 사용하여 디자인했다. 왕할머니칼국수의 로고와 이미지를 그대로 사용한 가장 큰 이유는 바로 프랜차이즈를 위한 브랜딩이었기 때문이다. 주말 방문 고객이 천 명이 넘는 왕할머니칼국수는 새롭게 브랜딩을 하기에는 고객의 인지 동선이 강하게 형성된 곳이라 기존 이미지와 로고를 그대로 사용하는 것이 더 효과적이라고 판단했다.

　　여러분의 매장 상호명과 로고는 어떠한가? 타깃 고객층에게 어필할 수 있는 매력적인 로고인가? 무슨 일을 하든 첫 단추를 잘 끼워야 한다. 밀키트에서 첫 단추는 '로고'이다. 전국적으로 인지도가 있는 매장이라면 상호명이나 로고를 바꾸는 것이 오히려 독이 될 수 있겠지만, 오픈한 지 오래되었음에도 불구하고 인지도가 낮거나, 오픈한 지 얼마 안 된 신생 업체라면 밀키트 사업의 성과를 올리기 위해 고객이 좋아하는 이미지(로고)로 과감히 바꿔 보자.

## 로고의 쓰임과 다양한 종류

　　로고는 모양, 컬러, 심벌, 때로는 문자나 단어까지 포함한 여러 요소의 조합으로 이뤄진다. 이러한 요소가 하나의 간결한 디자인으로 융합되어 우리 제품과 서비스가 고객에게 제공하고자 하는 덕목과 품질, 약속을 상징하는 것이다.

　　로고는 불법 복제를 막기 위한 워터마크, 품질보증 마크이기도 하며, 자사 제품의 품질을 표시하고 자사 제품을 하급 제품이나 경쟁 제품과 구별해 주는 장치다. 로고에는 따로 정해진 형식이 없다. 애플처럼 그림마크를 사용할 수도 있고, 상호명을 그대로 서체만 적용해서 사용할 수도 있다. 로고의 종류를 카테고리로 나누면 다음과 같다.

**01. 타이포로고형** — 제품이나 브랜드의 글자를 로고로 삼는 가장 기본적인 형태의 로고

**02. 워드마크형** — 제품명 또는 기업명에 아이디어를 넣어 제작하는 로고

### 03. 심볼형 — 제품 또는 기업을 상징할 수 있는 이미지를 넣어 제작하는 로고

 조선호랑이냉면

### 04. 엠블럼형 — 특정 도형 내에 제품 또는 기업을 상징할 수 있는 이미지를 넣은 로고

## 05. 일러스트형    캐릭터를 활용하거나 일러스트를 조합한 로고

## 06. 캘리그래피형    기업, 브랜드의 이름을 캘리그래피로 표현한 로고

이 같이 로고는 타이포 로고형, 워드마크 로고형, 심볼형, 엠블럼형, 일러스트형, 캘리그래피형으로 구분할 수 있다. 그중에서 우리 매장 브랜드 이미지나 자사 대표 상품에 어울리는 형태의 로고형을 선택해서 사용하는 것이 바람직하다. 로고를 제작할 때 가장 중요한 것은 직관성이다. 누가 봐도 우리 브랜드를 알 수 있게 제작하는 것이다. 또한 단순하고 기억에 남는 디자인을 만들어야 하며, 타 브랜드와 유사한 디자인이나 상투적인 스타일의 디자인은 지양해야 한다. 로고는 간판, 패키지, 온라인 채널 및 각종 인쇄물에 응용해 사용하기 때문에 활용성 측면을 고려해서 제작해야 한다.

## 2  패키지 디자인

**밀키트 패키지 디자인의 5가지 형태**

　네이버 쇼핑에서 '김치찌개'라고 검색하면 전체<sup>중복상품 포함</sup> 3만 9천여개의 제품이 나온다. 소비자는 수많은 경쟁업체 중에 우리 브랜드 김치찌개를 선택하는 것이다. 이렇게 같은 메뉴의 밀키트를 수많은 업체에서 판매하는데, 우리 매장 밀키트가 소비자에게 선택받으려면 어떤 차별성이 있어야 할지 고민해 보자.

　밀키트 패키지는 사람으로 비유하자면, 어떤 사람을 만났을때 느껴지는 첫 이미지와 같다고 생각하면 된다. 비슷한 가격대이고 특별히 맛의 격차가 크지 않은 밀키트 제품들이 있다면, 고객에게 선택받는 가장 큰 차별 요소는 패키지 디자인이다. 잘 만든 패키지 디자인을 통해 시각적이고 촉각적인 만족감을 충족시킬 수 있고, 패키지 안에 우리 브랜드의 가치관을 담아 소비자에게 메시지를 전달할 수도 있다. 그렇다고 패키지 디자인을 너무 거창하게 생각할 필요는 없다. 우리 제품이 조금 더 매력적으로 돋보일 수 있도록 '디자인'의 힘을 빌린다고 생각하자. 밀키트 패키지 디자인은 앞서 선택한 포장 용기 사이즈와 모양, 그리고 인쇄 비용을 고려하여 제작 방향을 결정하면 된다.

　사람의 기호를 결정짓는 요소는 시각·청각·후각·미각·촉각의 '오감'이다. 또한 자신의 가치관이나 정체성, 그리고 자존감과 같은 가치들도 기호 형성에 큰 영향을 미친다. 코로나 19로 인해 배달 음식의 인기가 높아지면서 자연스럽게 수면 위로 드러난 쓰레기 문제를 생각해 보자. 쓰레기를 줄이고자 하는 소비자들의 가치관이 형성되면서 이 흐름에 편승해 '친환경'이라는 마케팅 전략을 취하는 브랜드를 많이 볼 수 있다. 이처럼 소비자에게 선택받는 밀키트 제품이 되려면, 맛이라는 한 가지 감각만 만족시킬 것이 아니라, 다른 감각과 가치관 등을 종합적으로 고려해야 한다.

　단순히 밀키트 패키지를 디자인한다고 생각하기보다는 우리 브랜드의 가치관을 담고 우리 제품을 매력적으로 팔기 위한 브랜드 이미지를 만든다고 생각해 보자. 이제부터 5가지 패키지 디자인 종류와 사례를 살펴보면서 우리 브랜드에 잘 어울리는 것을 찾아보자.

1. 종이 띠지

    포장 용기를 두르는 형태이다. 양면 테이핑하여 인쇄할 수 있으나, 단가를 낮추기 위해 직접 테이핑하는 방법도 있다. 종이는 코팅지나 물에 젖지 않는 방수재질을 사용한다. 슬리브에 비해 비용이 저렴하고, 초기 밀키트 사업을 시작하는 단계에서 접근성이 쉬운 형태의 패키지이다.

2. 띠지 스티커

    뚜껑과 본체 일부를 덮을 정도의 띠지가 스티커로 되어 있는 형태이다. 배달 및 배송시 뚜껑이 열리지 않도록 고정해 주는 효과가 있다. 접착력이 강하고 물에 젖지 않는 재질로 제작하는 것이 좋다.

## 3. 슬리브형

포장 용기 전체를 덮으면서 끼우는 방식의 패키지 형태이다. 보통 두꺼운 종이 재질을 사용하고 선택한 포장 용기 사이즈에 맞춰 제작하기 때문에 단가가 비싸다. 프리미엄 이미지를 전달하기에 효과적이다. 종이 띠지나 띠지 스티커와 달리 포장 기계를 사용해서 포장할 수 있다.

## 4. 라벨 스티커

진공 포장이 되어 있거나, 뚜껑이 있는 포장 용기에 라벨을 붙이는 방식이다. 스티커가 떨어지지 않도록 방수 처리가 된 유포지에 인쇄하는 것이 좋다. 양념장, 육수, 냉동해서 보내는 제품 등에 간단하게 사용할 수 있는 형태이다. 자영업으로 운영하는 음식점, 1인 밀키트 창업자가 사용하기에 용이하다.

## 5. 전단지형

비닐 포장지 안에 전단지를 끼워 넣는 형태이다. 보관 중 수분이 생길 수 있는 밀키트에는 전단지가 젖지 않도록 코팅하거나 유포지에 인쇄하는 것이 좋다. 밀키트 상품의 팸플릿이나 레시피 카드로 사용하기에 용이하나 인쇄 단가가 높고, 대량 생산에 유리한 형태의 패키지이다.

## **사용설명서**레시피 팸플릿**를 제공하라**

밀키트는 1인 가구 1,000만 시대와 코로나 팬데믹으로 가장 큰 수혜를 보고 있는 업종으로 온 국민의 요린이화를 만들어 가는 데 한몫을 단단히 하고 있다. 쿠킹박스 개념의 간편조리세트가 요린이들에게 큰 인기몰이를 하고 있다. 여기에 쿠킹박스의 재료를 맛있게 요리할 수 있게 도와주는 레시피 카드는 필수항목이다. 레시피 카드는 어느 고객이 요리할지라도 그대로 따라 하면 일정 수준 이상의 맛을 보장해 주는 가이드 역할을 한다.

예를 들어, 차돌된장찌개 밀키트를 구매한 A 고객이 차돌된장찌개를 집에서 끓여 먹는 방법은 매우 다양할 수 있다. 구매한 밀키트 안에는 차돌박이와 된장 양념, 야채, 두부 등이 들어 있다. 판매자는 차돌박이를 먼저 1분간 볶은 뒤 양념과 물 400ml를 넣어 팔팔 끓이는 조리 방법을 생각했다. 그런데 소비자에게 조리설명서를 제공하지 않으면, 소비자는 판매자가 생각한 레시피대로 조리하여 먹을 가능성이 많지 않다. 어떤 사람은 판매자가 예상한 방법으로 조리해서 먹을 수 있겠지만, 다른 사람은 물 양 조절에 실패하거나, 차돌박이를 먼저 볶지 않고 양념과 물을 먼저 끓인 뒤에 넣을 수도 있다.

우리가 판매한 밀키트 제품은 문제가 없겠지만, 소비자에 따라 '판매자가 제공하고자 하는 맛'과 다르게 조리된 맛에 불만을 가질 수 있다. 그렇기 때문에 자세하고 친절한 레시피 카드를 제공하는 것은 상품에 대한 만족도를 높이는 매우 중요한 요소가 된다. 밀키트 제품의 조리 방법은 포장 용기를 감싸는 띠지나 슬리브 등 포장지에 포함하여 디자인할 수도 있고, 별도로 레시피 팸플릿을 제작할 수도 있다. 조리 방법을 설명하는 레시피 카드는 다음과 같은 세 가지 디자인 형식으로 나뉜다.

## 1. 텍스트형

텍스트형 레시피 카드는 각 조리 단계를 텍스트로 자세히 풀어 설명한다. 작은 카드로 제작하거나 띠지나 슬리브 등 패키지에 포함시켜 디자인하기도 한다.

 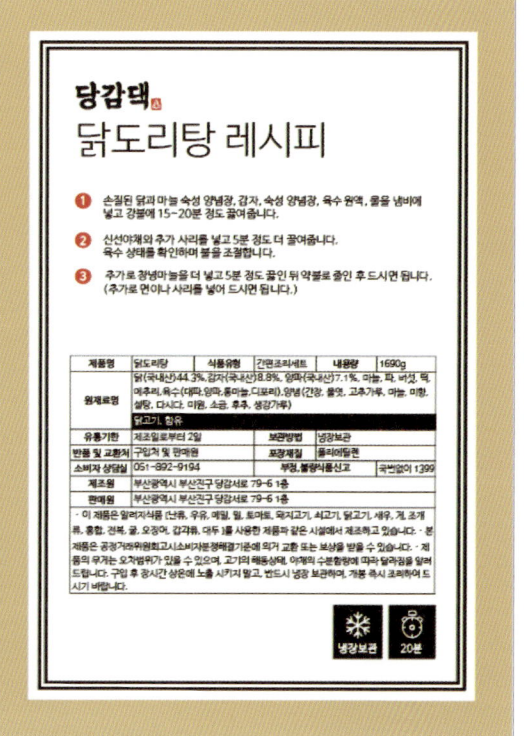

## 2. 사진 설명형

사진 설명형 레시피 카드는 각 조리 단계별로 사진을 넣어 하단에 텍스트로 설명을 덧붙인다. 실제 조리 과정을 실사로 담기 때문에 소비자가 이해하고 따라 하기에 가장 좋다. 단 사진의 퀄리티가 좋아야 하기 때문에 전문가 비용이 발생한다는 점을 고려해서 제작해야 한다.

## 3. 그림 설명형

그림 설명형 레시피 카드는 각 조리 단계를 아이콘 혹은 일러스트로 삽입하고 하단에 텍스트로 설명을 덧붙인다. 아이콘의 경우에는 심플하고 고급스러운 이미지를 줄 수 있고, 손그림의 경우에는 감성적인 이미지를 줄 수 있다. SNS에 공유하기 좋아하고, 새로운 경험을 추구하는 20-30대 젊은층의 감성을 공략하기에 효과적이다. 강씨네 아천칡냉면은 이런 인스타 감성에 착안해서 냉면을 만드는 단계를 일러스트형 그림으로 표현했고, 이에 대한 고객의 반응도 좋은 편이다. 레시피 카드는 밀키트를 재구매하게 하는 주요 요소이기 때문에 타깃 고객층과 소구할 수 있는 형태의 레시피 카드를 제작하는 것이 매우 중요하다.

# 3    패키지 디자인 레퍼런스

　　밀키트 패키지를 제작할 때 디자인을 직접 해야 한다는 생각은 버리자. 오래된 광고 중에 "진료는 의사에게 약은 약사에게"라는 카피가 있다. 요즘처럼 전문가도 많고 전문가가 모여 있는 플랫폼도 많은 세상에서 지인을 동원하거나 추천받는 행위는 절대로 하지 말아야 할 선택이다. 사업을 하면서 가장 하지 말아야 할 일은 가족이나 지인과 일하는 것이다. 경험이 있는 분들은 대부분 이해하겠지만 제대로 비용을 주고도 원하는 결과물을 얻기 어려울 뿐 아니라, 하고 싶은 말을 다 하기도 어려운 것이 가족과 지인의 가장 큰 단점이다.

　　밀키트 패키지 디자인은 디자이너가 많이 모여있는 플랫폼 중에 크몽이나 숨고, 라우드소싱, 탈잉 등 프리랜서와 개인사업자가 모여있는 플랫폼을 사용하는 것을 추천한다. 다만, 디자인을 전문으로 제작해 주는 업체가 아닌 이상, 프리랜서가 많기 때문에 우리 브랜드 컨셉, 우리 고객타깃을 고려하여 디자인해 주기는 어렵다. 그래서 우리 브랜드가 원하는 바를 구체적으로 설명해야 하고, 비슷한 레퍼런스를 서로 보면서 이야기를 해야 원하는 결과를 만들어 낼 수 있다. 더 바람직한 형태는 업체의 기존 레퍼런스, 즉 우리 브랜드와 유사한 업체의 일을 해본 경험이 있는지를 검증하는 것이다. 이렇게 우리 브랜드와 유사한 업체와 일한 경험이 있는 업체를 찾았다면, 그다음 단계에서는 내가 원하는 것을 잘 그리지는 못해도 이미지로 스케치해서 보여 주는 것이 필요하다. 그림의 수준이 중요한 것이 아니라 원하는 형태를 이미지로 알려 주면 더 명확하게 이해하고 내가 원하는 것을 만들어 줄 수 있기 때문이다. 디자인에 참고하면 좋은 이미지를 캡쳐해서 보여 주는 것도 소통에 큰 도움이 된다. 마지막으로, 밀키트 패키지 디자인을 비롯해 디자인 관련 안목을 높이고 싶다면 좋은 디자인을 자주 보는 것이 도움이 된다. 다음에 소개하는 웹사이트들을 로고, 패키지 시안 등을 다양하게 볼 수 있는 자료집으로 활용해 보자.

1. 핀터레스트(www.pinterest.co.kr)

　핀터레스트는 전 세계 이용자가 자신의 컨텐츠를 업로드하는 공간이다. 선택한 자료에 대해 더 자세히 알고 싶다면 클릭하여 원본 사이트로 이동할 수 있다. 대부분 실무에서 빈번히 사용되는 디자인 자료가 많아서 트렌드를 한눈에 볼수 있는 플랫폼이다.

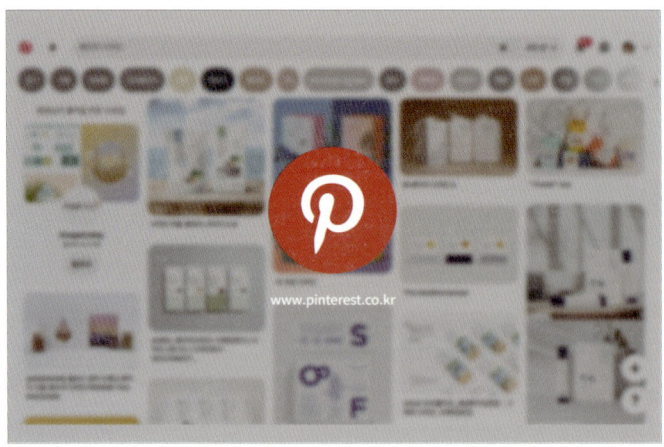

2. 비헨스(www.behance.net)

　'오늘의 큐레이터 추천 프로젝트' Behence이다. 비헨스는 본인의 작품을 올리고 서로 영감을 얻을 수 있도록 만든 사이트이다. 자신의 포트폴리오를 만들어 올릴 수 있고, 다른 사람들의 포트폴리오도 확인할 수 있다. 대부분 퀄리티 높은 디자인 작품을 많이 볼 수 있다.

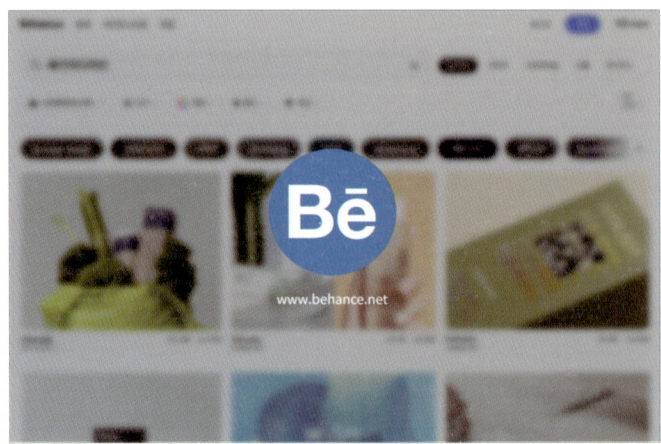

## 3. 노트폴리오(https://notefolio.net/)

노트폴리오는 Note$^{주목하다}$ + Portfolio$^{포트폴리오}$의 합성어로 여기 저기 흩어져 있는 아티스트와 디자이너들이 한곳에 모여 자신의 작품을 공개하고 이야기하는 크리에이티브 네트워크이다. 공예, 그래픽 디자인, 브랜딩, 타이포그래피 등 디자인 전반에 걸쳐 자료가 풍부한데, 가장 큰 장점은 국내 한글 사이트라는 점이다.

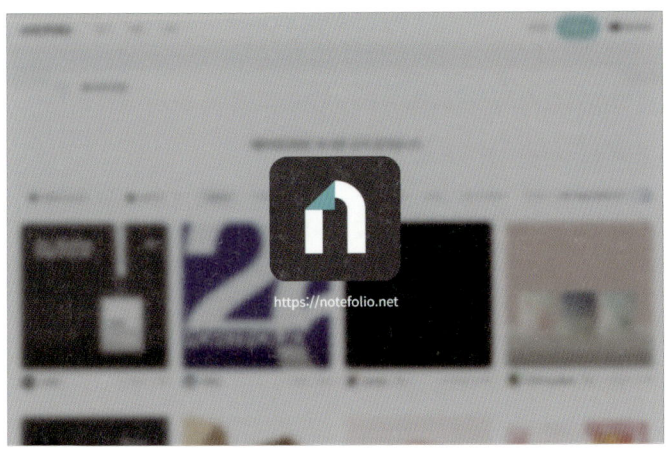

## 4. 라우드소싱(https://www.loud.kr/)

라우드소싱은 디자인이 필요한 의뢰자와 다수의 디자이너를 연결해주는 크라우드 소싱 비즈니스 모델로 디자인 분야에 특화되어 로고, 패키지, 캐릭터, 웹/앱, 명함, 리플렛 등 다양한 분야의 디자인 의뢰 카테고리를 보유하고 있다. 라우드소싱은 직접 콘테스트를 열 수도 있고 수상작들을 볼 수 있는 사이트이다.

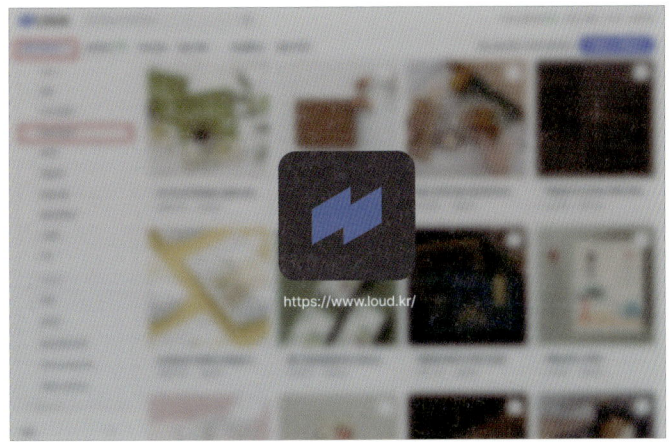

# 4 택배 포장 방법

밀키트의 포장 용기, 패키지 디자인까지 완성했다면, 밀키트를 판매하기 위한 80퍼센트 정도의 단계에 다다른 것이다. 이제 마지막 단계로 택배 포장에 대한 과제를 수행해야 한다. 우리 밀키트 제품을 오프라인 매장에서 손님에게 직접 판매할 때는 밀키트 패키지 상태로 판매하면 된다. 매장에서 판매할 때는 손님들이 들고 가기 쉽게 종이 쇼핑팩이나 비닐 쇼핑백에 넣어서 주면 된다. 하지만 스마트스토어를 통해 들어온 주문이라면, 배송 중에 내용물이 터지거나 용기가 파손될 위험이 있다. 또한 한여름의 34도가 넘는 날씨에는 음식이 상할 수 있어서 아이스팩을 반드시 넣어야 한다. 이런 뜨거운 날씨에 밀키트 패키지를 배송하려면 스티로폼 박스나 종이 보냉상자 등을 이용해야 한다. 날씨가 너무 더울 때는 아이스팩으로만 냉기를 유지하기 어렵기 때문에 드라이아이스를 활용하는 것도 좋은 방법이다.

밀키트를 온라인으로 판매하려면, 상품이 내 손을 떠나 고객에게 전달되기까지의 전 과정에서 생길 수 있는 모든 위험 요소를 꼼꼼하게 체크해서 고객의 클레임을 사전에 방지해야 한다. 또한 배송 과정을 거쳐 고객의 손에 상품이 전달될 때 판매가 종결되는 것이므로 이 과정에서 생길 수 있는 일들을 미리 시뮬레이션해야 한다.

실링 포장(경주밀면)

보냉팩 포장(경주밀면)

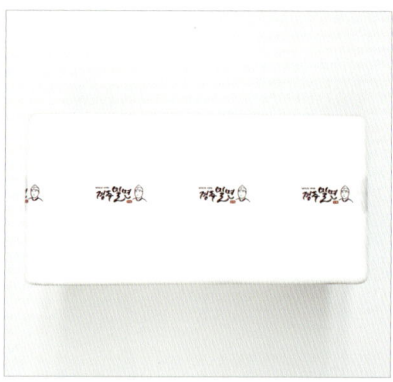
스티로폼 박스 포장(경주밀면)

## 다섯 번째
# 밀키트 스마트스토어 세팅하기

1. 스마트스토어 개설하기
2. 스마트스토어 꾸미기
3. 상세페이지 기획하기
4. 스마트폰 사진 촬영 및 보정 방법
5. 상품 등록 및 상세페이지 꾸미기
[Plus] 네이버 푸드윈도 신청하기
[Plus] 오픈마켓(쿠팡) 입점하기
[Plus] 크라우드펀딩

# 1 스마트스토어 개설하기

**왜 네이버 스마트스토어일까?**

 밀키트 상품 구성과 판매를 위한 법률적인 허가 사항을 마쳤다면, 이제는 온라인 판매에 관한 세팅을 진행해야 한다. 온라인 판매라고 해서 어렵게 생각하는 분들이 많은데 음식점을 하는 사장님들은 스마트스토어 한 가지 채널만 알면 된다. 일단 네이버 검색을 통해 스마트스토어가 어떤 채널인지, 어떤 것을 팔 수 있는지, 그리고 어떻게 팔리는 것인지에 주안점을 두고 공부하자. 그러고 나면 스마트스토어 구축과 상세페이지를 직접 제작할 수도 있고, 외주를 주어 진행할 수도 있다.

 온라인 쇼핑을 한 번도 안 해본 음식점 사장님들이 스마트스토어를 만들고 자신의 상품을 소개하는 상세페이지를 만드는 것은 불가능한 일이고 잘 할 수 있는 일도 아니다. 그래서 가능하면 밀키트 사업을 위한 비용 중 스마트스토어 구축과 상세페이지 비용은 미리 예산에 반영해서 진행하는 것을 추천한다.

 밀키트를 만들 때 즉석판매제조가공업 허가를 받는 경우와 직접 공장을 만들거나 외주를 주어 식품제조가공업 허가를 받는 경우가 있다. 즉석판매제조가공업 허가를 받은 경우는 자신의 매장과 자신이 운영하는 쇼핑몰(오픈마켓)에서 판매할 수 있다. 하지만 식품제조가공시설을 갖춘 경우에는 SSG, 현대몰, 롯데온 등의 종합몰에서도 판매할 수 있다. 네이버 스마트스토어와 오픈마켓의 가장 큰 차이는 수수료, 접근성, 판매규모 등이다. 그럼에도 불구하고 스마트스토어는 이커머스 시장에서 시장점유율 부동의 1위를 차지하고 있다.

 그 뒤로 쿠팡과 이베이가 잇따라 순위경쟁을 하고 있다. 그러나 스마트스토어는 검색엔진을 기반으로 하다 보니, 소규모 사업자를 중심으로 설계되어 있고 대량 판매를 하기에는 쉽지 않다는 평가도 있음을 고려해야 한다. 종합몰은 해당 마켓 MD와 협의를 통해 첫 페이지 노출이나 상단 노출, 프로모션 등을 진행할 수 있기 때문에 일정 수준의 최소 판매율이 보장될 수 있다.

 식품제조가공업과 즉석판매제조가공업을 선택할 때처럼 자신이 목표하는 사업 규모와 수준이 어떻게 되느냐에 따라 판매 채널을 선택할 수 있다. 앞서 인허가 부분에서 설명했던 것처럼 즉석판매제조가공업이나 식품제조가공업은 모두 오픈마켓에 입점하여 밀키트 상품을 판매하는 것이 가능하다. 다만, 주의해야 할 점은 즉석판매제조가공업 인허가로는 제3자를 통해 유통하는 위탁 판매가 불가능하다는 것이다. 다시 말해, 즉석판매제조가공업으로는 오픈마켓에 밀키트를 제조한 사업자로 개설한 채널에서만 온라인 판매가 가능하다. 예를 들어, 즉석판매제조가공업 인허가로 매장을 오픈했다고 하자. 이때, 가족이나 지인이 다른 사업자로 등록하여 온라인에서 판매하는 것은 불가능하다. 식품제조가공업은 제3자가 유통하는 것이 가능하지만, 즉석판매제조가공업은 본인이 제조하고 직접 소비자에게 판매하는 것만 가능하기 때문에 오픈마켓과 매장의 사업자가 동일해야 함을 명심하자.

### 네이버 스마트스토어 수수료

포털과 이커머스 시장의 점유율을 떠나서 네이버 스마트스토어를 판매 채널로 추천하는 또 다른 이유는 바로 수수료의 차이 때문이다. 플랫폼이 잘 형성되어 있더라도 수수료가 너무 비싼 곳에 입점하면 웬만큼 매출을 내지 않는 이상 순수익을 남기기 어렵다. 이런 점에서 네이버 스마트스토어를 주로 추천한다.

스마트스토어는 국내 인터넷 사용자의 80퍼센트 이상이 사용하는 네이버에서 운영하기 때문에 시장 크기가 거대하다. 가장 매력적인 점은 저렴한 수수료. 입점, 등록, 판매 수수료는 무료인데다가 네이버 쇼핑 매출 연동 수수료가 2퍼센트밖에 되지 않는다. 21년 7월 31일부터 결제수단에 관계없이 단일 수수료율 체계로 변경되었다. 다음 나오는 표를 참고하면 된다. 다른 오픈마켓의 식품류 입점 수수료가 10-13퍼센트를 호가하는 것에 비하면, 밀키트 사업을 처음 시작하는 소상공인에게 큰 장점이 아닐 수 없다.

또한 네이버에서 새롭게 시작한 판매자들을 위한 프로그램들을 적극 활용하면 초반 성장 과정에 큰 도움이 된다. 2022.11월 현 시점에서는 스마트스토어 지원 프로그램 중에 하나인 '스타트 제로 수수료'라는 것이 있다. 이는 주문관리수수료를 12개월간, 매출연동수수료를 6개월간 무료로 지원하여 사업 초기 안정화를 돕는 판매자 지원 프로그램이다. 평상시에 약 6%로 잡아야 할 수수료를 제로에 가깝게 지원해주기 때문에 조금 더 다양한 가격으로 프로모션 등을 기획해보기 좋은 기회이다. 그 외에도 교육 및 다양한 프로그램들이 지속 기획되고 있으니, 스마트스토어 공지사항을 잘 확인해보는 습관을 들이는 것이 좋다.

| 스토어 개설/상품 등록/판매 수수료 | | | | 무료 | |
|---|---|---|---|---|---|
| 네이버 쇼핑 매출 연동 수수료 | | | | 2% | |
| 결제 수수료 | | | | | |
| 영세 | 중소1 | 중소2 | 중소3 | 일반 | |
| 2.0%(2.2%) | 2.5%(2.75%) | 2.6%(2.86%) | 2.8%(3.08%) | 3.3%(3.63%) | |

앞서 언급했던 것처럼 스마트스토어에 입점하여 밀키트를 판매하기 위해 필요한 인허가 조건은 두 가지다. 영업신고증 수정과 통신판매업 신고이다. 서버 자체를 이용하고, 스마트스토어를 개설하여 운영하기 위해서는 먼저 스마트스토어센터에 익숙해져야 한다. 실제로 상품을 등록하고 관리하는 전반적인 업무는 이 센터 페이지에서 이루어지기 때문이다.

### 네이버 스마트스토어 판매자 가입하기

판매자 가입을 하기 위해 네이버 검색창에 '스마트스토어센터'를 검색해서 접속한다. 첫 화면에서 '판매자 가입하기'를 클릭하면 판매자 가입 페이지로 넘어간다. 세 가지 판매자 유형에서 자신의 사업자 종류를 선택하고 필요한 서류를 확인한다. 아직 사업자 등록을 하지 않았다면 개인 회원을 선택하고, 사업자 등록을 한 상태라면 사업자 회원을 선택하면 된다. 사업자의 경우, 사업자등록증 사본과 대표자 명의 통장 사본, 인감증명서 사본이 필요하다. 개인 회원은 미성년자가 아닌 이상 어떤 서류도 필요하지 않다.

판매자 가입을 완료하고 나면 스마트스토어 정보를 입력하고 본격적으로 스토어를 개설할 수 있다. 매장의 간판격인 스마트스토어 이름, 도메인 뒷부분에 들어갈 영어 단어, 소개글 등을 기입한다. 특히 이름을 정할 때는 신중해야 한다. 일단 정하고 나면 단 1회만 변경이 가능하며, 이름이 무엇인지에 따라 검색 장악력을 확보하여 마케팅에서 유리한 고지를 선점할 수 있기 때문이다. 판매 상품 정보의 종류와 배송정산 정보 등을 기입하면 개설이 완료된다.

> **도메인**
> 도메인은 오프라인 매장으로 치면 '주소'와 같다. 나의 스마트스토어로 다시 쉽게 찾아오기 위해 인터넷 주소, 다시 말해 URL을 입력하는 방법이 있다. 네이버 스마트스토어는 https://smartstore.naver.com이라는 도메인을 갖고 있다. 이 뒤에 나의 스마트스토어 판매 채널의 ID가 붙게 된다. 즉, https://smartstore.naver.com/+영어ID 형식이다. 따라서 도메인을 정할 때도 상호명처럼 고객들이 쉽게 기억할 수 있는 쉬운 영어 단어를 사용하는 것이 좋다.

## 1. 스마스스토어센터 첫 화면 - 판매자 가입하기

## 2. 판매자 유형 선택

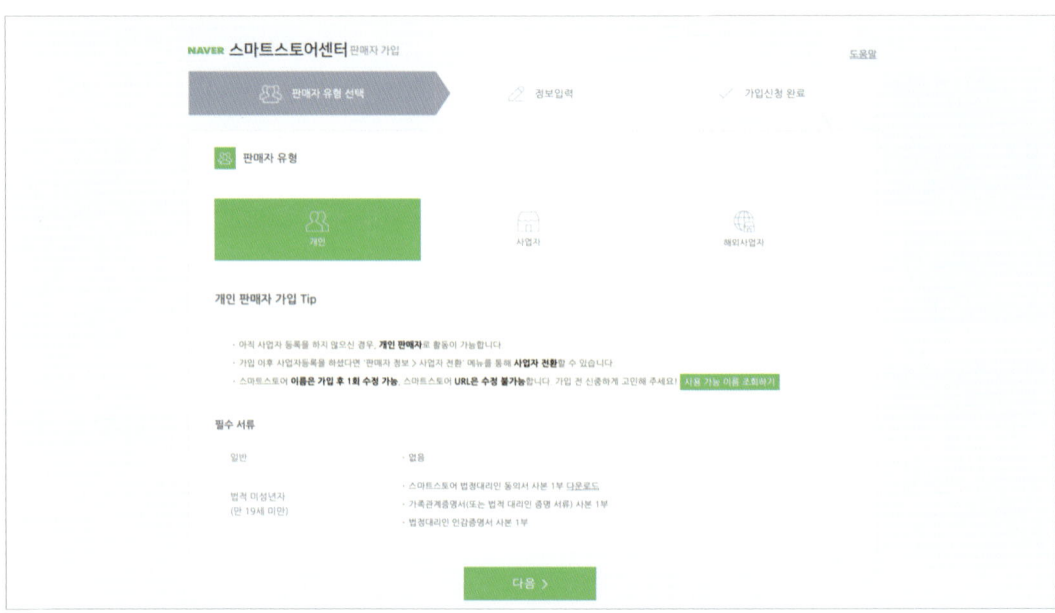

## 3. 판매자 유형에 따른 가입자 인증

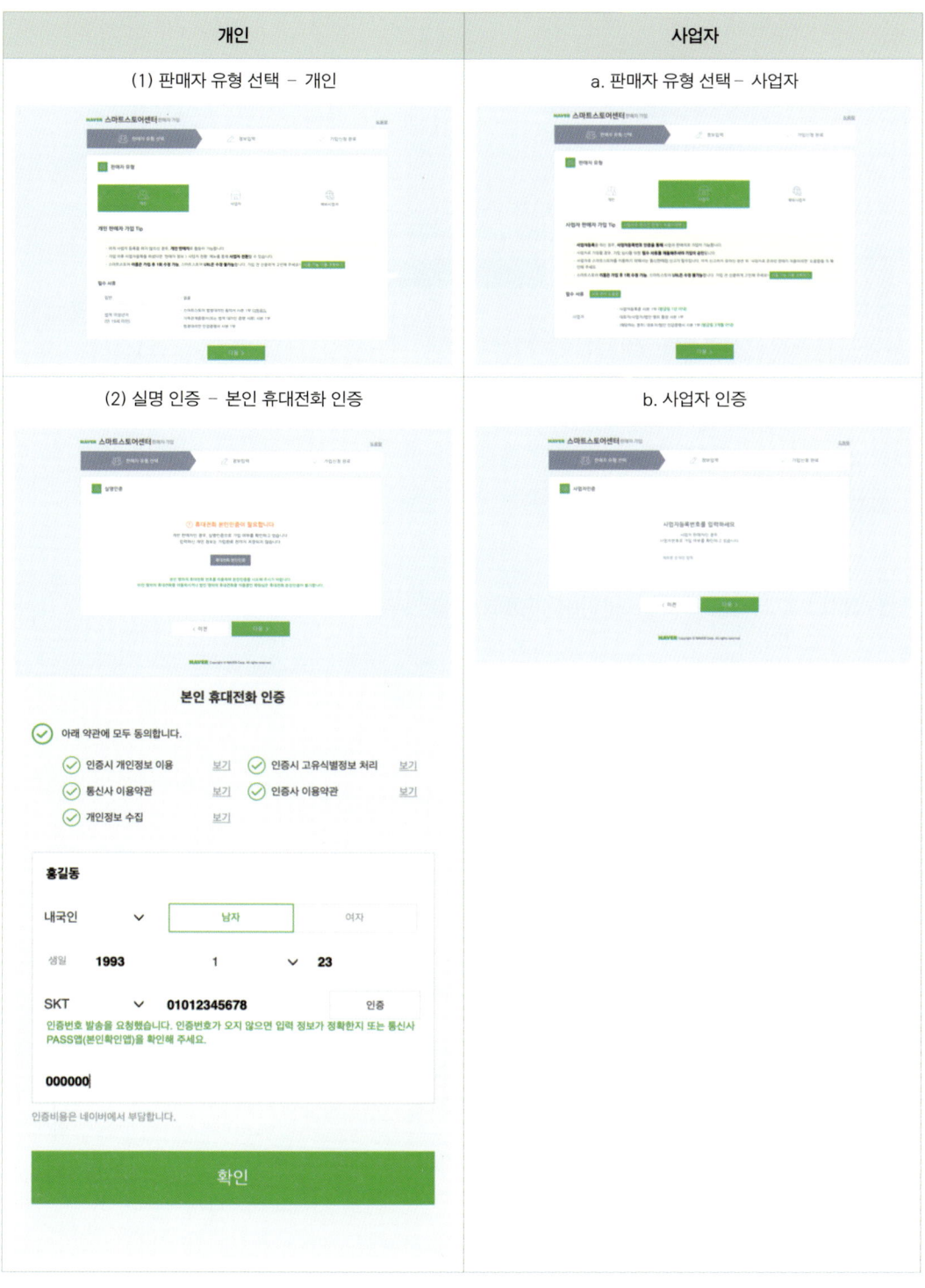

## 4. 판매자 가입 - 네이버 아이디 or 타 이메일 주소로 가입

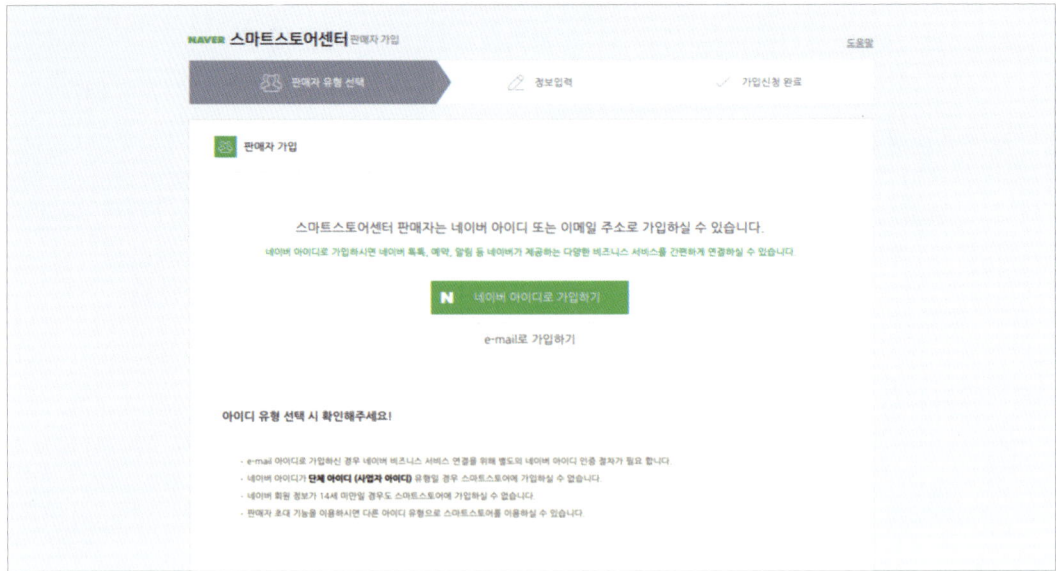

## 5. 판매자 가입 정보 입력 - 네이버 아이디(있을 경우)로 가입

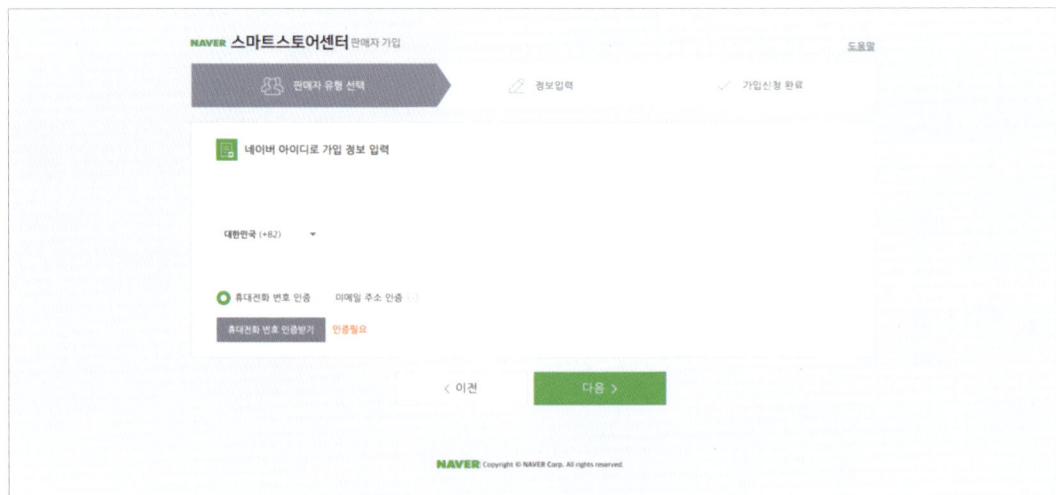

## 6. 네이버 비즈니스 서비스 연결하기

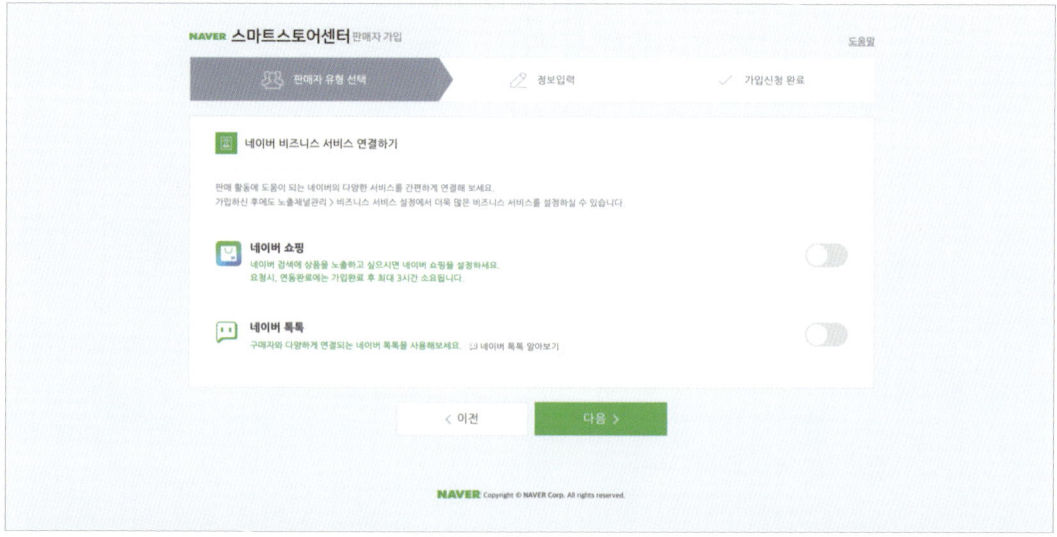

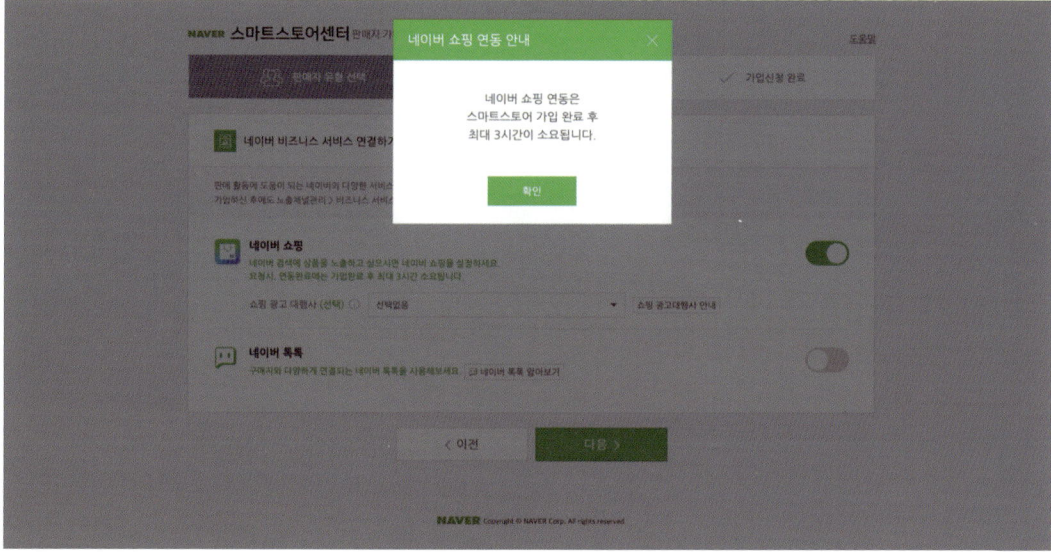

*네이버 쇼핑 연동시, 스마트스토어 가입 완료 후 활성화까지 최대 3시간 소요

## 7. 이용자 약관 동의

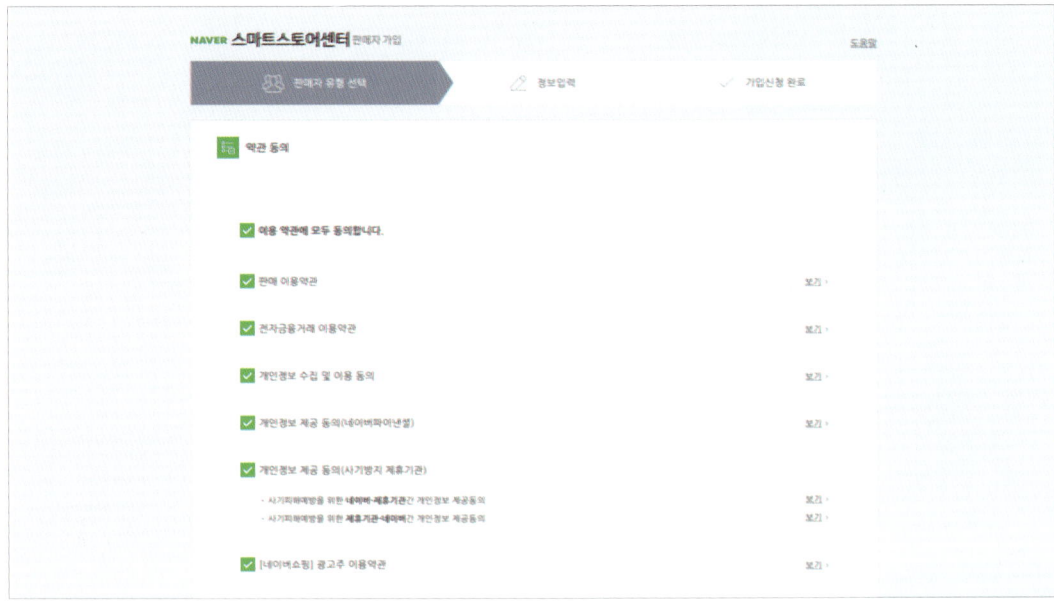

## 8. 판매자 유형에 따른 정보 입력

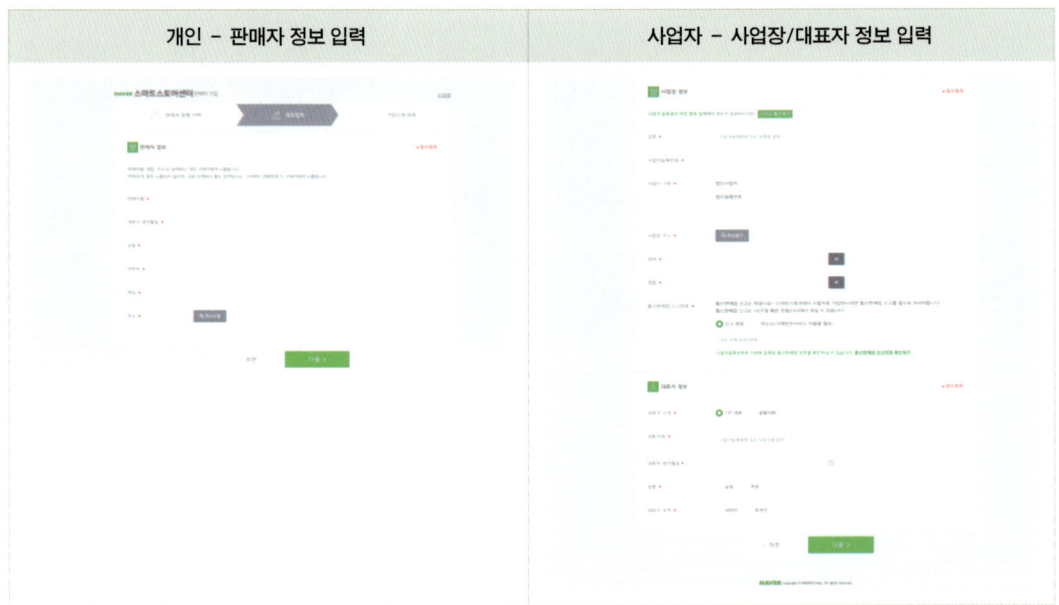

## 9. 스마트스토어 정보 입력

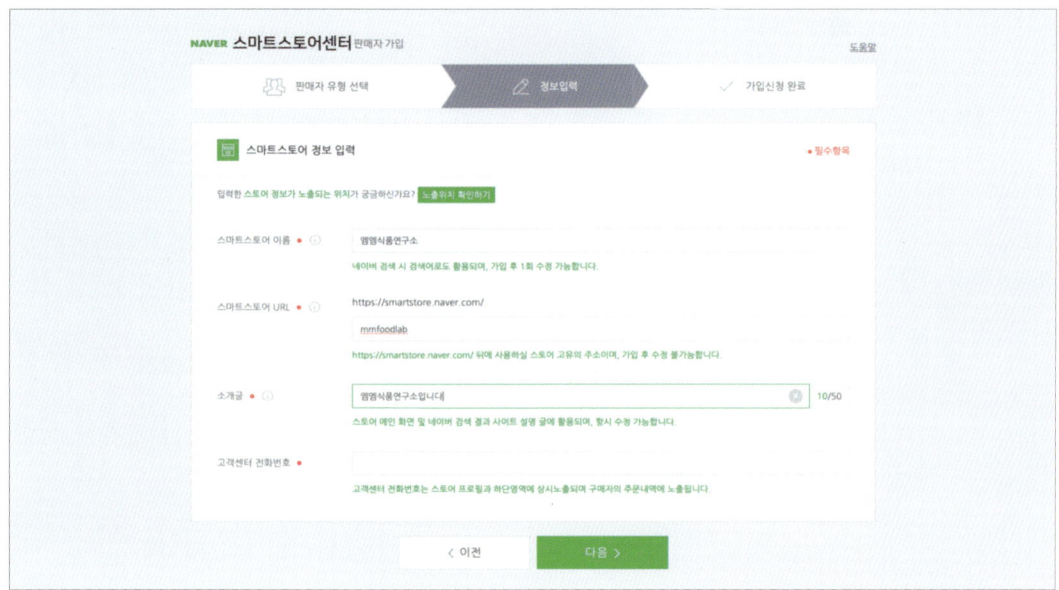

## 10. 판매 상품 정보 입력

7장 • 다섯 번째_ 밀키트 스마트스토어 세팅하기

## 11. 배송/정산정보 입력

## 12. 담당자 정보 입력

## 13. 최종승인 심사 완료여부 확인

*심사상태가 '승인' 으로 확인되면 스마트스토어 개설이 최종 완료된다.

* 만약 승인 불가 or 대기 상태일 경우, 사업자 등록증 사본은 잘 올려졌는지, 승인 거절상태에서 운영자가 남긴 코멘트는 무엇인지 확인하여 서류를 재 업로드 해주는 과정이 필요하다.

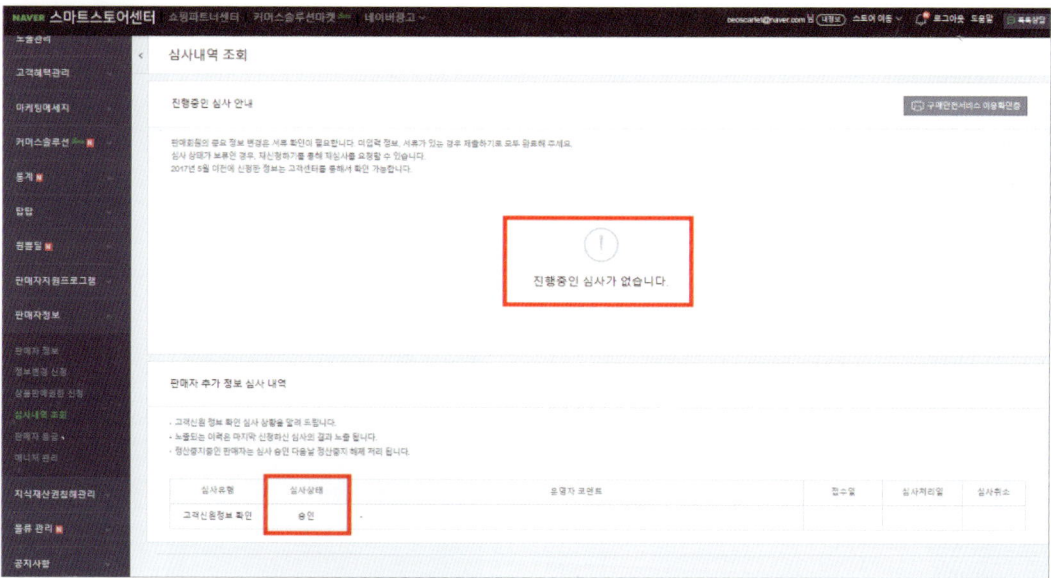

7장 · 다섯 번째_ 밀키트 스마트스토어 세팅하기

# 2  스마트스토어 꾸미기

스마트스토어에 판매자 가입을 완료했다면 이제 내 스토어를 가꿔야 한다. 실제 오프라인 매장의 간판을 걸고 실내 인테리어를 하는 것처럼 스마트스토어를 보기 좋은 모습으로 꾸미는 것이다. 좌측에 있는 카테고리에서 '스토어 전시관리'를 누른 후 스마트스토어를 클릭하여 스토어 꾸미기를 시작할 수 있다.

이전에는 한동안 모바일 쇼핑 비율이 압도적으로 급증하여 모바일 화면만 꾸미면 되었지만, 코로나 19로 인해 재택 근무가 늘어나 PC 이용자 수도 무시할 수 없게 되었다. 그렇기 때문에 좀 더 시간을 들여서 PC와 모바일 화면을 모두 신경 쓰는 것이 좋다. 스마트스토어 관리에서 PC용에 들어갔을 때 나오는 상단의 카테고리를 순서대로 하나씩 클릭하여 나오는 항목을 채우다 보면 세팅을 마칠 수 있다. 모바일 버전은 PC에 비해 카테고리가 더 간소하다.

1. 스마트스토어 전시관리 > 스마트스토어 들어가기

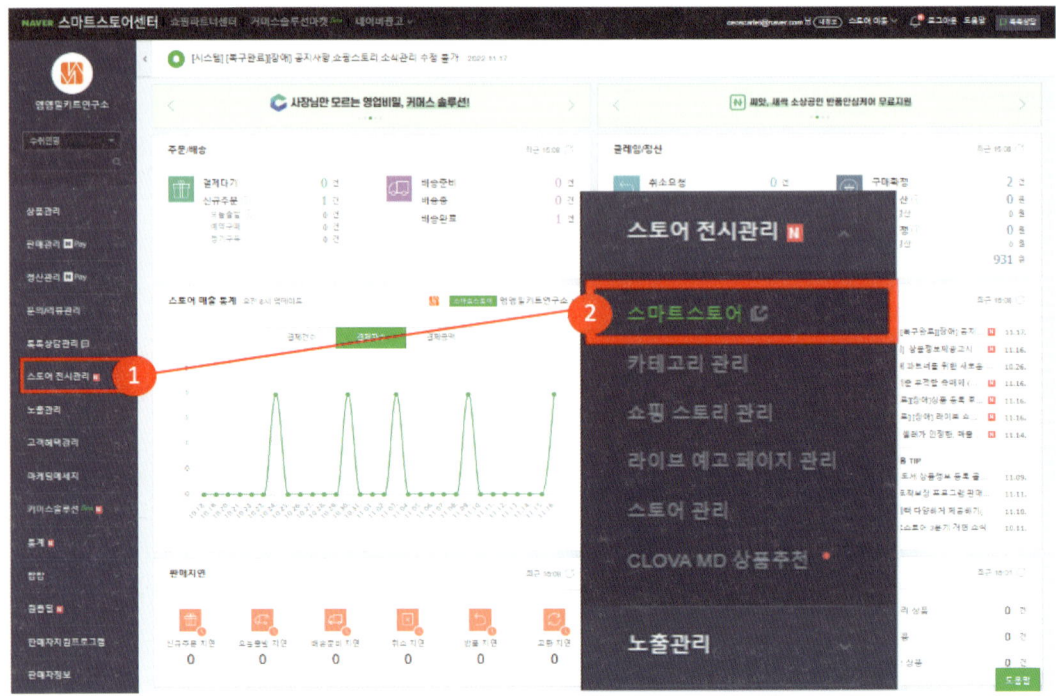

우리 매장 인기메뉴로 밀키트 판매하는 방법

## 2. 스마트스토어 관리 > 이름 수정

* 로고형/ 텍스트 형 선택
* 로고형 : MO/PC 각 사이즈에 맞게 제작 필요

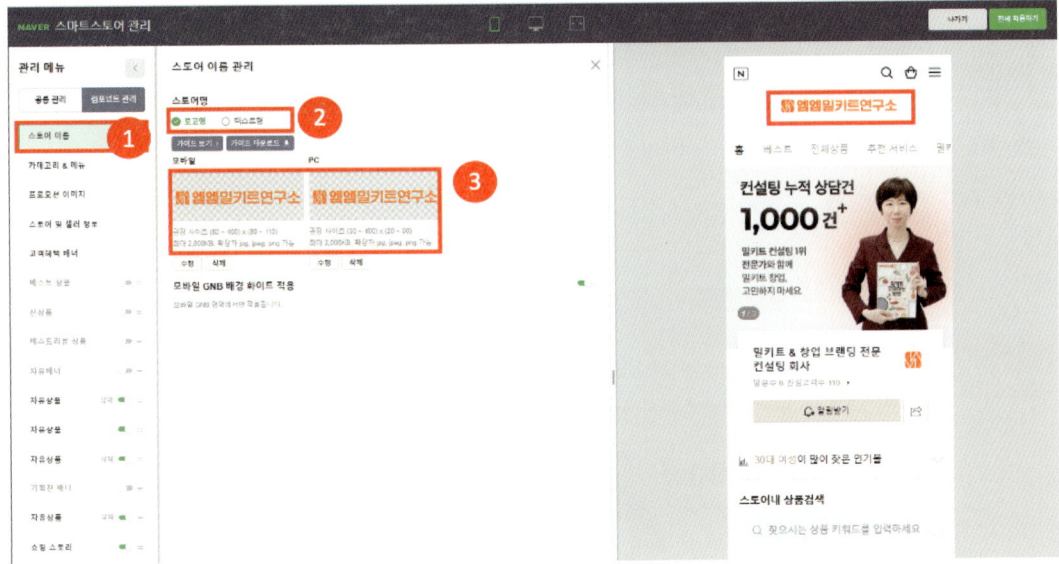

## 3. 스마트스토어 관리 > 프로모션

* 로고형/ 텍스트 형 선택 배너 설정(MO/PC)
* 배너 MO/PC 각 사이즈에 맞게 제작 필요
* 아래 1~3번 순서는 배너 롤링 순서임 (배너 순서는 위아래로 드래그 하여 변경가능)

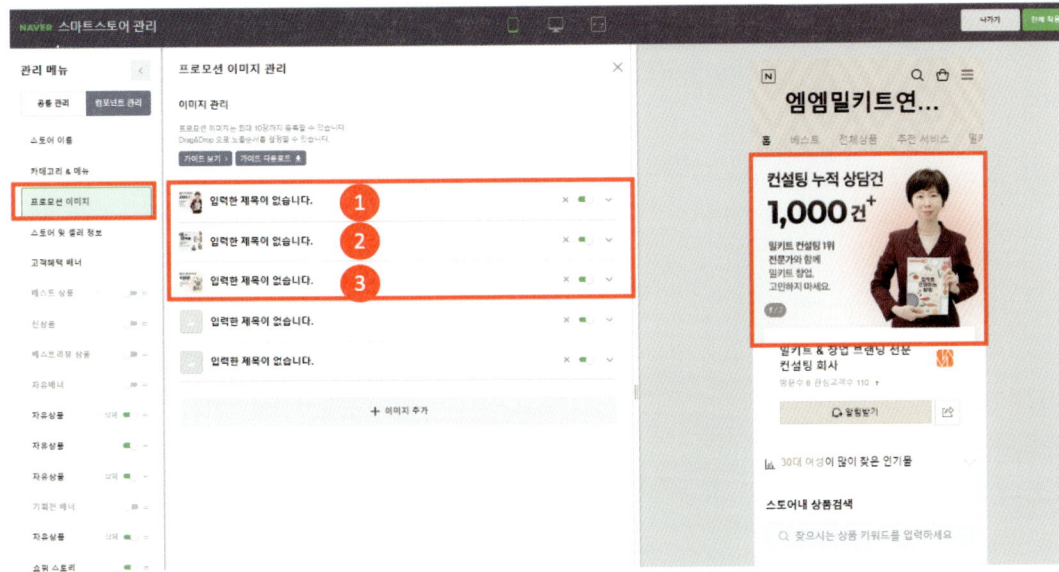

7장 • 다섯 번째_ 밀키트 스마트스토어 세팅하기

## 4. 스마트스토어 관리 > 프로모션 이미지
* 배너에 링크 연결
* 등록된 상품 or URL 을 활용한 연동

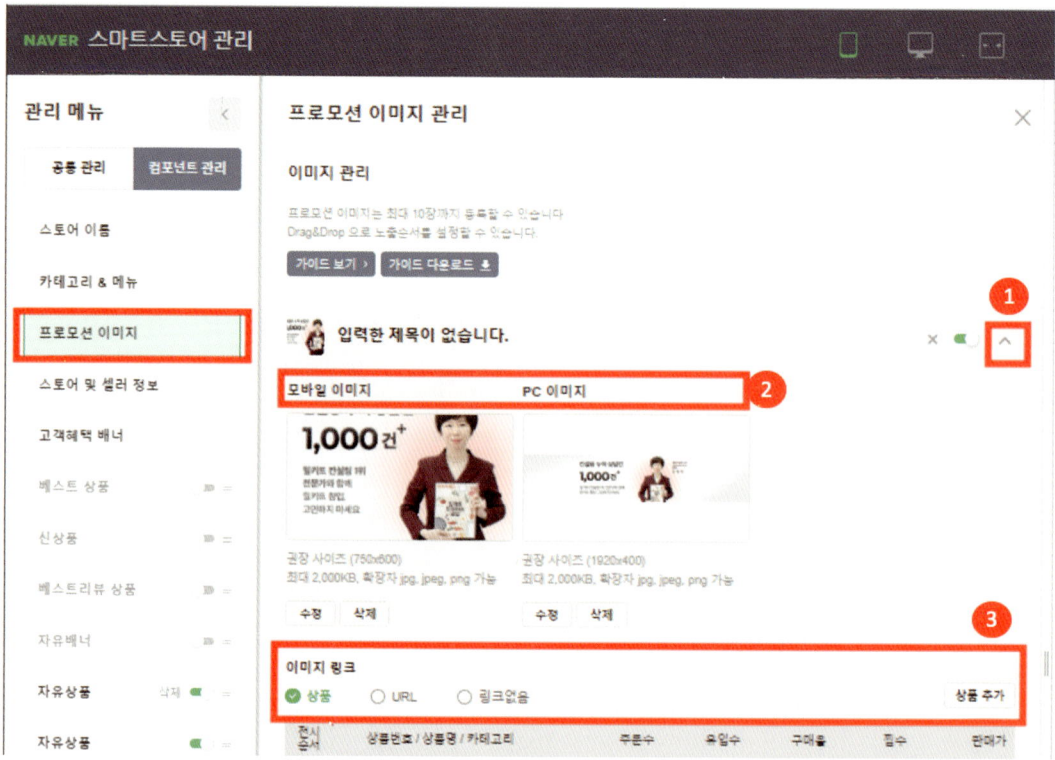

# 5. 스마트스토어 관리 > 자유상품

* 모바일 화면 디자인 유형 및 제목 설정

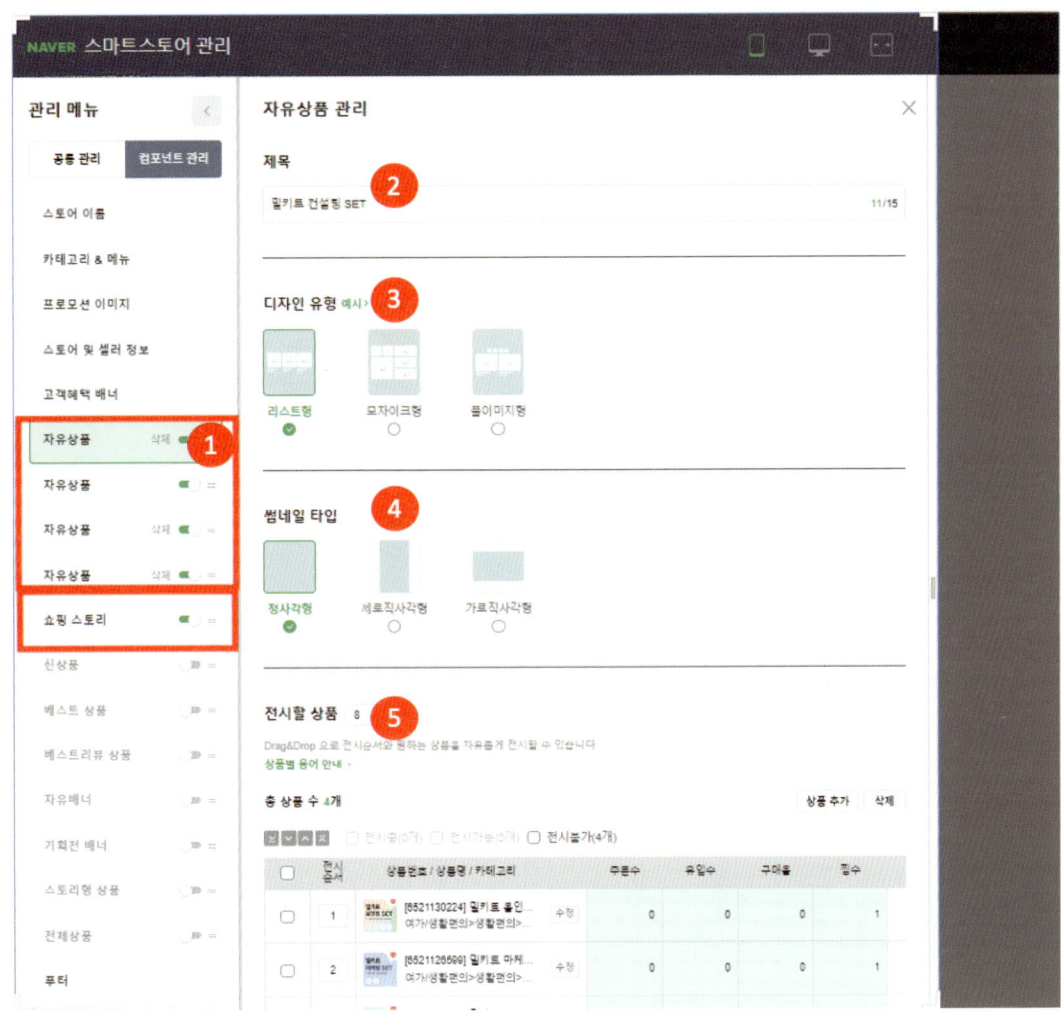

## 6. 스마트스토어 관리 > 쇼핑스토리
* 쇼핑스토리 설정

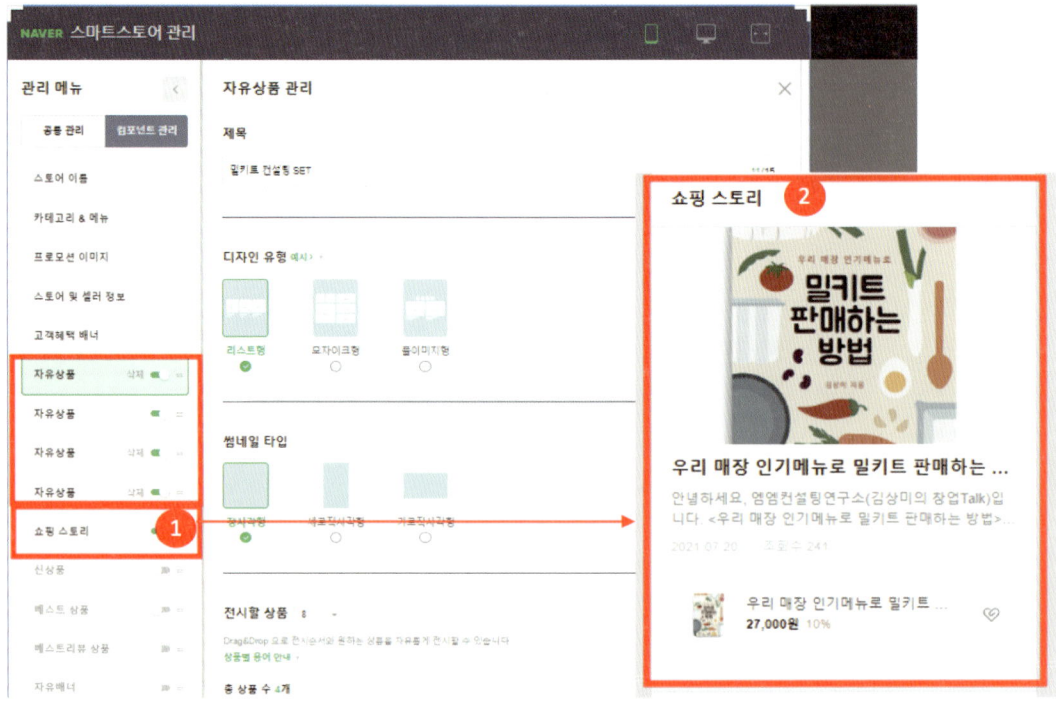

## 8. 스마트 스토어 관리 > PC버전 확인
* 최상단의 PC 아이콘을 누르면 PC 화면 미리보기가 가능

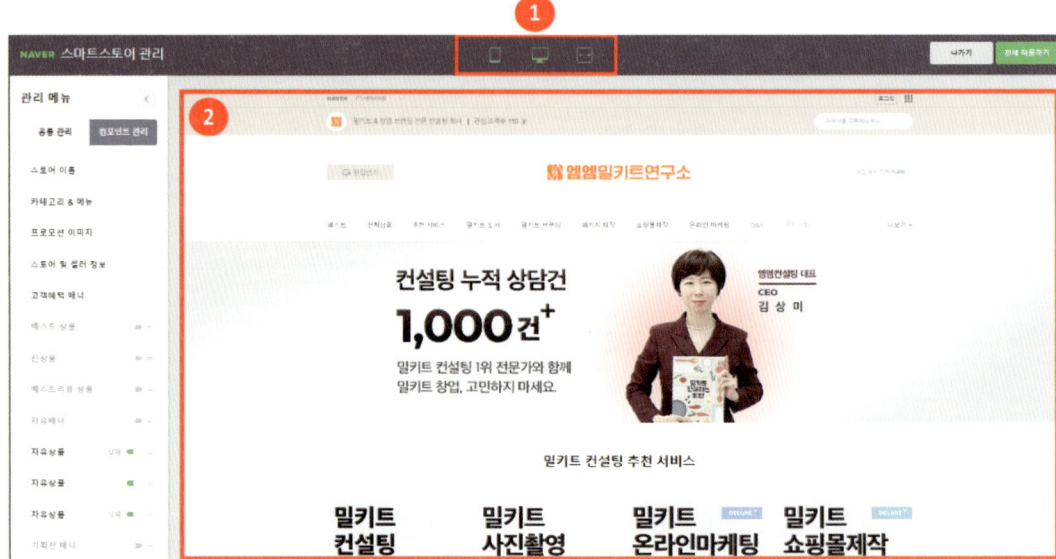

## 8. 스마트스토어 관리 〉 쇼핑스토리 관리
* 우측상단의 '쇼핑스토리 등록'을 눌러 작성

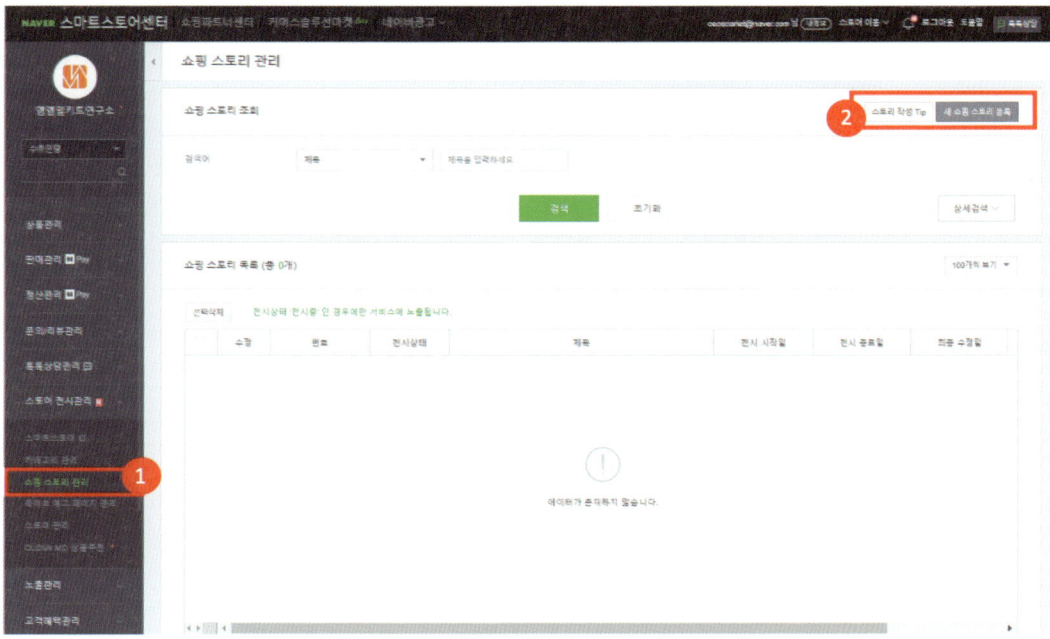

## 9. 스마트스토어 관리 〉 쇼핑스토리 관리
* 쇼핑스토리 등록 (* 빨간색 부분은 필수항목 / 나머지 항목은 선택설정 가능)
Smart Editor One 으로 작성을 눌러 게시글 작성 가능

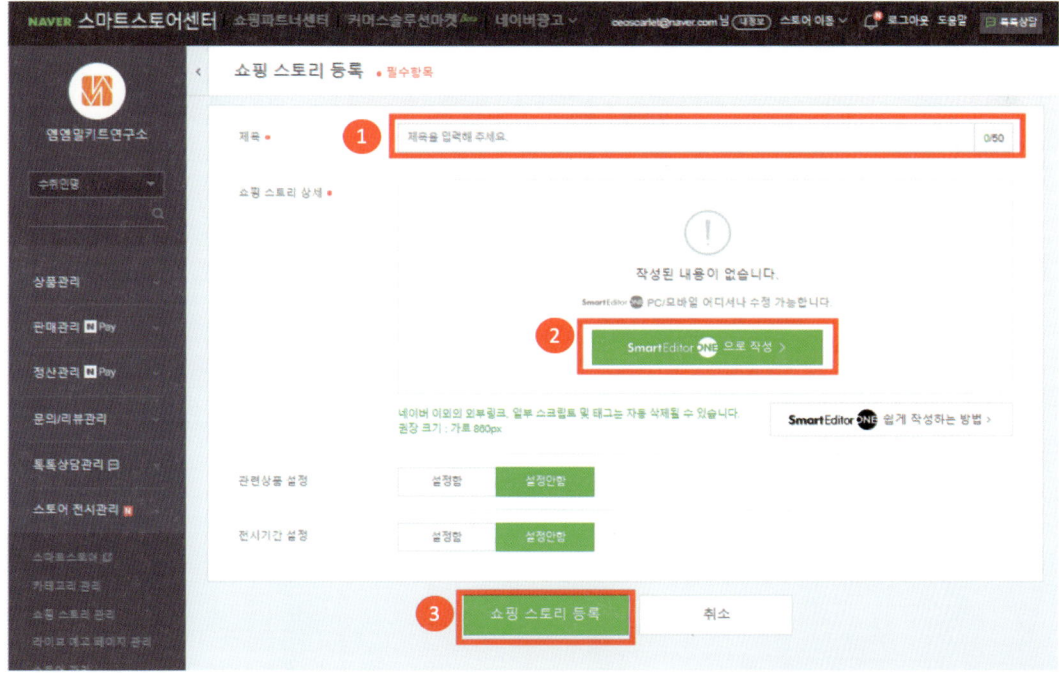

7장 • 다섯 번째_ 밀키트 스마트스토어 세팅하기

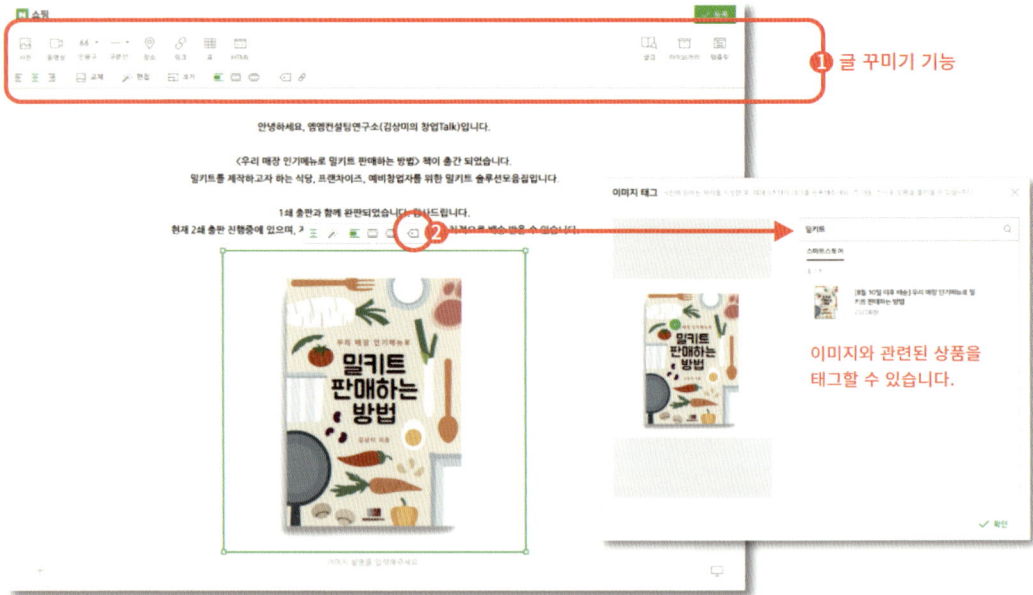

스마트에디터ONE을 통해 블로그처럼 간편하게 글을 작성하고 사진을 첨부할 수 있습니다.

쇼핑스토리를 등록하면 위 예시처럼 메인에 보입니다.

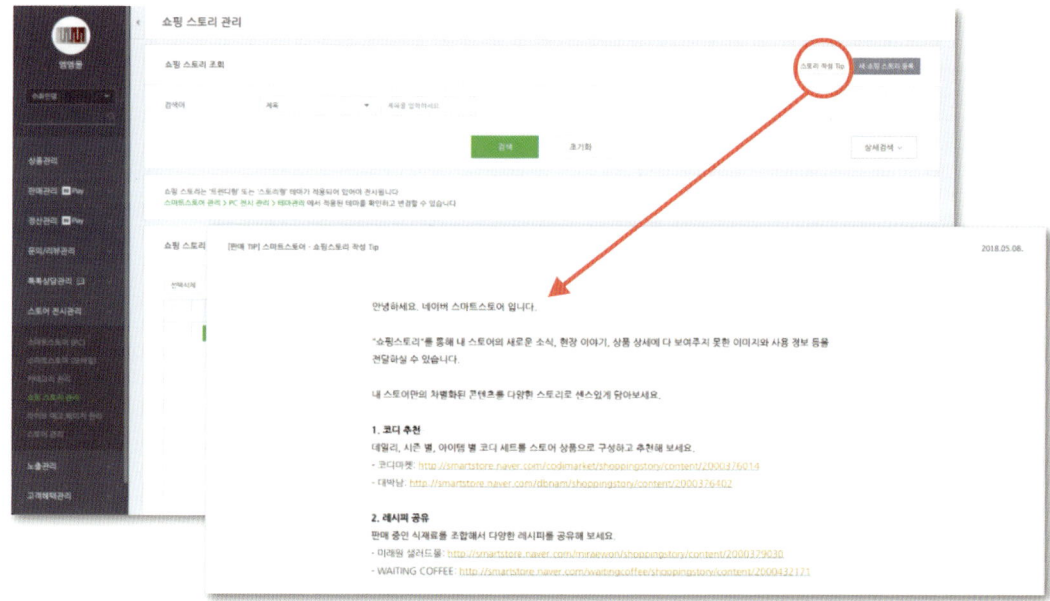

TIP | 네이버 스마트스토어에서 제공하는 스토리작성 방법을 참고해보세요!

7장 • 다섯 번째_ 밀키트 스마트스토어 세팅하기

# 3  상세페이지 기획하기

## 상세페이지의 중요성

상세페이지는 고객이 우리 제품을 구매하도록 상품 안내와 구매를 부르는 요소를 잘 표현해야 하는 곳이다. 오프라인에서 나름 인지도가 있는 음식점이라 할지라도 온라인에서는 그렇지 않을 수 있다. 그렇다면 우리 가게가 인기 맛집이라는 것을 어필해야 하고, 우리 매장 밀키트가 다른 브랜드와 어떤 차별점이 있는지를 효과적으로 알려야 한다.

상세페이지 내용을 구성하는 데 어려움을 겪는 분들이 많다. 본인이 만든 메뉴임에도 불구하고 어떤 소구 포인트로 고객에게 어필해야 할지, 어떤 내용을 담아야 할지 모르는 경우가 많다. 온라인 판매는 처음일뿐더러 한 번도 상세페이지를 만들어 본 적이 없기 때문이다. 오프라인에서는 사장이 손님에게 설명하기보다는, 고객이 매장을 설명하는 '리뷰'가 더 중요하다. 그러나 온라인에서 소비자는 후기 뿐만 아니라 상품에 대한 '스토리'까지 읽고 구매를 결정한다. 어떤 고객은 필요하지 않은 물건이지만, 상세페이지에 담긴 스토리를 읽다가 홀린 듯 제품을 구매하기도 한다. 고객에게 김치찌개가 필요하지 않았지만, 상세페이지를 읽다 보니 김치찌개가 먹고 싶게 만들 수 있어야 한다.

상세페이지를 전문가에게 맡긴다고 하더라도 전문가가 '무'에서 '유'를 창조할 수는 없다. 적어도 어떤 메시지와 정보를 전달하고 싶은지 곰곰히 생각해 보고 그것을 표현해야 한다. 우리 매장 밀키트 상품이 타 브랜드와 차별화되는 구매 포인트는 무엇인지 적어 보자.

| | |
|---|---|
| 차별점 1 | 예) 칼국수 면을 직접 제조한다. |
| 차별점 2 | |
| 차별점 3 | |

## 상세페이지 컨셉 정하기

상세페이지를 제작하기 전에 먼저 컨셉을 정해야 한다. 컨셉이 명확하고 상페이지를 어떻게 구성할지에 대한 기획이 나와야 시간과 비용을 줄일 수 있다. 상세페이지는 제작 방향에 따라 디자인 비용이 달라지기 때문에 상세페이지 기획 단계부터 디자인형과 블로그형 중에 우리 상품에 맞는 타입을 미리 선택해야 한다.

디자인형은 전체 페이지를 이미지로 작업하여 트렌디하고 고급스러운 브랜드 이미지를 전달할 수 있다. 또한 네이버 스마트스토어 뿐만 아니라 다른 오픈마켓 입점시에도 사용이 용이하다는 장점이 있다.

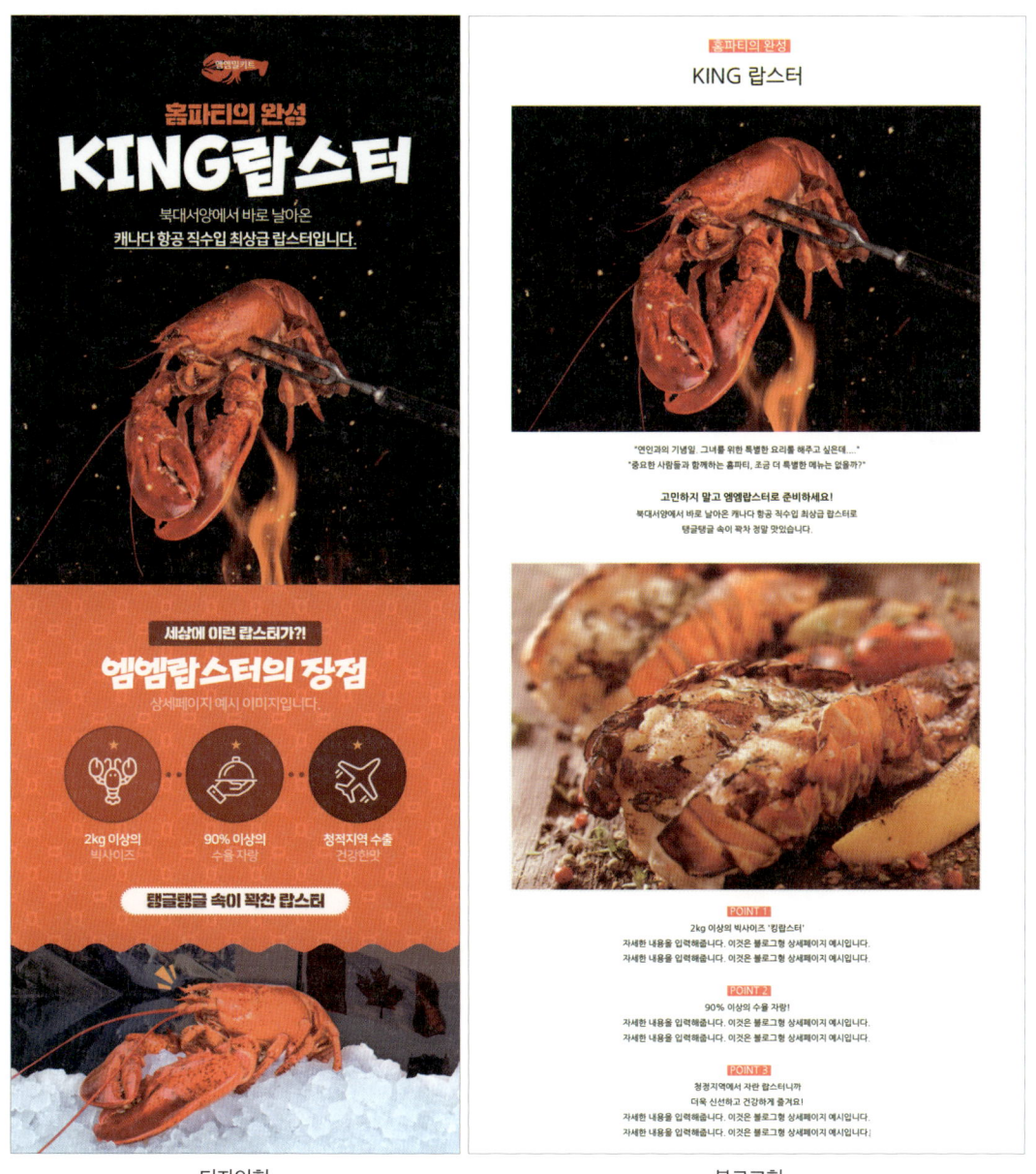

디자인형　　　　　　　　　　　　　블로그형

블로그형은 사진과 텍스트 기반으로 제작되기 때문에 스토리 구성이 중요하다. 전체적으로 디자인 작업이 '디자인형 상세페이지'보다 적은 편이며, 대표 이미지 / 레시피 / 상품표시 정보 등 텍스트 및 사진으로 설명하기 어렵고 복잡한 부분은 가독성 향상을 위해 따로 제작한다.

### 밀키트 상세페이지 기본 구성 알아보기

상세페이지 기획이 어려운 분들을 위해 밀키트 상세페이지에 일반적으로 들어가는 내용을 알려드리고자 한다. 이는 엠엠컨설팅연구소에서 밀키트 컨설팅을 진행하면서 얻은 노하우를 토대로 정리한 내용이다. 브랜드 컨셉에 따라 각 내용의 중요도는 달라질 수 있다. 이를 고려하여 상세페이지의 각 내용을 정리해 보고 중요도에 따라 내용 순서를 구성해 보자.

| | | |
|---|---|---|
| 이벤트 배너 | 상품 구성 | 배송 정책 |
| 대표 이미지 | 조리 방법 | 추천하기 |
| 매장 소개 | | 옵션 |
| | 생산 공정 | 자주 묻는 질문 |
| 차별화 포인트 | 배송 안내 | 상품표기사항 |

1. 이벤트 배너 : 프로모션을 통해 밀키트 구매를 유도할 수 있다.
2. 대표 이미지 : 일반적으로 조리 및 플레이팅이 완성된 이미지를 사용한다. 후킹하기 좋은 문구를 삽입하여 이미지를 제작하면 효과적이다.
3. 매장 소개 : 우리 매장의 히스토리나 브랜드 탄생 과정 등을 스토리텔링 형식으로 담을 수 있다. 매장 외부와 내부 인테리어 이미지나 방송 출연 등의 자료를 첨부하기도 한다.
4. 차별화 포인트 : 우리 매장 밀키트 상품의 차별화 포인트를 정리한다. 3가지 정도로 정리하여 작성하는 것이 좋다.
5. 상품 구성 : 밀키트 패키지에 개별 포장되어 있는 각 재료구성를 설명한다.
6. 조리 방법 : 밀키트 조리 방법을 각 단계별로 설명한다.
7. 생산 공정 : 밀키트 제품 생산에 있어서 '안정성', '신선함' 등을 강조할 수 있는 자료를 첨부한다.
8. 배송 안내 : 밀키트 제품이 어떤 포장 방법으로 안전하게 배송되는지 알려 준다.
9. 배송 정책 : 배송 시간, 택배비 등 배송 관련 사항을 자세히 정리한다.
10. 추천하기 : 밀키트를 어떤 분들이 구매하면 좋을지, 어떨 때 먹으면 좋을지를 추천한다.
11. 옵션 : 여러 메뉴의 밀키트 제품을 하나의 상세페이지로 동일하게 업로드할 때, 밀키트 제품 옵션 내용을 넣으면 소비자가 구매할 때 참고할 수 있다. 또는 하나의 밀키트 메뉴를 세트로 구성하여 할인 판매를 하거나 추가 옵션 상품이 있는 경우에 정보를 알려 줄 수 있다.
12. 자주 묻는 질문 : 본 상품을 소비자가 구매 및 조리할 때 생길 만한 궁금증이나 문제점을 미리 알려 준다.
13. 상품표기사항 : 제조일, 유통기한, 배송 안내, 배송비 등의 내용을 담으며, 일반적으로 한글 식품표시사항 라벨 이미지를 첨부한다.

# 4   사진 촬영

상세페이지를 구성하는 것은 스토리와 이미지이다. 구매하게 만드는 상세페이지에서 가장 큰 비중을 차지하는 것은 사진이다. "보기 좋은 떡이 먹기도 좋다"는 속담이 있듯이, 음식은 특히 더 고객의 심미적 욕구를 충족시켜 주어야 효과적이다. 무심하게 대충 담은 음식이 아닌 깔끔한 그릇에 조화롭게 담아내고 맛있어 보이는 최적의 '각도'를 찾아 카메라에 담아야 한다.

실제로 아름답게 플레이팅이 된 음식에 고객은 큰 기대를 하고 더 맛있다고 생각하며 더 많은 돈을 내고자 한다. 옥스퍼드 대학에서 똑같은 식재료로 구성된 세 가지 플레이팅으로 실험을 진행했다. 그중 하나는 칸딘스키의 작품을 시각적으로 표현했는데, 결과적으로 칸딘스키 작품을 모방한 샐러드가 절대적으로 높은 인기를 얻었다. 분명 똑같은 식재료로 만든 샐러드임에도 불구하고 시각적으로 가장 눈에 띈 칸딘스키 샐러드가 가장 맛있다고 평가되었고, 나머지 두 샐러드보다 두 배의 가격을 낼 용의가 있는 것으로 나타났다.

\* 관련기사 : 'Can you believe your tastebuds?'(Oxford Today, 2014. 12. 24)

밀키트를 온라인에서 판매하고자 한다면, 단순히 미각뿐만 아니라 고객이 오감을 이용하여 소비하도록 만들어야 한다. 같은 재료로 만든 음식이라도 멋지게 담아낸 우리 제품은 타 브랜드보다 높은 가치를 느끼게 한다. 보다 전문적이고 퀄리티 있는 브랜드 이미지를 전달하기 위해서는 상세페이지 각 섹션을 디자인하여 제작하는 방법이 있다. 전문 업체나 프리랜서에게 디자인을 맡기는 것이 좋다. 스마트스토어 상세페이지를 제작하는 방법은 매우 다양하지만, 이 책에서는 디자인을 하지 못하는 사장님이라도 상세페이지를 제작할 수 있도록 블로그형 상세페이지 제작 방법을 알려드리고자 한다(스마트스토어는 블로그처럼 이미지와 텍스트로 구성하여 꾸밀 수 있다).

디자인형이든 블로그형이든 상세페이지의 핵심은 '사진'이다. 디자인형 상세페이지는 사진의 퀄리티가 조금 낮아도 디자인으로 어느 정도 커버할 수 있지만, 블로그형 상세페이지는 사진의 퀄리티가 낮으면 전체적으로 품질이 떨어져 보이는 느낌을 준다. 따라서 사진 촬영은 전문가에게 맡기는 것도 좋은 방법이다. 그러나 소자본으로 밀키트 창업을 한다는 전제하에 스마트폰으로 예쁘게 촬영하는 방법에 대해 알아보자.

### 촬영 준비하기
- 핸드폰 기종은 아이폰8plus 이상, 갤럭시S10 이상 추천!
  (미러리스나 DSLR 등의 카메라가 있다면 카메라 사용하기)
- 밀키트 메뉴와 어울리는 플레이팅 접시 준비하기
- 배경지 준비하기

### 맛있어 보이는 촬영 방법
#### 1. 촬영용 음식은 먹는 것이 아니다
요리 잡지나 고급 요리책의 전문 음식 사진처럼 보이게 찍는 것을 목표로 삼자. 그러나 아무리 멋지게 찍어 보려 해도 좋은 결과물이 나오지 않는 것이 현실이다. 왜냐하면 레퍼런스로 삼는 음식 사진 대부분은 전문 푸드 스타일리스트에게 일종의 스타일링과 메이크업을 받은 결과물이기 때문이다. 이것은 전문가의 섬세한 작업과 요령이 필요한 부분이다. 쭈욱 늘어나는 치즈는 사실 접착제를 바른 것이고, 기포 없이 네모 반듯한 예쁜 각얼음은 사실 진짜 얼음이 아니라 플라스틱이다. 이렇게 맛있어 보이는 음식 촬영에는 여러 손길이 필요하다. 촬영 후 먹기 위함이 아니라, 가장 맛있어 보이는 음식 사진을 찍기 위함이라는 것을 명심해야 한다.

#### 2. 촬영 위치 선택
스마트폰 카메라로도 충분히 고퀄리티의 음식 사진을 찍을 수 있다. 스마트폰으로 사진을 잘 찍는 포인트는 바로 조명이다. 어두운 곳에서 사진을 찍으면 노이즈가 생기는 것을 볼 수 있다. 사진의 선명도 및 음식의 질감을 살리기 위해서는 최대한 밝은 곳에서 촬영해야 한다. 가장 좋은 조명은 자연광인데 자연광을 이용하기 어렵다면, 소프트박스 조명이나 미니스튜디오 포토박스를 사용하는 것도 요령이다. 가능한 그림자가 생기지 않도록 빛이나 촬영 위치를 옮겨가며 최적의 장소를 찾아보자.

값비싼 카메라를 구매하지 않아도 요즘 출시되는 스마트폰의 카메라는 음식 사진을 찍기에 훌륭한 성능을 가지고 있다. 별도의 전문 프로그램을 사용하지 않아도 스마트폰 카메라 편집 기능만으로도 맛있는 음식 사진을 만들 수 있다.

## 3. 음식 촬영 스타일링

음식 사진을 찍을 때는 무조건 '맛있게' 보이는 데 초점을 두어야 한다. 컨셉 사진을 찍을 때는 음식과 어울리는 소품을 사용해 보자. 그릇, 천, 조화 등을 이용해 식탁을 꾸밀 수도 있고, 혹은 레시피에 포함된 주재료를 활용하는 방법도 있다. 다양한 조리 도구, 냅킨, 핸드 타월, 수저 등을 사용하여 여러 구도로 사진을 찍어 보는 연습을 하는 것이 필요하다.

# 5 상품 등록 및 상세페이지 꾸미기

개설된 스토어에 상품을 등록하려면 스마트스토어센터 메인 페이지 좌측에 있는 메뉴에서 '상품관리'의 '상품등록'을 클릭해야 한다. 카테고리를 선택하고 상품명, 판매가, 재고 수량 등을 기입한다. 판매가를 결정할 때는 원가 계산이 필수다. 세금을 고려하여 마진은 최소 50퍼센트 이상으로 매기는 것이 좋다.

마지막으로 상품 이미지와 상세 설명을 삽입해야 한다. 상세 설명은 직접적으로 구매자의 구매 욕구를 불러일으키는 지점이기 때문에 내용과 구성을 전략적으로 작성해야 한다. 스마트에디터3.0으로 직접 작성하거나 HTML로 작성할 수 있다.

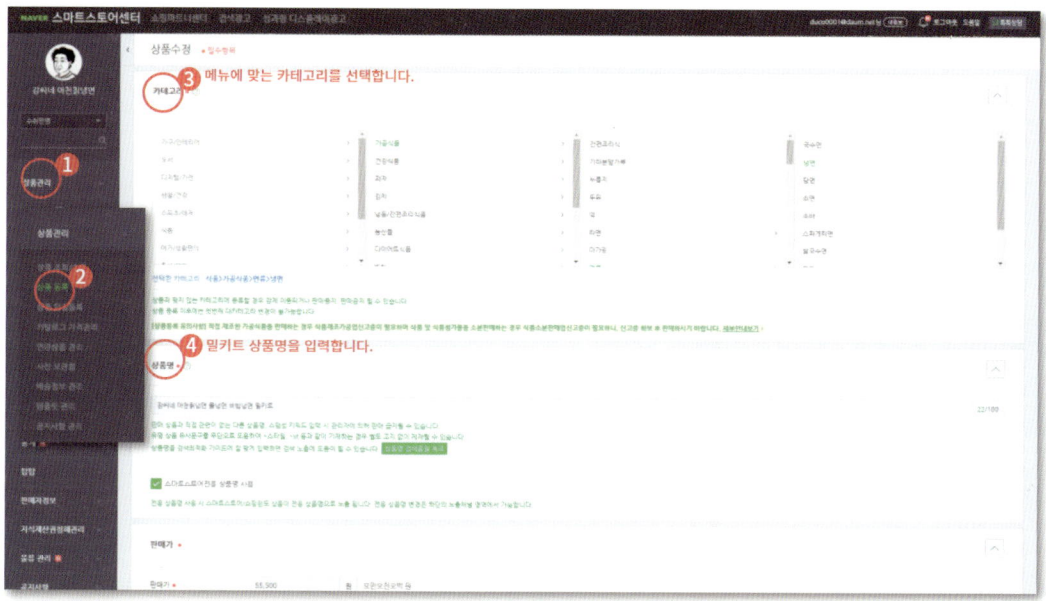

1. 상품관리 > 상품등록에서 판매하고자 하는 제품을 등록할 수 있습니다.

2. 밀키트 제품 가격, 재고 수량, 옵션을 설정합니다.

3. 상품 옵션 목록을 세팅합니다.

우리 매장 인기메뉴로 밀키트 판매하는 방법

4. 상품 이미지를 세팅합니다.

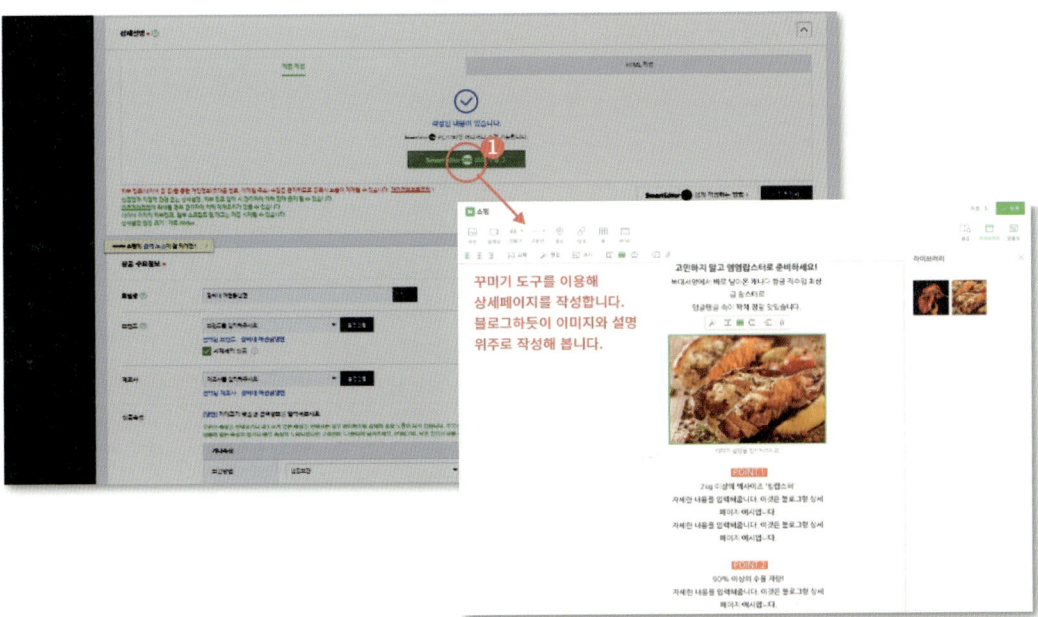

5. 스마트에디터ONE으로 상세설명 작성해 봅니다.

7장 • 다섯 번째_ 밀키트 스마트스토어 세팅하기

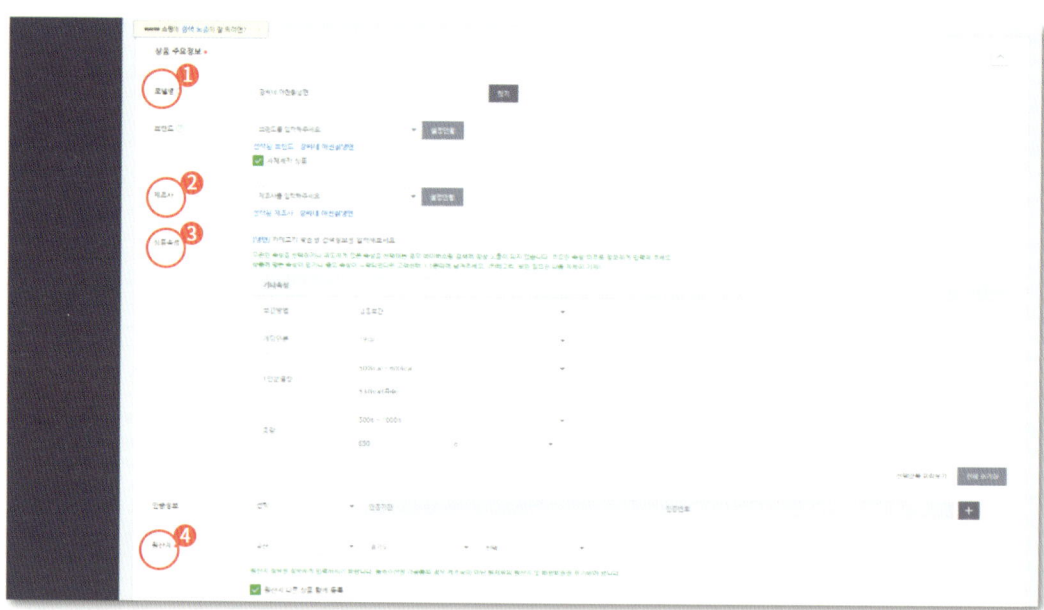

6. 상품 주요정보를 입력합니다.

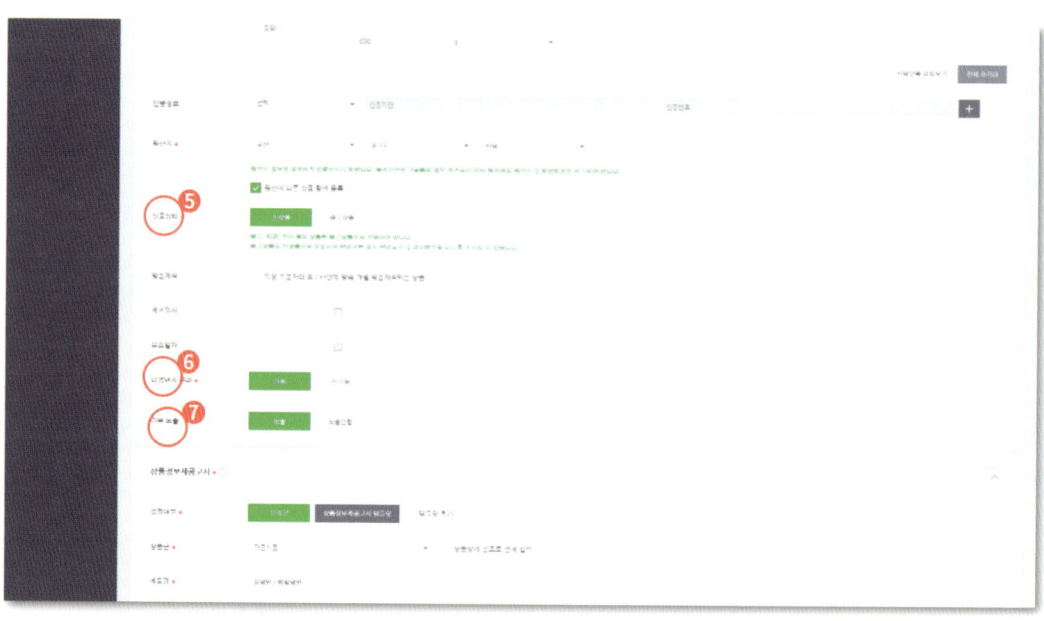

6. 상품 주요정보를 입력합니다.

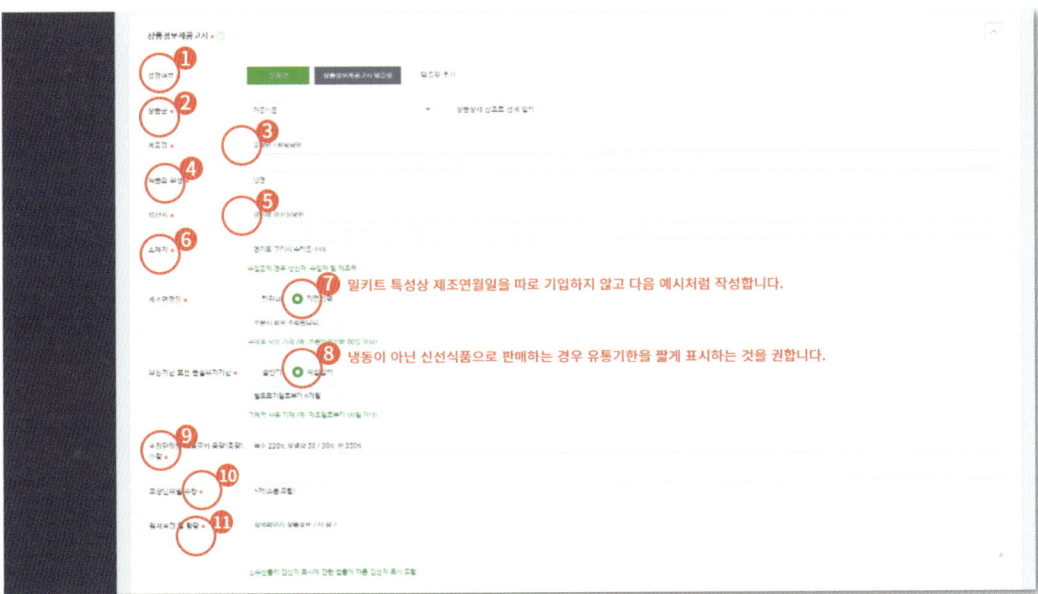

**7. 상품정보제공고시를 입력합니다.**

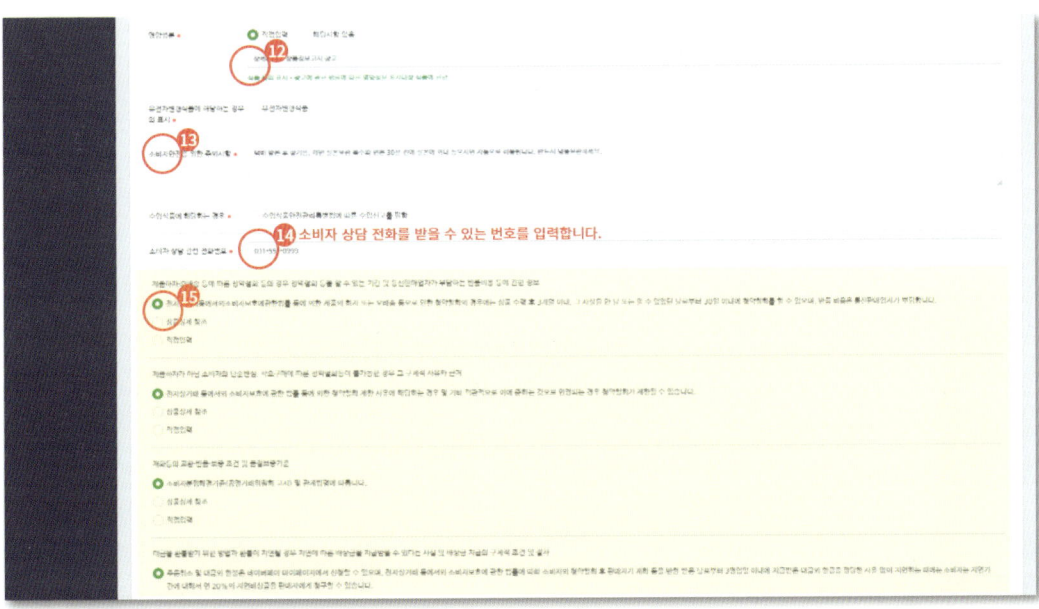

**7. 상품정보제공고시를 입력합니다.**

7장 • 다섯 번째_ 밀키트 스마트스토어 세팅하기

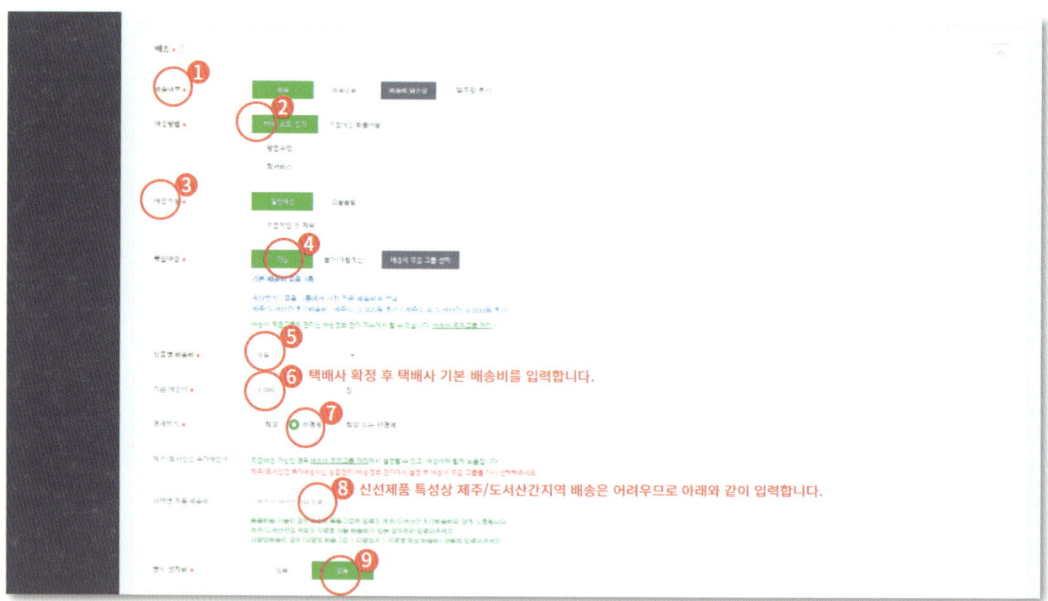

8. 배송관련 정보를 입력합니다.

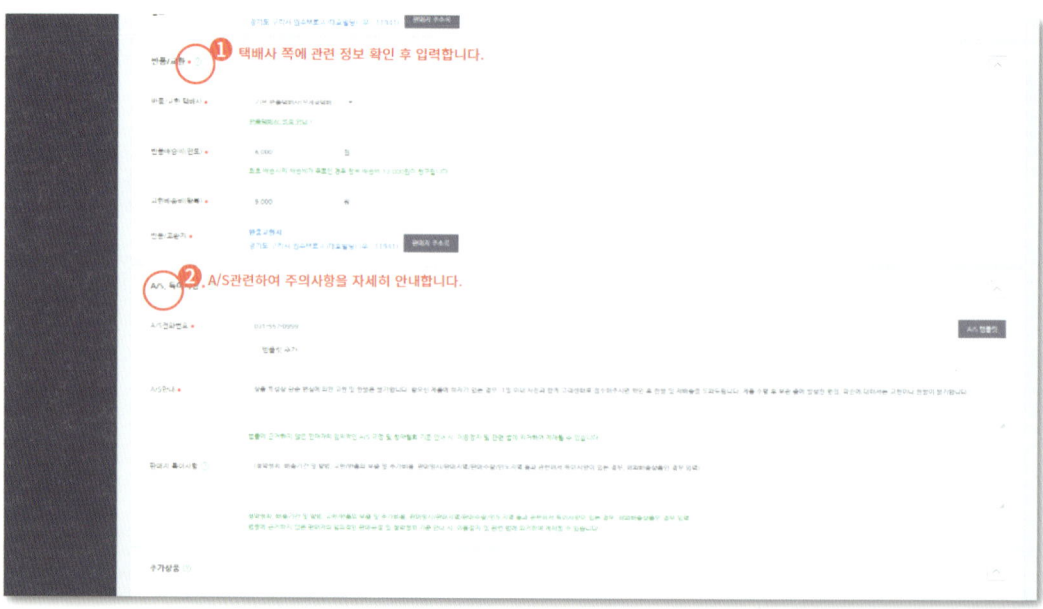

9. 반품/교환 및 A/S 특이사항을 입력합니다.

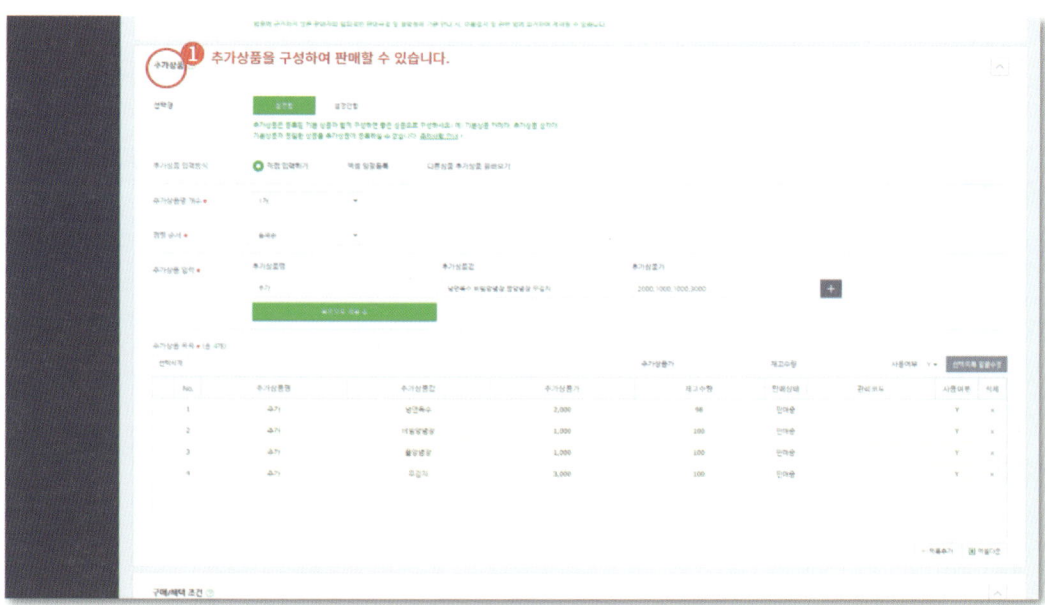

**10. 추가상품을 입력합니다.**

**11. 구매/혜택 조건을 입력합니다. (필수 아님)**

7장 • 다섯 번째_ 밀키트 스마트스토어 세팅하기

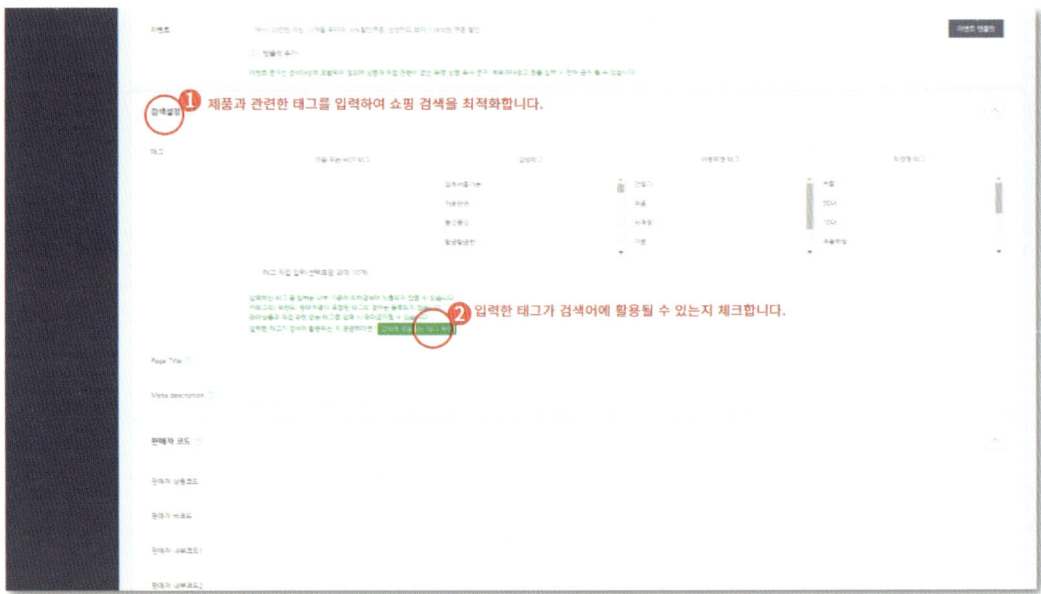

**12. 검색설정을 세팅합니다.**

**13. 노출 채널을 세팅한 후 저장합니다.**

# [Plus] 네이버 푸드윈도 신청하기

푸드윈도란, 네이버 쇼핑에서 특정조건을 만족한 상품만 모아 전시하는 곳이다. 푸드윈도에 입점하려면 일반 스토어보다는 까다로운 과정을 거쳐야한다. 담당 검수자가 별도로 있어, 입점 여부를 평가받는 단계를 거친다. 만약 가이드라인에 충족되지 않는다면 반려되기도 하기 때문에 입점 조건과 상품등록 가이드라인을 잘 따라야 한다.

다음에 오는 표는 푸드윈도의 종류와 특징, 입점 정보를 한눈에 보기 쉽도록 정리한 표이다. 지역명물에도 3가지 카테고리로 나뉘는 것을 볼 수 있다. 각 카테고리별로 제품의 특징과 입점 조건이 다르기 때문에 내가 진입가능한 곳인지 확인해 보는 것이 좋다.

네이버는 점차 고객들이 많이 찾는 상품들을 좀더 편리하고 세분화되어 찾을 수 있도록 설계하는 작업을 지속 진행하고 있다.
푸드윈도에서 경쟁률은 일반 스마트스토어 보다는 적다. 까다로운 조건과 검수를 거치기 때문이다. 푸드윈도의 상품들은 보다 믿고 먹을 수 있는 제품들로 소비자들에게 인식되기 때문에 판매자 입장에서도 유리하게 작용할 수 있으니 추가 입점처로 활용하기를 권장한다

내 제품이 해당 카테고리에 입점 가능한 제품인지는 '네이버 쇼핑윈도 공식블로그'에서 세부적으로 확인 가능하다.

| | | | |
|---|---|---|---|
| 지역명물 | 팔도명물 | 특징 | 대중들이 다 아는 팔도의 먹거리 |
| | | 입점조건 | 1. 제안가능한 상품 리스트<br> - 공식 블로그에서 확인 가능<br>* 검색이 1년에 만번이상 검색되는 상품일때 입점 가능<br>* 지역매장&접객시설이 없는 제조/가공시설 모두 입점 가능<br>단, 발송위치는 리스트의 지역과 일치해야함. |
| | | 입점서류 | 1. 사업자등록증/영업신고증(식품·제조가공업또는 즉석판매제조·가공업)<br>2. 품목제조보고서(즉석판매제조·가공업만생략가능)<br>3. 제품표기사항(사진으로 제출)_일부 식품유형은 영양표시정보가 필수로 필요<br>4. 즉석판매제조·가공업일때통신판매신고증(벤더사일경우생산자의 통판증)<br>5. 가공공장으로 등록시공장등록증 |
| | 시장명물 | 특징 | 시장에서 소매장사를 하시는 분 |
| | | 입점조건 | - 네이버 검색시시장으로 입점 가능 (지자체가 인정한 전통시장, 소매시장, 도매시장)<br>- 농수축산물(국산/수입), 시장내에서 제조하는 가공식품을 시장내에서 발송<br>* 시장 외 타지역에서 발송은 입점불가<br> - 소매판매없이도매로만 판매하시는 분은 입점 불가 |
| | | 입점서류 | 1. 사업자등록증/영업신고증(식품·제조가공업 또는 즉석판매제조·가공업)<br>2. 품목제조보고서(즉석판매제조·가공업만생략가능)_신선식품 제외<br>3. 제품표기사항(사진으로 제출)_일부 식품유형은 영양표시정보가 필수로 필요_신선식품 제외<br>4. 즉판업일때 통신판매신고증(벤더사일경우생산자의 통판증)_신선식품 제외<br>5. 매장 간판 사진 1장, 매장 전경 사진 1장 |
| | 지역매장 | 특징 | 자신만의 레시피로 가게를 하시는 분 |
| | | 입점조건 | - 매장의메뉴 그대로(레시피) 만든 상품<br> - 접객시설과 장소, 메뉴판이 있어야 함<br>* 접객 시설의 경우, 매장 내 쇼케이스 범위가 오프라인 매장 전체 50%를 차지하는 수준만 입점 가능<br>* 단순유통 상품, 홈쇼핑의 대량유통상품은 입점 불가<br> - 신선식품 원물, 소분또는 농수축단순가공 상품 입점 불가<br>* 단순가공된 연어필렛이아닌 연어전문점의 숙성연어는입점 가능<br> - 즉판업생산자의 벤더입점가능 (벤더가 재고를 가지고 유통하는 경우, 법규상 금지대상) |
| | | 입점서류 | 1. 사업자등록증/영업신고증(식품·제조가공업또는 즉석판매제조·가공업)<br>2. 품목제조보고서(즉석판매제조·가공업만생략가능)<br>3. 제품표기사항(사진으로 제출)_일부 식품유형은 영양표시정보가 필수로 필요<br>4. 즉판업일때통신판매신고증(벤더사일경우생산자의 통판증)<br>5. 매장 간판 사진 1장, 매장 접객 여부 여러장, 메뉴판 1장 |

# [Plus] 주요 오픈마켓 비교

우리는 한 개의 제품을 가지고 여러 곳에 노출시키는 전략이 필요하다. 1차적으로 여러 곳에 노출시킴으로써 브랜드 인지도를 향상시키고, 더 나아가서는 각 플랫폼별 담당MD들로부터 제안이 올 수도 있기 때문이다. 또한 여러 플랫폼에 올려 두고 가격 비교를 통해 내가 주력으로 밀고 나가고자 하는 사이트로 유입을 시키는 전략을 짤 수도 있다

| 플랫폼명 | 수수료 | 배송비 수수료 | 정산 | 서버 이용료 |
|---|---|---|---|---|
| 스마트<br>스토어 | 약 6%<br>(카테고리별<br>수수료 구분X) | 3.63%<br>배송비 0원일<br>경우 수수료 X | 1) 구매확정 기준 : 정산기준일 +1영업일<br>2) 자동구매확정 기준 : 배송완료일로부터<br>8일째 되는 날 | - |
| 쿠팡 | 약 11% | 3.3%<br>배송비 0원일<br>경우 수수료 X | 1) 주 단위 정산(70%) /<br>매월 말일 최종정산(30%) | 100만원 이상시<br>5.5만원<br>(정산시 차감) |
| 티몬 | 약 12% | | 1) 월 정산, 익익월 5일<br>- 매월 1일부터 말일 정산금액을<br>당월말일 +35일 100% 정산 | 20만원 이상시<br>9.9만원 |
| 11번가 | 약 13% | 3.30% | 1) 일반정산: 정산기준일 +2영업일<br>2) 빠른정산: 파트너 1,2 등급 판매자에게는<br>1일(영업일)에 정산<br>- 정산대상금액 중 90%를<br>선지급받을 수 있는 무료 서비스<br>- 배송완료 +1일차 90% 지급/<br>구매확정후 나머지 10%지급 | - |
| 옥션 | | | 1) 구매확정 기준 : 정산기준일 +1영업일<br>2) 자동구매확정 기준 : 배송완료일로부터<br>8일째 되는 날 | - |
| 지마켓 | | | | - |
| 위메프 | 약 12% | 신규일 시,<br>수수료 2.9%<br>12월까지 판매<br>수수료 면제 | 1) 구매확정 기준 : 정산기준일 +1영업일<br>2) 자동구매확정 기준 : 배송완료일로부터<br>8일째 되는 날 | 100만원 이상시<br>5.5만원<br>(정산시 차감) |

*플랫폼별, 카테고리별로 수수료가 다르게 책정되어 있다.
*위의 표는 식품 카테고리를 기준으로 작성되었으며, 수수료 및 정산 관련 내용은 플랫폼마다 다르다. 자세한 사항은 각 플랫폼별 판매자 센터 등을 통해 확인이 가능하다.

# [Plus] 쇼핑몰 통합솔루션 비교

쇼핑몰 플랫폼마다 관리자 시스템의 화면이 다르고, 각 카테고리별로 설정하는 항목 및 단계도 모두 다르기 때문에 관리에 어려움을 느끼는 고객분들이 많다. 아래는 주문이 들어왔을 때부터 고객이 제품을 받아보고 구매정산까지의 여정을 도식화한 이미지이다.

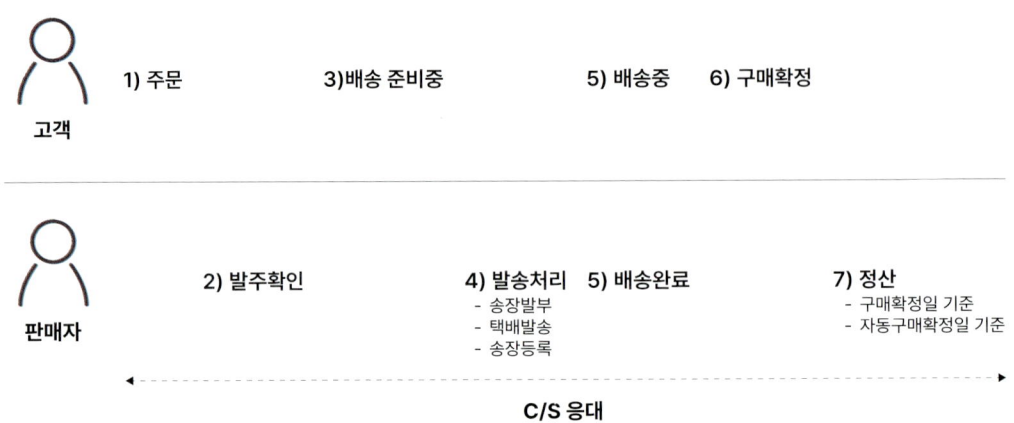

스토어 기능을 보다 빠르게 익히기 위해서 우리는 스토어에서 고객이 주문을 하고 받아보기 까지의 그림이 머릿속에서 그려져야 단계별로 뭘 해야 하는지 알 수 있다.

만약 10곳의 오픈마켓에 입점하고 관리를 하고 싶을 경우, 우리는 각 플랫폼의 판매자 계정으로 접속하여 위의 단계들을 매일같이 체크해야 한다. 오프라인 매장에서 고객을 응대하면서도, 밀키트준비 및 택배포장 및 발송까지의 동선을 고려한다면 단순하지만 손이 많이 가는 작업이다.

따라서 통합솔루션을 활용해 효율적으로 온라인 쇼핑몰을 관리하길 권장한다. 다음 페이지에서는 이어서 쇼핑몰 통합솔루션에 대한 비교표를 볼 수 있다.

# [Plus]  쇼핑몰 통합솔루션 비교

아래의 표는 국내에서 가장 많이 사용되고 있는 쇼핑몰 통합솔루션에 대한 비교표이다. 우리는 모든 플랫폼을 입점하는 것이 아닌 전략적으로 주요 플랫폼만을 입점하는 것이 필요하고, 그에 따른 요금제 선택이 필요하다. 아래 사이트 주소를 참고하여 각각의 사이트들을 둘러보고 몇가지 무료체험 후에 각자가 편리한 솔루션으로 결제하는 것을 추천한다.

| NO | 사이트명 | 구분 | 내용 |
|---|---|---|---|
| 1 | 샵링커 | 사이트 주소 | https://www.shoplinker.co.kr/ |
| | | 특징 | UI가 직관적이여서 처음 접하는 고객에게 쉬운편 |
| | | 요금제명 | 파 요금제 : (상품등록 (월 3,000건) / 주문수집 (월 3,000건) |
| | | 비용 | 12만원 |
| | | 부대비용 | - |
| | | 무료체험 기능 여부 | 무료체험 가능 (7일) |
| 2 | 사방넷 | 사이트 주소 | https://www.sabangnet.co.kr/ |
| | | 특징 | 보편화 되어 사용되는 솔루션, 처음 접하는 고객에게 비교적 어려운편 |
| | | 요금제명 | 오픈플러스 버전 :<br>상품등록 (월 3,000건) / 상품수 (월 300건) / 쇼핑몰 ID수 (8개) |
| | | 비용 | 9만원 (시스템+연동) |
| | | 부대비용 | - |
| | | 무료체험 기능 여부 | 무료체험 가능 (7일) |
| 3 | 플레이오토 | 사이트 주소 | https://www.plto.com/ |
| | | 특징 | 직관적인 UI로 초보 셀러도 쉽게 사용할 수 있음. |
| | | 요금제명 | 플토2.0 : 주문수집 (월 2,000건) / 상품전송 (월 1,000건) / 쇼핑몰 ID 10개 / 사용자 ID 5개 |
| | | 비용 | 9만원 |
| | | 부대비용 | - |
| | | 무료체험 기능 여부 | 무료체험 가능 (서비스 신청 이후 확인가능) |
| 4 | 이지어드민 | 사이트 주소 | https://www.ezadmin.co.kr/ |
| | | 특징 | 택배 송장 관리가 용이함. |
| | | 요금제명 | 스탠다드 : 발주수량 (최대 30,000건) / 최대 상품수 (10만개 미만) / 최대 판매처 수 (100개 이하) |
| | | 비용 | 20만원 |
| | | 부대비용 | - |
| | | 무료체험 기능 여부 | 무료체험 가능 (15일) |

• 위의 요금제는 가장 기본 요금제를 기준으로 작성되었다.
• 앞서 소개한 주요 오픈마켓 7곳에 입점을 원한다면 기본 요금제면 충분하다.
• 대량 판매가 이루어지고 있는 고객이라면, 상품등록수/ 주문수집수(=주문건수) / 쇼핑몰 ID 수 등을 고려하여 내 상황에 맞는 요금제를 선택하기를 바란다.

# [Plus] 오픈마켓(쿠팡) 입점하기

쿠팡은 국내 오픈마켓 중 가장 활성화된 플랫폼이라 볼 수 있다. 이커머스에 진출하려는 판매자들이 입점하기 위해 가장 먼저 알아 보는 기본 플랫폼이다. 쿠팡의 밀키트 카테고리에서 판매하는 상품은 무려 4,300여 가지다. 이처럼 많은 판매자와 구매자가 존재하는 건 레드오션이라는 이야기와도 같다. 그러므로 여러 장단점을 함께 고려해야 한다. 또한 밀키트 전문업체의 상품이 많다. 소상공인 자영업자 입장에서 첫 밀키트 사업을 시작한다면 그들과의 경쟁력 싸움도 간과해서는 안 된다.

판매자로 쿠팡에 입점하려면 쿠팡 홈페이지가 아니라 '쿠팡 wing'에 회원 가입을 해야 한다. '입점 신청' 버튼을 누르면 '판매자 계정 생성' 페이지로 넘어가고, 계정 생성 후 '상품 등록'이나 '사업자 인증' 과정을 마치면 입점이 완료된다. 입점하려면 사업자등록증, 통신판매업 신고증, 통장 사본이 필요하다. 공동 대표인 경우에는 채권 포기 확약서와 채권 포기자의 인감증명서도 추가로 제출해야 한다. 이 확약서는 쿠팡 마켓 플레이스 고객센터(02-3671-5353)로 전화해서 요청하거나 문의하면 된다.

신선제품을 매개로 쿠팡이 운영하는 '로켓프레시'는 프로세스가 약간 다르다. 입점 신청을 한다고 해서 무조건 입점할 수 있는 것은 아니다. 일반 판매자로 입점하여 매출이 지속적으로 나온다면 쿠팡에 문의하여 진행하면 된다. 여기서 밀키트 판매자가 중요하게 따져 보아야 할 점은 식품제조가공업 허가를 받은 경우에만 로켓프레시 입점이 가능하다는 것이다. 즉석판매제조가공업 인허가는 최종 소비자에게 직접 판매(택배 포함)만 허용하기 때문에 쿠팡이 중개자가 아닌 판매자 역할을 하는 로켓프레시에서는 유통할 수 없다. 판매자 가입을 비롯한 입점 절차는 다음과 같다.

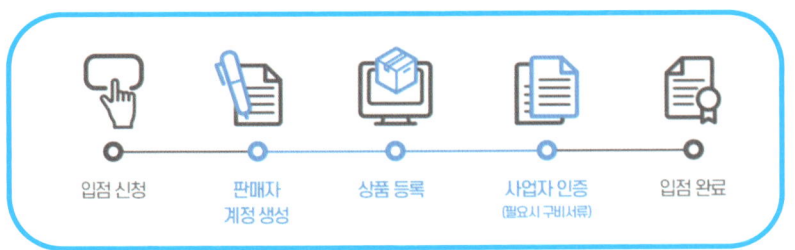

쿠팡 입점 프로세스

## 1. 쿠팡 첫 화면 상단에서 '입점신청' 클릭

## 2. 상단이나 중간에 있는 '입점 신청하기' 클릭

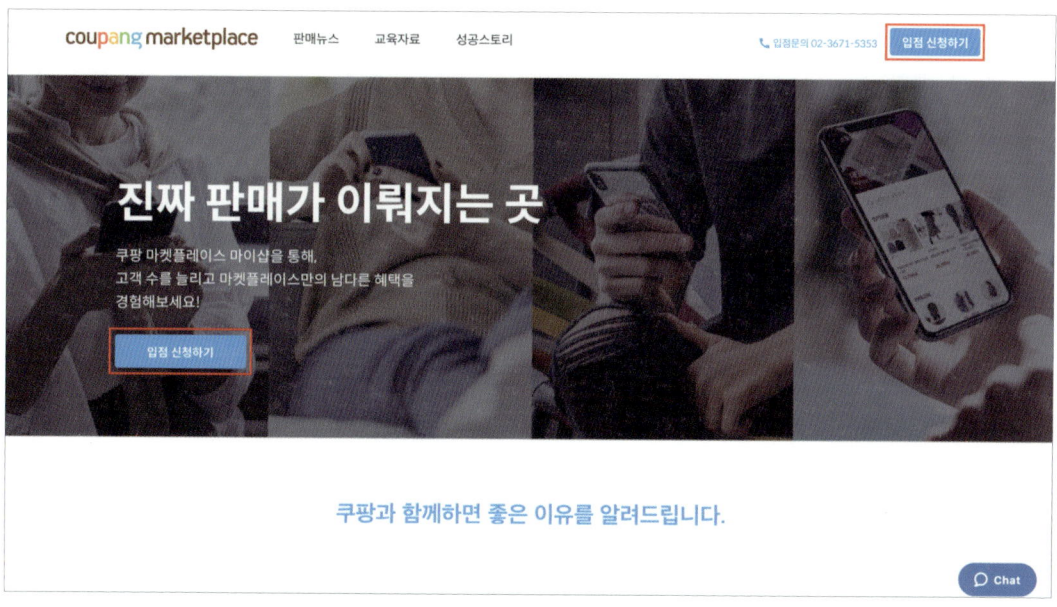

## 3. 쿠팡 마켓플레이스에 판매자로 가입

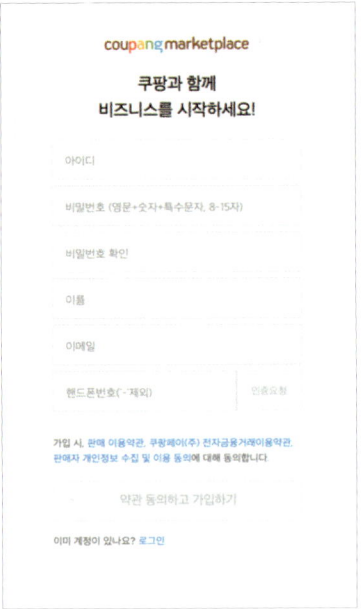

## 4. 판매자 계정 생성 완료 후, 상품 등록 및 입점 승인

* 사업자등록증과 통신판매업 허가서로 사업자 인증을 받지 않으면 상품 등록을 완료해도 고객에게 상품이 노출되지 않는다.

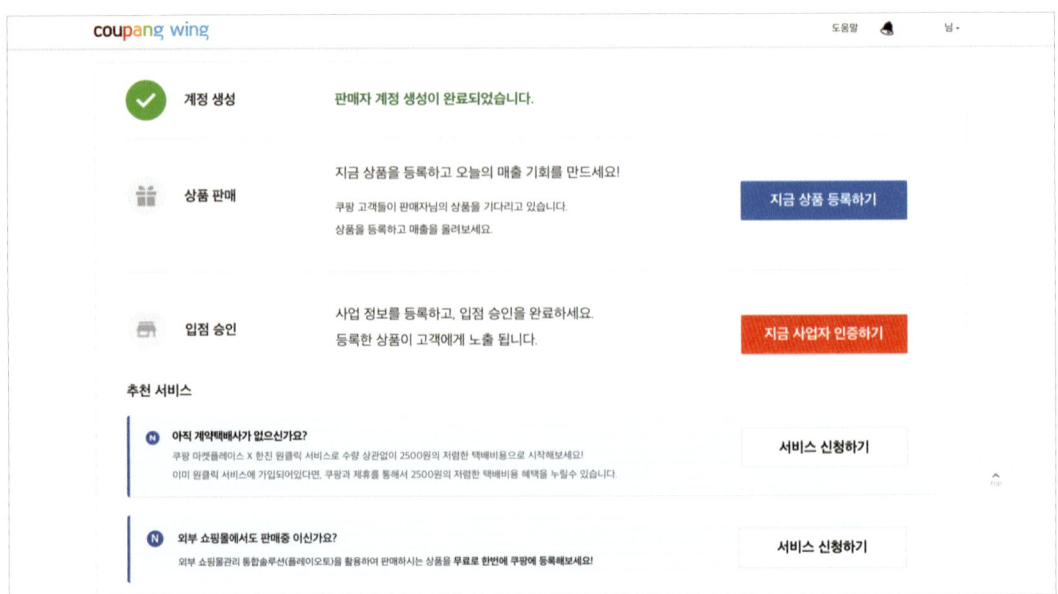

## 5. 사업자 인증

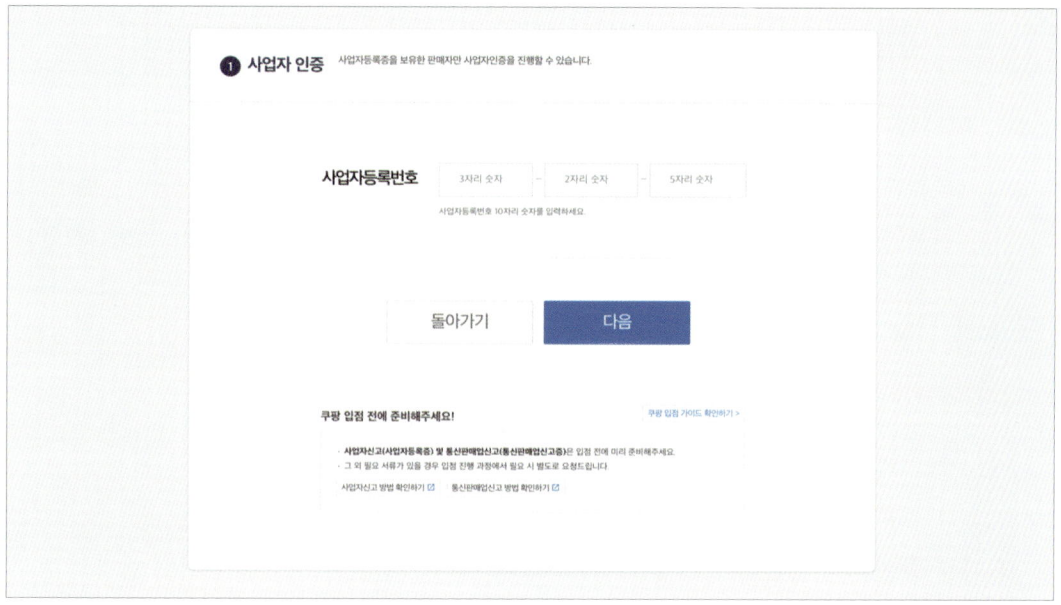

쿠팡에서는 정가가 아닌 판매가에 수수료를 부과하는데, 고객이 어떤 경로로 상품을 구매했는지에 따라 다른 방식으로 수수료가 책정된다. 첫 번째 경로는 고객이 마이샵 다이렉트 링크로 접속할 경우다. 마이샵은 쿠팡 마켓플레이스에 판매자로 입점하면 생기는 다이렉트 링크로 네이버 스마트스토어 개념과 흡사하다. 자신만의 온라인 판매 링크가 생성되기 때문에 이 링크를 복사하여 SNS나 블로그 등 다른 채널에서 홍보하면 된다. 만약 랜덤 고객이 이 링크로 접속하여 24시간 내에 상품을 구매하면 판매 수수료를 전혀 부과하지 않는다. 하지만 판매대금을 기준으로 이런 서비스를 이용하는 마이샵 운용료가 3.5퍼센트 부과되기 때문에 수수료가 완전히 무료라고는 볼 수 없다.

출처: 쿠팡 마켓플레이스 '마이샵' 예시 이미지

또 다른 경로는 가장 흔하게 쿠팡에서 물건을 구매하는 방식으로 쿠팡 앱이나 웹에서 검색이나 노출 상품 클릭을 통해 유입되는 경우다. 이 경우에는 4-11퍼센트의 고정된 기준 수수료가 있고, 상품의 카테고리별로 그 수준이 상이하다. 밀키트의 큰 범주인 식품은 기본 수수료가 10.6퍼센트로 꽤나 높은 편에 속한다.

출처: 쿠팡 마켓플레이스 '검색' 예시 이미지

#  [Plus]  크라우드펀딩

스마트스토어나 오픈마켓 이외에 선택할 수 있는 방법은 크라우드펀딩이다. 우리나라에서 많이 사용하는 크라우드펀딩 플랫폼은 '와디즈'와 '텀블벅' 등이다. 와디즈는 누적 펀딩액 기준 국내 1위 플랫폼으로 프로젝트의 분야가 다양하다. 와디즈에서 마감되었거나 진행중인 프로젝트를 보면, 가전기기나 IT제품 등 독특한 아이디어로 제작하는 신제품이 많다. 이에 비해 텀블벅은 주로 예술, 문화, 창작 영역의 프로젝트 펀딩을 진행한다. 특히 출판에 관련해서 선주문 방식으로 진행하는 프로젝트가 많다.

펀딩 규모는 평균적으로 텀블벅이 와디즈보다 작은 편이다. 와디즈는 주 이용층이 20대 중반에서 40대 남성이고, 텀블벅은 20대에서 30대 여성이기 때문이다. 와디즈는 전자기기로 성장한 만큼 금액의 규모가 큰 편이고, 텀블벅은 액세서리나 다이어리처럼 단가가 낮은 상품을 주로 구매하기 때문에 규모가 작은 편이다.

이용자들은 와디즈는 '창의적인' 분야를 주로 하고, 텀블벅은 '창조적인' 분야를 주로 한다고 평가한다. 하지만 와디즈나 텀블벅은 일정 수준의 신선함과 경쟁력만 갖추고 있다면, 문화 영역뿐만 아니라 가끔 밀키트 등 식품류의 펀딩 프로젝트도 곧잘 오픈한다. 따라서 두 플랫폼 중 어느 곳을 선택하든 괜찮다. 처음 밀키트 사업에 도전한다면 부담 없이 도전할 수 있는 영역이다. 자금 조달과 홍보 효과라는 장점이 있기 때문이다.

## 자금 조달

첫 번째 장점인 자금 조달 부분은 대중에게 미리 일종의 투자 형태로 받는 선주문 후제작이라는 크라우드펀딩 중 리워드형 투자 상품의 특성에서 생긴다. 투자 금액, 즉 구매량을 보고 수요를 예측한 뒤 생산에 들어갈 수 있어서 재고에 대한 걱정 없이 제작하면 된다. 사업 초기에 자금 조달이 어려운 상황이라면, 대출을 이용하지 않고도 크라우드펀딩에서 불특정 다수의 투자를 통해 시도할 수 있다. 이 과정에서 시장의 반응을 확인할 수 있어서 아주 유용하다. 그런 까닭에 크라우드펀딩 플랫폼은 주로 제조사의 신제품을 평가하는 자리로 이용된다.

밀키트 사업을 시작하기 전에는 자신의 상품을 시장에 내놓기만 하면 대박이 날 것이라고 생각하기 쉽다. 펀딩 과정에서 그런 생각이 착각인지 아닌지를 다른 오픈마켓보다 저렴한 비용과 짧은 시간에 확인할 수 있다.

## 홍보 효과

두 번째 장점은 플랫폼에 상품을 올려놓고 투자를 유치하는 과정에서 자연스러운 홍보 효과를 기대할 수 있다는 것이다.

200만여 명의 회원을 확보하고 있는 플랫폼인 와디즈는 접근성과 시장이 잘 형성된 판매 채널인 셈이다. 대부분 사업을 처음 시작하는 소상공인들은 홍보 채널을 제대로 갖추지 않은 경우가 많다. 그렇기 때문에 와디즈처럼 많은 사람이 사용하는 판매 통로를 이용하는 것이 더 수월할 것이다. 플랫폼에서 자체적으로 페이스북이나 인스타그램에 직접 홍보하는 것도 장점이다.

또한 식품 분야의 이커머스 MD들은 새로운 상품을 발굴하기 위해 이런 크라우드펀딩에 등장하는 상품을 주시한다. 그들의 눈에 들면 펀딩 종료 후에 유통 채널을 자연스럽게 확보할 수 있다. 일례로 감자탕 식당인 '고래감자탕'은 와디즈에서 18일 간의 펀딩을 성공적으로 마친 후 '헬로네이쳐' MD 눈에 들어 이커머스에 빠르게 진출할 수 있었다. 헬로네이쳐 올해의 상품으로 선정되어 성공적인 매출을 이어 나갔다.

하지만 이런 온라인 유통 채널에 들어가려면 즉석판매제조가공업이 아닌 식품제조가공업 인허가가 반드시 필요하다. 이처럼 크라우드펀딩으로 밀키트 판매 유통을 먼저 시작한 후에 홍보 기회를 이용하는 것이 좋다. SNS 등으로 자신의 홍보 채널을 구축해 나가고 서서히 자리를 잡아 가는 것이 합리적이다.

## 와디즈 프로젝트 오픈

와디즈 펀딩 프로젝트를 시작하려면 프로젝트를 제출한 다음, 자격 요건을 확인하고 콘텐츠를 확인한 뒤 최종 승인이 되면 개설할 수 있다. 프로젝트 진행 가능 여부를 확인하려면 리워드 제작 상태 및 완성도(리워드 실물 이미지)와 리워드만의 차별점 및 개선사항(유사 제품이 이미 판매된 적이 있거나 판매 중인 경우)을 포함해야 한다. 자세한 오픈 절차와 프로젝트 개설을 위한 가공식품류의 필수 인증 서류는 다음과 같다.

## 1. 와디즈 첫 화면 - 펀딩 오픈 신청하기

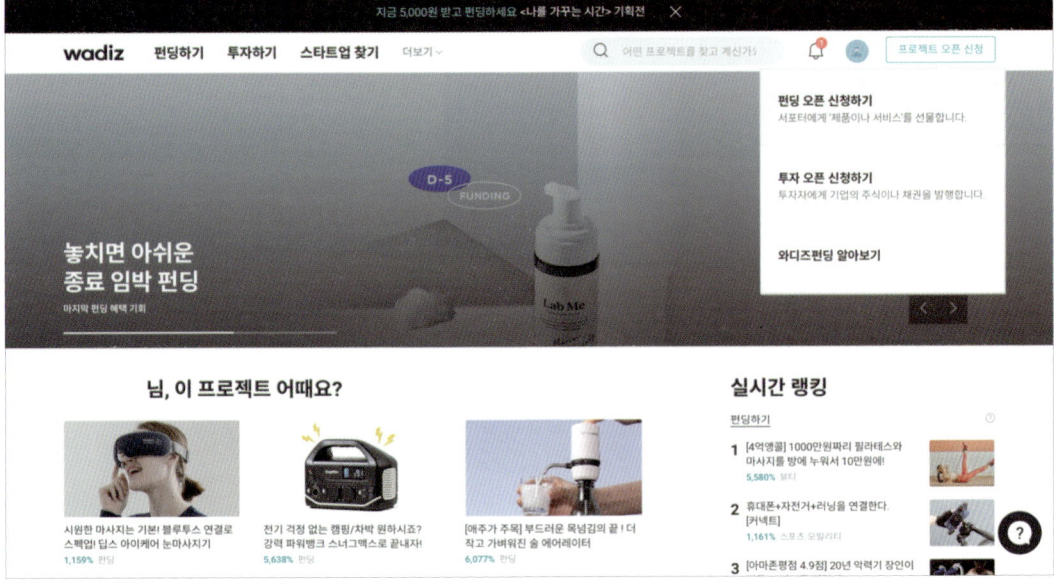

## 2. 프로젝트 시작

와디즈 프로젝트 시작 첫 화면 이미지 합성 예시

## 3. 판매자(메이커) 기본 정보 입력

## 4. 기본 정보 입력 완료

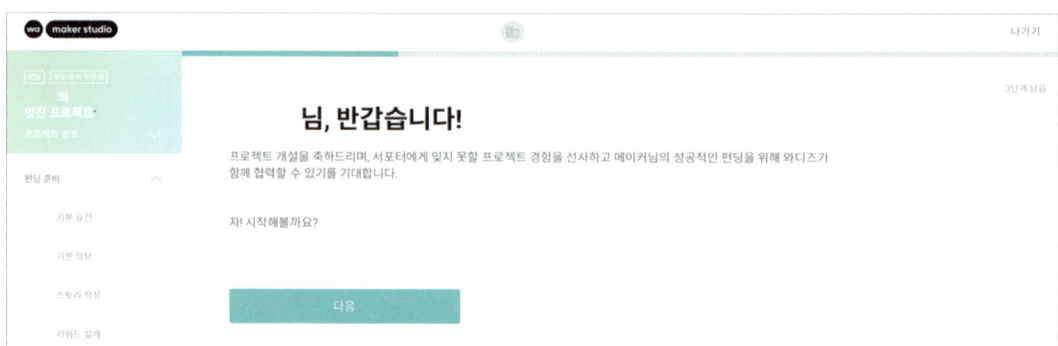

## 5. 프로젝트 오픈 절차 소개

### 프로젝트는 4단계에 걸쳐 오픈됩니다.

아래와 같은 4단계의 진행 과정을 통해 프로젝트가 오픈됩니다. 투명하고 신뢰도 있는 프로젝트를 오픈하기 위해 꼭 필요한 절차이니 차근차근 진행해주세요.

- **1단계: 펀딩 준비 작성**
  펀딩 준비의 6가지 메뉴들의 필수항목을 모두 작성하여 제출해주세요.

- **2단계: 요건 확인 진행**
  메이커님이 작성하신 항목들을 토대로 와디즈 펀딩을 진행하기 위한 기본 요건 사항이 충족되는지 확인합니다. (영업일 기준 3-5일 소요)

- **3단계: 콘텐츠 확인 진행**
  요건 확인 완료 시, 전자 약정 체결과 프로젝트의 핵심인 스토리를 중심으로 콘텐츠를 확인합니다. 필요 시, 와디즈 담당자가 피드백 반영 요청할 수 있습니다.

- **4단계: 펀딩 오픈**
  약정 체결 등 모든 준비가 완료되면 오픈이 승인됩니다. 메이커님이 직접 '바로 오픈' 혹은 '오픈예약' 할 수 있습니다.

## 6. 프로젝트 성공 종료시, 펀딩 프로세스

### 프로젝트가 성공적으로 종료되면 아래와 같은 프로세스로 진행됩니다.

- **펀딩 종료 및 결제 진행**
  결제는 종료일+1영업일부터 최대 4영업일까지 진행됩니다.

- **바로정산**
  펀딩이 성공적으로 종료 후, 최종 결제 금액의 일부가 정산금으로 지급됩니다.

- **리워드 발송**
  메이커는 리워드 준비 및 발송을 진행하며 발송 후에는 발송 정보에 대한 발송 상태를 변경해야 합니다.

- **펀딩금 반환** (신청한 서포터가 있는 경우에 한함)
  펀딩한 서포터는 리워드 하자 및 배송 지연에 대한 펀딩금 반환을 신청할 수 있습니다.
  ※ 상세한 펀딩금 반환 정책은 펀딩금 반환 정책에서 확인하세요.

- **최종정산**
  리워드 발송과 펀딩금 반환이 모두 완료되면 최종정산이 진행됩니다.
  ※ 정산에 대한 자세한 내용은 와디즈 정산 정책을 확인하세요.

## 7. 프로젝트 기본 사항 확인

## 8. 펀딩 준비 항목 작성

| 스토리 필수 항목 |
|---|

리워드 상세 소개, 리워드 리스트, 메이커(프로젝트 진행자) 소개, 와디즈 펀딩 이유, 목표 금액 및 후원금 사용 계획, 프로젝트 일정, 리워드 발송 안내, FAQ

| 프로젝트 심사 기준 |
|---|

1. 프로젝트의 목적 및 범위
- 공공의 가치를 훼손하지 않는 프로젝트여야 합니다.
- 제품/문화 컨텐츠/공익 나눔 중 하나 이상의 카테고리에 부합해야 합니다.
- 실제 구현이 가능한 프로젝트여야 합니다.

2. 명확한 자금 사용 계획
- 크라우드펀딩으로 자금을 모금하는 목적을 분명하게 밝혀야 합니다.
- 펀딩 모금액의 사용 계획에 대해 누가, 언제, 어디서, 어떻게 사용할 것인지 구체적으로 밝혀야 합니다.

3. 프로젝트 및 메이커의 신뢰성
- 프로젝트 스토리에는 사실 여부를 밝힐 수 있는 분명한 정보만 작성해야 합니다.
- 프로젝트 진행중 제품의 디자인, Spec이 변경되었다면 이에 대해 사전에 반드시 새소식으로 고지해야 합니다.
- 프로젝트 메이커는 사진과 함께 이름, 소속을 밝히며 본인이 누구인지에 대해 설명해야 합니다.
- 프로젝트 메이커는 보상품 제작, 발송뿐만 아니라 프로젝트 진행 기간 동안 서포터에게 진심을 다해 응대하고, 프로젝트를 홍보할 수 있는 시간과 의지가 있는 분이어야 합니다.

4. 보상품(리워드) 제공 가능성
- 프로젝트 메이커는 서포터에게 반드시 펀딩 금액에 합당한 보상품(리워드)을 제공해야 합니다.
- 단순히 브랜드, 상품, 행사 정보 등이 나열된 형태인 경우 등록을 제한합니다.
- 보상품(리워드)의 종류에 따라 추가 서류를 요청할 수 있으며, 요청한 자료가 증빙되지 않을 경우 오픈이 불가할 수 있습니다.
- 보상품(리워드)은 프로젝트 종료일 기준 3개월 이내에 제공되어야 합니다.

5. 프로젝트 유형별 확인 사항
- 공연, 행사 프로젝트를 진행할 경우 공연, 행사에 대한 정확한 정보(장소, 공연자)를 밝혀야 합니다.
- 출판 프로젝트의 경우, 원고 작성이 완료된 상태에서 출판 일정이 확정되어야 프로젝트 오픈이 가능합니다.
- 제품 프로젝트의 경우 시제품이 있어야 하며, 서포터가 어떤 제품인지 인지할 수 있는 형태의 이미지를 공개해야 합니다.
- 웹사이트 또는 어플리케이션 제작이 필요한 프로젝트는 최소 프로토타입 형태의 개발이 완료된 상태에서만 진행이 가능합니다.

6. 기타
- 펀딩 기간은 시작일로부터 30일 내외를 권장하며 최소 7일 이상, 최대 60일 이하로 진행 가능합니다.
- 부가 서비스인 오픈 예정 서비스의 진행 최소 기간은 7일, 최대 기간은 15일입니다.
- 프로젝트 진행 중에는 펀딩 기간, 목표 금액, 수수료 방식 등 사전에 안내된 항목에 대해 변경할 수 없습니다.
- 펀딩 목표 금액은 최소 50만 원 이상, 1억 이하로 설정해야 합니다.
- 동일한 리워드를 제공하는 앵콜 프로젝트의 경우, 이전 프로젝트의 리워드가 배송 완료되어야 하고, 만족도 평가가 2.0 이상이어야 합니다.
- 1차 프로젝트를 성공적으로 종료한* 경우, 이후 최대 3개의 프로젝트를 동시에 진행할 수 있습니다. (*펀딩 성공하여 리워드 배송을 모두 마친 상태)
- 프로젝트 오픈 전, 전자 약정서를 체결합니다.

## 공통 서류 및 확인 사항

1. 프로젝트 스토리에서 제공할 리워드의 기(효)능, 특허, 기타 특이사항 등과 관련하여 작성한 내용이 있다면, 해당 내용을 입증하는 증빙자료를 추가로 업로드해야 합니다.
   [증빙자료는 특허증, 인증서, 시험 성적서, 계약서만 가능하며 방송자료, 인터넷 검색자료(블로그/ 지식인/위키백과 등)은 불가합니다.]
2. 현 시점에서 인증을 받지 못했고 신청 중인 경우일지라도, 요건 확인 과정에서 필수적으로 확인하는 서류의 경우 예외 없이 요청드리고 있으니 원활한 진행을 위해 사전에 인증을 취득하시기를 권장드립니다.
3. 모든 자료는 사본 첨부 가능합니다.
4. 모든 자료는 요건 확인시 의뢰자명과 메이커명 일치 여부를 확인합니다.

공통 제출 서류(출처: 와디즈)

| | 리워드 제작 형태 | 제출 서류 및 확인 사항 |
|---|---|---|
| 1 | 메이커가 아이디어 단계부터 리워드의 기획 및 개발, 생산까지의 전 과정을 담당하는 경우 | a. 기획/개발 증빙자료 |
| 2 | 메이커가 아이디어 단계부터 직접 기획 및 개발한 제품이지만, 제품의 양산 등의 과정은 제3자인 위탁 생산 업체가 담당하는 경우 | a. 기획/개발 증빙자료<br>b. 메이커와 제조사 간의 위탁제조계약서(원본+한글 번역본) |
| 3 | 메이커가 국내외 제조업체에서 개발이 완료된 제품의 일부를 개선 혹은 변경한 뒤 자신의 브랜드로 위탁 생산을 의뢰한 경우 | a. 메이커와 제조사 간의 위탁제조계약서(원본+한글 번역본)<br>– 메이커가 의뢰하여 개선한 리워드의 변경 내용을 확인할 수 있어야 합니다.<br>b. 메이커와 제조사 간의 국내 독점총판계약서(원본+한글 번역본)<br>– 위탁제조계약서 내에 독점총판 권리가 포함된다면 위탁제조계약서만 제출해 주시면 됩니다.<br>※ 변경(개선) 사항의 진보성/신규성이 미미하거나 판매 유통된 타사 상표 제품의 지식재산권을 침해할 수 있는 외관을 보유한 경우, 프로젝트 진행이 제한됩니다.<br>※ 국내외 타 채널에서 유사 제품이 판매되고 있다면 리워드가 해당 제품과 기능, 외관상 어떠한 차이가 있는지 스토리 최상단에 작성해 주세요. |
| 4 | 이미 제작 완료된 해외브랜드의 제품을 메이커가 국내 첫 단독 총판의 자격으로 수입하여 유통하는 경우 | a. 메이커와 해외 브랜드 간의 국내 독점총판계약서(원본+한글 번역본)<br>b. 카테고리별 수입제품 필수 서류<br>– 자세한 서류는 리워드 종류에 따른 필수 서류를 참고해 주세요.<br>※ 서포터들이 메이커의 총판 지위를 확인할 수 있도록 해외 브랜드로부터 제공받은 공식 소개 영상 혹은 공문(레터 형식)을 스토리에 작성해 주세요.<br>※ 직구를 포함한 비공식 채널에서 노출된 제품과 리워드 간의 차이점(혜택, 가격 비교 등)을 명확하게 작성해 주세요. |

리워드 제작형태에 따른 제출서류(출처: 와디즈)

| | 제출 서류 | 서류 필수 항목 |
|---|---|---|
| 1 | 기획/개발 증빙자료 | 1) 메이커명, 리워드명 등 리워드에 대한 자료임을 확인할 수 있는 내용<br>〈예시〉<br>- 패션잡화: 패턴지, 작업 지시서, 족형, 포트폴리오, 금형 등<br>- 테크: 금형 소유권 입증 서류 등<br>- 홈리빙:<br>  [목재로 만드는 제품] 2D 설계도, 3D 설계도 등<br>  [직물로 만드는 제품] 패턴도, 작업 지시서 등<br>  [세라믹으로 만드는 제품] 제작 동영상, 포트폴리오 등<br>  [금속/플라스틱 수지 등으로 만드는 제품] 금형 소유권 입증 서류, 3D 설계도 등<br><br>※ 금형 소유권 입증 서류에서는 메이커명과 메이커의 금형 소유권을 확인할 수 있는 독점 항목을 확인할 수 있어야 합니다. |
| 2 | 위탁제조계약서 | 1) 메이커와 제조사 간의 위탁 제조 내용<br>2) 해당 제품의 권리자(지재권 및 소유권 등)<br>3) 계약 기간(현재 유효한 계약임을 확인할 수 있어야 함)<br>4) 양사 직인 혹은 사인 |
| 3 | 독점공급계약서 | 1) 메이커와 제조사 간의 독점 공급 내용<br>2) 독점 공급 제품명<br>3) 독점 내용<br>4) 메이커의 기획/개발 참여 내용<br>5) 계약 기간<br>6) 양사 직인 혹은 사인 |
| 4 | 독점총판계약서 | 1) 메이커와 해외브랜드 간의 독점 총판(유통) 내용<br>2) 독점 총판(유통) 제품명<br>3) 독점 지역<br>4) 계약 기간<br>5) 양사 직인 혹은 사인 |
| 5 | 업무협약서(작가, 디자이너 등) | 1) 메이커와 A 간 업무 협약 내용<br>  (예: A가 디자인한 그림을 메이커의 제품에 적용한다 / A가 집필한 책을 메이커가 유통한다 등)<br>2) 유통/판매 권리 내용(메이커에게 독점 유통 권한이 있는지)<br>3) 계약 기간<br>4) 양사 직인 혹은 사인 |

제출 서류 포함 항목(출처: 와디즈)

| | 필수 서류 | 비고 |
|---|---|---|
| 1 | 식품제조가공업 영업신고증 | 제품 제조방식에 따라 아래 서류로 대체가 가능합니다.<br>- 즉석판매제조가공업 영업신고증 / 예: 소스, 디저트류<br>- 식품소분판매업 영업신고증 / 예: 차, 분말류<br>- 수입판매업 영업신고증 / 예: 수입식품<br>- 축산물 가공업(유가공업) 영업신고증 / 예: 유제품 |
| 2 | 품목제조보고서 | 리워드가 여러 가지인 경우 리워드 각각에 대해 제출<br>※ 품목제조보고서상의 제품명과 리워드명은 동일해야 합니다. 즉석판매제공업자는 생략 가능합니다. |
| 3 | 스토리 증빙자료 | 스토리 내 리워드의 기능, 효능, 특허 등 증빙이 필요한 내용을 작성한 경우 제출<br>- 증빙 자료는 특허증, 인증서, 계약서만 가능 |
| 4 | 유통전문판매업 영업신고증 | 위탁제조를 맡긴 제품이 메이커의 상표를 부착하여 판매하는 경우에 제품에 제출 |
| 5 | 위탁제조계약서 | 메이커가 생산자가 아닌 경우 제출<br>제조를 위탁했다는 내용을 증빙하기 위함이며, 양사 이름 및 직인을 확인할 수 있어야 함(비사업자의 경우 서명 대체 가능) |
| 6 | 국내독점총판계약서 | 프로젝트 주체(메이커)가 제조사가 아닌 유통 총판인 경우 제출<br>- 외국어로 작성된 계약서의 경우 국문 번역본(양사 이름 및 직인/서명 필수)을 함께 제출<br>※ OEM 생산시 기존 제품 대비 개선점을 계약서에 반드시 포함해야 함 |
| 7 | 식품 등 수입판매업 영업등록증 | 해외 제품을 수입하여 리워드로 제공하는 경우 제출 |
| 8 | 영양성분 검사서 | 영양 표시 대상 식품인 경우 제출<br>- 대상 품목이 아니더라도 수치를 이용하여 영양성분을 광고하는 경우에도 제출해야 합니다. |
| 9 | 주류 제조 면허증 | 전통주가 리워드인 경우 제출 |
| 10 | 전통주 동시 판매 승인(신청)서 | 전통주가 리워드인 경우 제출<br>- 전통주 통신판매 승인(신청)서 신청 내용에 통신판매수단으로 '와디즈'를 등록해야 합니다. |

가공식품류 필수 인증 서류(출처: 와디즈)

## 텀블벅 프로젝트 오픈

텀블벅 역시 펀딩 프로젝트를 오픈하기 위한 절차는 와디즈와 크게 다르지 않다. 두 플랫폼 모두 우리가 네이버 블로그에 글을 직접 작성할 수 있게 툴이 다 세팅되어 있는 것처럼 자체 프로그램을 사용하기 때문에 항목마다 그에 맞는 내용을 채워 넣기만 하면 된다.

와디즈와 텀블벅의 차이점을 꼽자면, 텀블벅은 상세페이지를 작성할 때 텍스트 위주이고, 와디즈는 텍스트도 이미지화하는 경우가 더 많다는 것이다. 텍스트보다 이미지를 많이 이용하면 가시성이 돋보이고 디자인적으로 깔끔할 수 있지만, 스토리가 중요하다면 텍스트 위주로 선택할 수 있다. 밀키트라는 상품의 특성뿐만 아니라 자신의 브랜드 스토리를 결합하여 고려했을 때, 더 효과적인 스토리텔링 기법은 저마다 다르다.

일단 텀블벅 홈페이지에 접속하면 좌측 상단에 있는 '프로젝트 올리기'를 클릭한 뒤 나오는 페이지에서 가운데쯤 있는 '지금 시작하기'를 누르면 된다.

### 1. 텀블벅 첫 페이지 - 프로젝트 올리기 - 지금 시작하기

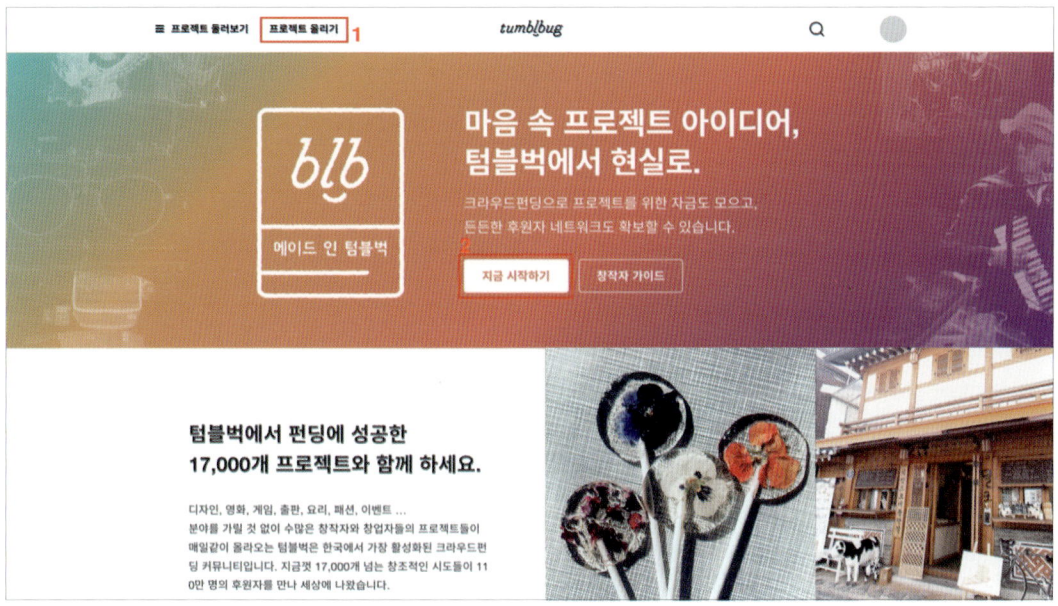

## 2. 프로젝트 확인 사항 체크

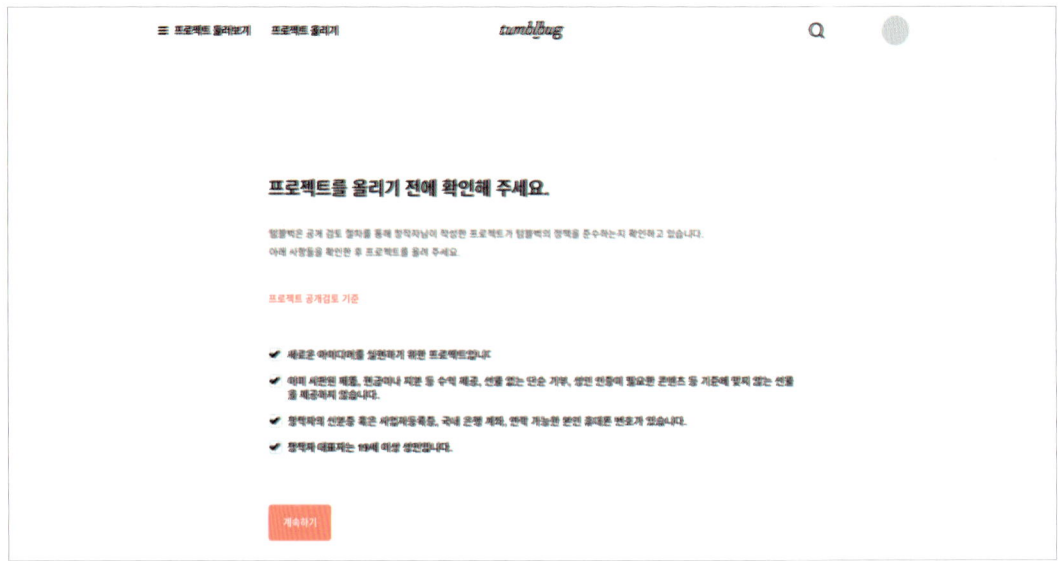

## 3. 상품 정보 입력

## 4. 판매자 정보 입력

우리 매장 인기메뉴로 밀키트 판매하는 방법

## 5. 펀딩 및 선물 구성 입력

## 6. 펀딩 안내사항 입력 - 환불 및 교환 정책, 상품 정보 고시, 인증 서류 제출

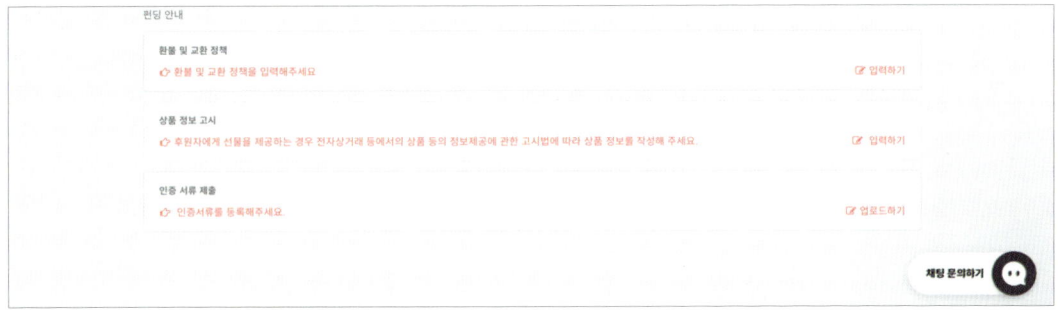

## 7. 스토리텔링 입력

## 8. 계좌 설정 입력

크라우드펀딩을 성공시키려면 프로젝트를 설명하는 상세페이지에 우리 상품의 스토리를 어떻게 잘 풀어내느냐가 관건이다. 소비자들의 관심과 흥미를 사로잡기 위해서는 사진이나 영상 등의 시각적인 요소가 아주 중요하다. 대부분의 판매 결과 데이터를 보면, 상품을 보기 위해 펀딩 페이지에 접속하고 5초 이내에 접속자들이 페이지를 이탈하기 때문이다. 5초 이상 살펴본다면 상품을 구매할 가능성이 높다고 판단할 수 있다.

5초 이상의 관심을 사로잡으려면, 상세페이지의 스토리 기획을 상품의 기본적인 내용을 소개하되 강조해야 할 부분을 차별화하는 방향으로 공을 들여야 한다. 그러나 소비자의 공감을 불러일으키면서 차별성을 잃지 않는 상세페이지를 만드는 것은 개인이 하기에 무리인 경우가 많다. 그래서 대부분의 펀딩 프로젝트 개설 사업자들은 외주업체를 사용하여 자신들이 원하는 방향으로 나아갈 수 있도록 합리적인 설계를 한다.

우리 매장 인기메뉴로 밀키트 판매하는 방법

# 밀키트
# 컨설팅 사례

1. 당감댁
2. 군포전주감자탕
3. 웰빙김치찜
4. 야심한닭
5. 해성장어탕
6. 마켓찬거리
7. 순이할매낙지
8. 김은희연잎밥
9. 조선호랑이냉면
10. 경주밀면
11. 강씨네아천칡냉면
12. 낙지며느리

당감댁은 부산 대표 '경상도식 닭도리탕전문점'이다. 현재 부산을 중심으로 전수창업이 활발하게 이루어지고 있는 브랜드로 외식전문가 이강용 대표가 운영하는 곳이다. 부산 당감동에서 첫 매장을 런칭하고 생각보다 큰 수익이 나는 닭도리탕에 대한 끊임 없는 연구가 진행되었다. 탕요리의 특성 상 고객이 자리에 앉고 25분정도를 기다려야 하는 메뉴이다 보니 고객의 기다림을 매출로 바꿀 수 있는 메뉴가 필요했다. 그래서 신의 한수가 된 전식 메뉴가 등장하게 된다. 이 메뉴를 통해 고객은 닭도리탕을 기다리면서 주류를 시키게 되는 선순환을 만든 것이다. 컨설팅을 통해 당감댁은 프랜차이즈가 아닌 가맹점주와 상생방안으로 '전수창업'을 선택하게 된다. 그리고 SNS에 나와야 맛집이 되는 트랜드에 맞추어 신규 브랜드가 오픈될 때마다 온라인광고/브랜드SNS/블로그 체험단을 지원하면서 오픈효과를 경험하게 해준다. 그리고 이 오픈효과가 지속될 수 있는 매장운영 전략과 온라인 마케팅은 매출이 안정되는 시점까지 지속된다.

## STEP 1 _ 브랜딩

당감댁은 '경상도식 닭도리탕전문점'이라는 컨셉으로 브랜딩을 하게 된다. 음식이 맛있다는 것을 이야기할 때 우리는 전라도식을 생각하는 경우가 있지만 경상도식이라는 표현을 들어보기는 어려웠다. 그런데 당감댁 닭도리탕메뉴의 전통성을 '경상도식'이라는 표현을 넣어 강조했고 여기에 창녕마늘이 가지고 있는 특성을 반영해서 '건강한'이라는 개념을 넣게 된다. 그리고 브랜드 스토리개발을 통해 대를 이어 요리를 하는 전통성을 강조했다. 물론 주력타겟은 MZ세대다보니 보다 가볍고 즐거운 캐릭터를 만들었지만 로고에 사용된 기와와 닭을 통해 보다 한국적 이미지를 부각했다. 가장 한국적인 것이 세계적이고 우리의 닭도리탕으로 세계무대에 K-푸드를 선보이고 싶다는 이강용 대표의 염원을 담아서 로고를 만들게 되었다.

당감댁 로고    로고 활롤 패키지

## STEP 2 _ 전수창업

경상도식 닭도리탕 전문점 "당감댁"은 부산을 대표하는 맛집으로 시그니처인 곱도리탕을 주력으로 1호점 기준 월매출 1억의 신화를 만든 토종 부산 브랜드이다. 2022년 4월부터 전수창업을 시작했고 현재 총4개의 매장이 운영되고 있으며 주 고객층은 MZ세대이나 다양한 세대가 좋아하는 경상도식 닭도리탕 전문점이다.

2021년 4월 월매출 5천만원선이었을 때 이강용 대표는 엠엠컨설팅연구소를 찾게된다. 부산 로컬브랜드를 넘어 전국적인 외식업 대표브랜드를 꿈꾸게 되면서 보다 체계적인 컨설팅이 필요했다.

컨설팅을 시작하면서 먼저 우리 브랜드의 최종목표를 세우게 되고 그 목표에 맞게 순차적으로 컨설팅이 진행되었다. 첫번째는 우후죽순처럼 만들어졌다 사라지는 프랜차이즈 보다는 책임감있게 서로 연대하고 상생할 수 있는 전수창업을 하고자 했고, 여기에 맞는 법적인 부분과 매장 운영에 대한 솔루션을 컨설팅하게 되었다. 다양한 프랜차이즈와 외식업체를 대상으로 메뉴얼 컨설팅을 통해 많은 성공사례를 만든 전력이 있는 김상미 대표는 당감댁에 맞는 솔루션을 제안하게 된다.

그렇게 해서 만들어진 당감댁의 전수창업점들은 2022년 5월 2호점을 필두로 안정적인 매출을 통해 MZ세대의 부산 맛집으로 자리메김을 잘하고 있다. 단순하게 전수창업으로 브랜드를 늘려가는 것이 아니라 철저한 상권 분석과 마케팅 전략 등을 통해서 안정적으로 성장할 수 있는 기반을 쌓아가게 했다. 덕분에 당감댁은 전수창업을 시작한지 2년만에 현재 4호점을 운영하고 있고 2023년 2개의 매장이 대기를 하고 있다.

### 가맹문의 : 070-8648-2052

- 가맹 현황

| 당감댁 닭볶음탕 ★ 4.79/5 · 방문자리뷰 549 · 블로그리뷰 252 | 당감댁 경성대&부경대점 닭볶음탕 방문자리뷰 146 · 블로그리뷰 43 |
| --- | --- |
| 당감댁 개금점 닭볶음탕 방문자리뷰 120 · 블로그리뷰 49 | 당감댁 부산시청점 닭볶음탕 방문자리뷰 41 · 블로그리뷰 12 |

- 인테리어

– 당감댁 제조시설

## STEP 3 _ 밀키트 패키지

코로나 펜데믹 이후 매장 운영의 성공은 매장의 매출만으로 어렵다는 것을 이미 누구나 체감하고 있고 이에 밀키트라는 대안을 생각하게 된다. 당감댁도 컨설팅을 통해 기존의 배달용기에 배달을 하는 것보다는 우리 브랜드의 명확한 컨셉과 아이덴티티를 담은 패키지를 만들게 된다.

밀키트는 매장에 방문하는 고객의 포장용과 인근 배송 뿐만이 아니라 전국을 대상으로 배송을 하는 상품이다. 앉아서 고객을 기다리는 것이 아니라 전국을 대상으로 고객이 우리 상품을 구매하게 하는 것, 그것이 바로 밀키트의 힘이다. 이와 같은 점을 고려하여 당감댁은 가맹점들이 충분한 매출을 가져갈 수 있도록 밀키트에도 많은 힘을 쏟았다. 그리고 밀키트를 다양한 채널에 얹어서 판매할 수 있는 방안이 있지만 전수창업을 주력으로 운영하다보니 매장형을 중심으로 밀키트를 판매하고 있다.

당감댁 밀키트 슬리브 리디자인

## STEP 4 _ 배달의 민족

외식업체를 운영하는 사장님들의 고민은 배민<sup>배달의 민족</sup>,요기요등의 배달앱에서 우리 매장을 인기매장으로 만드는 것에 대한 고민이 많다. 그리고 외식업종사자의 평균나이가 50대가 넘는 다는 점에서 볼때 배달앱을 통한 매출동선을 만든다는 것은 매우 어려운 것이 현실이다.

그런데 당감댁의 경우 컨설팅이후 다양한 시도를 통해 배민, 요기요등에 대한 매출을 높이는 솔루션을 많이 갖게 되었다.

예를 들자면 당감댁 본점의 매출 비율을 볼때 배민의 비율을 무시할 수 가 없었는데 이유는 매장의 테이블수가 많지 않았다는 것이다. 그러다보니 월1억의 매출을 꿈꾸는 매장이라면 당연히 배민에 대한 솔루션이 있어야 한다. 그래서 배달앱에 대한 분석을 하고 현재 고객들이 배달을 많이 시키는 브랜드의 특성을 파악하고 우리 고객에 대한 구매동선을 만들어야 한다. 그리고 이렇게 만들어진 노하우는 전수창업매장을 오픈할 때마다 배민, 요기요등을 포함한 다양한 배달앱의 솔루션을 세팅해주고 있다. 또한 절대로 혼자 솔루션을 찾을 수 없는 배달앱에 대해서 배달팁을 없애거나 1인 메뉴 전략, 깃발 전략등을 통해 매출을 만드는 노하우를 가맹점에 공유하고 있다.

당감댁 배달의민족 본점        당감댁 배달의민족 개금점

## STEP 5 _ 온라인 마케팅

　외식업 브랜드의 맛집을 만드는 비결 가운데 하나는 바로 고객과의 소통 채널을 만드는 것인데 당감댁의 경우 MZ세대가 주 고객이고 전 세대를 아울러 인기있는 매장이다.

　첫 번째 공략포인트는 인스타그램을 통해서 우리 매장 소개, 메뉴 소개, 이벤트 공지, 프로모션등을 진행하고 있다. 초기 인스타그램의 전략은 당감동 본점 브랜드 인스타그램이었다. 이후 인스타그램에서 개금과 경성대 부경대점을 통합해서 운영해주면서 전수창업하는 매장의 소식과 브랜딩을 본점에서 통합운영해 주고 있다. 각각 매장의 대표들이 직접 운영하기에는 시간이나 운영에 대한 노하우도 없다보니 이런 경우는 본사가 통합운영하는 것이 더 합리적일 수 있다. 또한 전점에서 시즌별로 운영하는 프로모션의 경우도 점별 운영보다는 통합운영하고 광고/브랜딩/프로모션등을 통해 많은 효과를 보고 있다. 외식업의 온라인 브랜딩은 인스타그램이 답이고 이 부분에 대한 솔루션을 가지고 있어야 한다. 그런 면에서 당감댁은 전수창업매장과 협업해서 좋은 결과를 보이고 있는 좋은 사례가 된다.

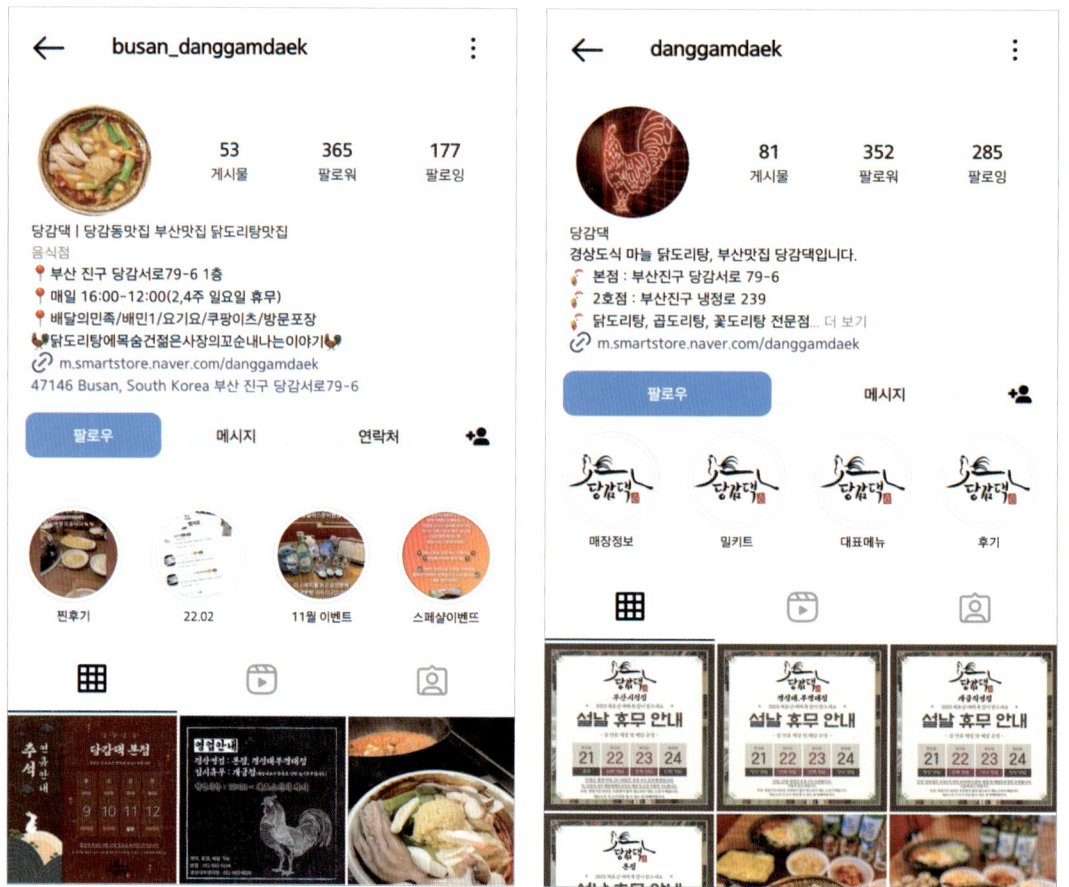

당감댁 인스타그램

## STEP 6 _ 블로그 체험단

경상도식 닭도리탕 전문점 당감댁은 본점이 위치한 부산 부산진구 당감서로 79-6 1층의 주변을 살펴보면 완벽한 주택가가 형성된 곳이다. 1급 상권이 아닌 것 보다 더 문제는 주변에 음식점이 모여있는 곳은 아니라는 것이다. 그래서 컨설팅을 하면서 고민한 것은 온라인 마케팅이었고 당감댁의 주 고객층인 가족/연인/친구 등의 다양한 세대가 검색하는 블로그 부분에 대한 컨설팅이 진행되었다. 그리고 핵심 역량이 되는 대표이사의 온라인 마케팅교육을 한 달간 진행하면서 네이버와 인스타그램, 페이스북에 대한 체험단, 광고, 블로그등에 대한 전략을 세우게 된다. 고객이 원해서 자발적으로 올라오는 블로그의 문제는 우리가 원하는 키워드로 광고가 어렵다는 것이다. 그래서 우리는 당감댁을 쉽게 찾을 수 있고 당감댁의 메뉴를 주력으로 고객이 볼 수 있도록 본점을 비롯해서 신규로 오픈하는 모든 매장에 대해 주기적으로 블로그 체험단을 활용해서 온라인 키워드를 관리해 주고 있다. 자발적인 블로거들과 우리가 전략적으로 밀고 있는 체험단은 이미 부산 대표 닭도리탕 점문점이 된 당감댁의 매출을 우상향으로 만들어주는 좋은 파트너이다. 단순하게 돈을 써서 맛집이 아닌데 블로그 체험단으로 도배하는 것과는 다르게 보다 전략적으로 접근하고 매출로 선순환 구조를 만들어 주는 마케팅 툴로 활용이 되고 있다. 이 모든 것은 이강용 대표와 2호점을 맞고 있는 이은선 대표의 온라인 마케팅에 대한 노력의 결과라고 할 수 있다.

군포전주감자탕은 경기도 군포에 위치한 유제세 대표의 아버지 때부터 2대째 운영하고 있는 전통이 있는 브랜드이다. 또한 '생방송 오늘아침'을 비롯해 수없이 많은 방송에 출연한 브랜드로, 줄서서 먹는 감자탕 맛집으로 현재 월매출은 1억이 넘는다. 군포전주감자탕을 창업한 1대 사장님은 배고픔을 아는 세대로 찾아오는 고객들에게 비싸지 않지만 영양가 높은 음식을 대접하고 싶었다고 한다. 그래서 국내산 시래기를 산지를 선별해서 구입하고 육수도 오랜시간 끓여서 깊은 맛을 내는 정성을 쏟는다. 코로나 팬데믹에도 군포전주감자탕은 고객들의 발거음이 끊이지 않는 군포 대표 맛집이다. 그런데 컨설팅을 받은 이유를 물어보니 고객들이 보다 편리하게 감자탕을 집에서도 즐기게 하고 싶은 이유로 컨설팅을 받게 되었고, 트랜드에 맞는 브랜딩을 목표로 컨설팅을 시작하게 되었다. 그리고 2년이 지난 지금 군포감자탕은 전수창업이라는 분야에서 좋은 모델을 만들고 있다. 물론 매장은 여전히 억대 매출을 유지하고 있었지만 한가지 고민은 여전히 밀키트라고 한다. 이유는 매장이 너무 바쁘다보니 모든 외식업체의 고민처럼 인력난으로 밀키트를 활성화시키지 못한 부분의 숙제를 함께 풀어보도록 계획하고 있다.

## STEP 1 _ 브랜딩

군포전주감자탕은 젊은 시절 트럭을 운전하던 창업자가 사고 이후 생계를 이어가기 위해서 감자탕 매장을 열게 되었다. 요리사 출신이 아니다보니 맛에 대한 시행착오를 겪게 되지만 각고의 노력으로 군포 맛집이 되었다고 한다.

처음 시작했을 당시를 잊지 않기 위해 오랫동안 가격을 올리지 않고 최상의 재료를 사용하게 되었다고 한다. 돈이 없는 사람도 부담없이 고기를 먹을 수 있는 브랜드, 신선한 시래기와 최상의 고기, 비법양념으로 맛있는 군포 대표맛집이 되었다.

코로나 팬데믹이 시작되고 얼마 지나지 않아 매장 고객보다 배달 고객의 매출이 늘어나면서 가업 승계를 한 유재세 대표는 고민에 빠지게 된다. 과연 앞으로 군포전주감자탕의 10년 뒤는 어떤 모습일까? 그리고 어떻게 비지니스 모델을 가지고 갈까라는 고민에서 엠엠컨설팅연구소를 찾게 된다.

군포전주감자탕은 컨설팅 당시 월매출 7천만원 정도였으나 컨설팅이 진행되면서 평균 매출이 1억을 넘게 되었다. 매출은 매달 우상향으로 늘어가면서 아무 걱정이 없겠지 라는 착각을 하지만 사실은 매출이 우상향으로 늘어갈 때 많은 것을 고민해야 하는 시기이다.

군포전주감자탕의 경우 24시간 오픈하는 매장이다보니 인력 채용과 관리, 지속적인 최상급 재료의 공급, 외부적 요인으로 인한 매장 매출, SNS 마케팅 등의 요소를 고민해야 했다. 그래서 첫번째로 시도한 것은 브랜딩이었다. 우리 매장에서만 사먹는 감자탕이 아니라 전국에서 꾸준한 구매동선을 이어갈 수 있는 그런 브랜드가 되기 위한 노력이 시작되었다. 이러한 결과로 매장 브랜드와 밀키트 브랜드의 분리, 전수창업을 위한 인지동선 구축을 위한 브랜딩을 진행했고 그 결과로 전수창업 매장의 활성화가 시작되었다.

## STEP 2 _ 밀키트 패키지

　　코로나 팬데믹으로 인한 매장 매출의 감소를 만회할 수 있는 방법으로는 매출의 파이프라인을 다각화하는 것이다. 그런데 군포 전주감자탕은 매장 매출이 7천만원 정도에서 컨설팅을 시작하다보니 방향을 다르게 잡아주게 된다.

　밀키트는 반드시 온라인에서만 팔아야 한다는 고정관념을 버려야 하는 것이 밀키트로 인한 판매수익을 높일 수 있는 방안이 되기도 하고, 또 다양한 혜택을 만들어 낼 수 있게 된다. 새로운 밀키트 제작을 위해 밀키트 전용 브랜드와 기존 상호를 활용한 브랜드를 동시에 제작하게 되었고, 이는 이후 전수창업의 방향을 다양한 갈래로 잡아주는데 매우 효과적인 선택이었고 좋은 결과를 보게 된다.

　이렇게 밀키트를 활용한 판매 파이프라인은 기존 월 매출 7천만원 정도에서 1억을 넘는데 힘을 보태는 좋은 아이템이 되었다.

전주감자탕 패키지 디자인 시안

## STEP 3 _ 전수창업 컨설팅

　　군포전주감자탕은 전수창업을 활성화하지 않은 상황이다. 이유는 외식업을 운영하는 사람이라면 누구나 공감하는 문제가 바로 사람이다. 오프라인 매장에서 일을 하겠다는 종사자는 줄어 들고, 3백만원 대가 넘는 급여를 지불해도 일 잘하는 사람을 구하기는 하늘의 별따기라는 말이 과언이 아니다. 그러다보니 직영점 두 곳의 매출을 유지하기에도 버거운 부분이 있다고 한다. 따라서 언제까지나 매장에 모든 열정을 쏟기 보다는 나의 노하우가 돈이 되는 구조를 만드는 것이 외식업의 최종모델이 된다.

본점 매출이 안정적으로 1억대 중후반을 유지하고 있고 밀키트 생산 뿐 아니라 전수창업 매장의 안정적인 납품을 위해 식품제조 가공시설도 확대해야 하다 보니 이에 대한 법적인 준비까지도 철저하게 컨설팅하게 된다. 전수창업 계약서, 인테리어 기준이 되는 시방서, 조리교육, 마케팅, 밀키트 등의 노하우를 전수창업 매장용으로 준비하게 된다. 이후 2021년 5월 전수창업 매장들이 오픈을 하게 된다. 전수창업 1호점의 평균 매출은 5천~6천만원을 유지하고 있고 경기지역을 중심으로 전수창업은 꾸준히 늘려가게 된다.

현재 군포전주감자탕은 본점과 직영점을 운영하고 있기 때문에 가맹점 사업을 할 수 있는 프랜차이즈의 요건을 갖추었다. 그런데 프랜차이즈 보다는 창업자처럼 가장의 생계로 시작하고자 하는 분들을 돕는 전수창업 형태를 유지하고 싶다는 뜻을 밝혔다. 전수창업의 목표는 돈을 벌기 위함 보다는 감자탕으로 군포맛집이 되고, 고객에게 받은 사랑을 또 다른 누군가에게 흘려보내는 것이라고 했다. 군포전주감자탕은 평균 40평대의 매장 형태로 전수창업을 하고 있고 기본적인 모든 재료를 본인이 직거래할 수 있도록 본사가 돕고 있고 빠르게 자립할 수 있도록 만든다는 것을 모토로 지원하고 있다.

가맹문의 : 010-3921-7356

전수창업 1호점 외관

전수창업 1호점 인테리어

직영점 1호 외관

직영점 1호 인테리어

## STEP 3 _ 홈페이지 구축

전수창업과 밀키트판매를 위해 홈페이지 제작을 했고 현재는 본격적인 비지니스를 위해 홈페이지를 리뉴얼하는 작업을 하고 있다. 홈페이지는 보다 신뢰감을 줄 수 있는 공간으로 창업자의 생각, 전수창업 방법과 지원 내용 등이 담겨있다. 또한 고객의 의견을 빠르게 반영할 수 있는 채널로 늘 소통하는 브랜드가 되고자 하는 마음을 담고 있다. 생각보다 매우 심플하게 구성된 군포전주감자탕의 홈페이지는 알아듣기 쉽게 보여주는 것이 가장 좋은 소통 방법이라는 창업자의 생각을 담았다.

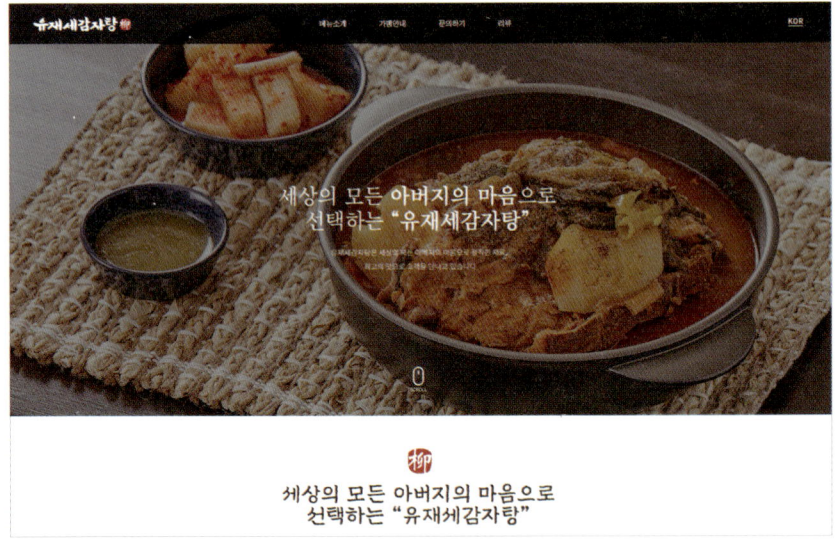

## STEP 4 _ 배달의 민족

군포전주감자탕은 포장 및 배달 고객이 많은 브랜드인데 이유를 물어보니 이 브랜드 또한 명확한 전략이 있다. 양이 많고 푸짐함보다는 전략적으로 고객을 분석하고 배달 지역에 대한 분석을 통해 적절한 광고(깃발)을 집행한다. 그리고 고객의 배달팁에 대한 노하우를 설명하면서 전수창업시 이 부분은 대표자에 맞게 컨설팅을 해준다고 한다. 배달매출이 매장매출 보다 높던 코로나 팬데믹을 겪어낸 브랜드 답게 배달앱에 대한 노하우 또한 많다. 그래서 전수창업을 한 대표들도 군포전주감자탕의 이런 노하우를 전수받고 매장과 배달매출을 합쳐서 계산해 보면 평균 5천만원~8천만원선의 매출을 유지하고 있다. 배달앱에 대한 전략이 코로나 팬데믹 상황이 아니더라도 외식업을 하는 사장님들에게는 매우 중요한 매출전략이 된다.

원산지 표기

▷ 모든 메뉴는 항상 정성을 다해 준비합니다(걱정 NONO!)

▷ 싱싱한 국내산 한돈인증 돼지고기와 청정 해남우거지만 사용합니다.(솔직히 비싼데 그래도 우리 손님들이 먹는 거니까 재료에 안아껴요)

▷ 맵지 않아요 ! 구수해요! 손님상에 올리기위해 24시간 이상 우려내 만든 육수랍니다 :)

▷ 추천 ! '반조리'로 재료만 전골 냄비에 담아 약불로 끓여가며 드셔보세요. 대를이은 역사와 전통이 담겨있습니다. 맛있을 수 밖에없어요 (!)

▷ 가스가 없으신 분은 '조리' 옵션을 선택해 주세요

★☆★미리 양해 부탁드립니다 !!★☆★

▷비 오는날은 엄청 엄청 주문이 많아요
▷미성년자분들은 술 안돼요 ! 음료수 주문해주세요 :)

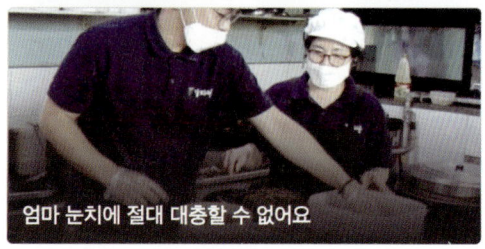

공중파 방송 출연한 감자탕 맛집! 맵지않고 구수한 전주감자탕!

★몇일동안 얼려서 배건너온 냉동고기 아닙니다★
★살이 토실토실한 <<100% 국내산 돈뼈>>만 사용하여 만들었습니다. ★

## 사장님 공지
2022년 11월 21일

"차갑게 꽝꽝 얼려서 몇일동안 배타고 넘어온 고기가 맛있을까요? 대기업에서 관리한 품질좋은 국내산 돼지고기가 맛있을까요?"

올해로 15년차 식당을 운영하며 이거 하나 만큼은 자신있습니다.
★ ★ 항상 "기본"에 충실했습니다. ★ ★

가끔씩 식재료 가격폭동 때문에 손해를 볼 지 언정 좋은 식재료만 고집했습니다. 내 아이에게 먹일 음식이 아니라면 팔지도 말자 라는 경영철학을 바탕으로 감자탕 한분야에 있어서는 "최상의 맛"을 내기위해 노력했습니다.

솔직히 하루하루 매우 바쁩니다. 하지만 찾아주시는 손님분들의 얼굴을 떠올리며 오늘도 손님분들에게 맛있는 감자탕을 대접하기 위해 새벽 5시부터 일어나 열심히 달리고 있습니다.

언제나 노력하는 정직한 식당이 되겠습니다. 저희 군포 전주감자탕과 인연이 될 기회를 주셔서 감사합니다.

- 유씨집안 식구들 올림 -

군포 전주 감자탕 배달의민족

　웰빙김치찜은 서울 마포구 공덕동에 위치한 서울 대표 김치찜 맛집으로 이 분야의 방송최다출현한 브랜드이다. 최근 생생정보통, 맛있는 녀석들, 놀라운 토요일등에서 서울 찐맛집으로 소개되면서 줄서서 먹는 집이 되었다. 20년 전통의 웰빙김치찜은 고가의 원재료비보다 고객만족을 최우선으로 요리하는 브랜드이다. 경기가 어려워져도 반드시 100% 국내산 김치만을 사용하고 비법양념은 반드시 사장님이 정성껏 만들어서 발효하여 더욱 깊은 맛을 만든다고 한다. 어느날 방송 관계자가 우연하게 지인모임으로 방문해서 먹어보고 맛집 프로그램 출연을 권했다고 한다. 그런데 대답은 거절이었고 이유는 단순했다. 지금도 많은 손님들이 오시는데 방송나가서 더 많은 분들이 오시면 기존 고객들이 불편해서 안된다는 이유였다. 모두들 비용을 써서라도 나가고 싶은 알만한 프로그램 PD로서는 이해가 되지 않는 상황이었다. 그렇게 해서 만들어진 방송 관계자들의 인맥은 이후 여러차례 설득을 통해 매해 한 두차례 방송촬영을 하게 되었고 지금은 김치찜 분야 방송 최다출연 매장이 되었다.

## STEP 1 _ 브랜딩

고수미 웰빙김치찜은 원래 상호명이 '웰빙김치찜'이다. 그런데 엠엠컨설팅연구소에서 컨설팅을 받으면서 '고수미 웰빙김치찜'으로 상표 출원을 신청하게 되었다. 이유는 상표가 될 수 있는 것과 될 수 없는 것이 있는데 바로 상표가 될 수 없는 것은 고유명사를 쓰거나 기 상표로 사용되는 것, 또는 유사 상호 등이 이에 해당된다. 웰빙김치찜의 경우 이름의 뜻은 너무 좋은데 웰빙이라는 단어는 잘 산다는 영어이고 김치찜 또한 김치와 찜이라는 명사들이 합쳐진 것이다. 그래서 20년 이상 건강한 김치찜을 만들어온 웰빙김치찜의 컨셉을 잘 나타낼수 있는 "김치고수의 건강한 김치로 만든 고기를 넣은 찜"이라는 단어를 모두 살려서 "고수미웰빙김치찜"이 만들어 지게 된다. 또한 브랜딩을 할때 반드시 결정해야 하는 것이 브랜드 컬러이다. 이 브랜드 컬러는 다양한 곳에 사용이 된다. 예를 들자면 브랜딩을 위한 로고, 인테리어, 간판, 온라인 마케팅 등에 브랜드컬러를 사용하게 되는데 고수미 웰빙김치찜은 브랜드 컬러를 레드로 결정했다. 김치가 주는 고유한 컬러도 빨간색이지만 맛을 표현할 때는 빨간색은 맛있고 열정적이고 스트레스를 날려 버릴 것 같은 느낌을 주기 때문이다.

웰빙김치찜 밀키트 브랜드 로고

## STEP 2 _ 밀키트 패키지

고수미 웰빙김치찜은 원래 밀키트를 제작할 생각은 크지 않았고 전수창업 컨설팅을 주력으로 컨설팅을 요청해 왔다. 하지만 전수창업을 한다고 해도 단순하게 매장 운영만 한다는 것은 엄청난 위험요소가 될 수 있다는 것을 코로나 팬데믹을 통해 우리는 경험할 수 있었다.

그래서 제안하게 된 것이 바로 매장매출 이외에 다양한 파이프라인을 만드는 것이었다. 덕분에 고수미 웰빙김치찜은 2022년 12월도 매출이 월 7천만원을 넘겼다고 한다. 매장매출은 기본이고 매장을 찾는 고객들의 테이크아웃, 쇼핑몰 주문 등을 통해 꾸준하게 밀키트를 판매하고 있다. 고수미 웰빙김치찜의 특별한 밀키트 패키지는 "알루미늄 호일냄비"로 포장 패키지를 만들게 된다. 다른 곳보다 원가가 높음에도 불구하고 꾸준히 늘어나는 캠핑족과 1000만의 1인가구에게는 따로 설거지를 만들지 않고 다회용으로 사용할 수 있다는 강점에서 많은 호응을 얻고 있다.

또한 공장에서 단체로 찍어내는 메뉴가 아니라 매장에서 김치찜 고수가 직접 만들고 급냉해서 매장에서 먹는 맛과 동일한 맛을 즐길 수 있다는 점이 특징이다. 사장님의 나이가 60을 넘었음에도 불구하고 밀키트를 만들고 다양한 오픈마켓에서 판매하는 것을 보면서 나이는 숫자에 불과하다는 것을 새삼 느끼게 하는 성공적인 브랜드이다.

고수미웰빙김치찜밀키트 패키지

## STEP 3 _ 쇼핑몰

이미 줄서서 먹고 있는 고수미 웰빙김치찜은 '맛있는 녀석들', '놀라운 토요일', '생생정보통' 등 다양한 방송에 다회 출현했고 웬만한 방송은 거절하는 찐맛집이다. 그런데 이 브랜드는 컨설팅을 받기 전에 온라인 쇼핑몰 어디에서도 찾아볼 수 없는 브랜드였다. 그런데 이 브랜드가 밀키트를 만들고 네이버 기반의 스마트스토어에 입점을 했다. 이후 오픈마켓 여러 곳에 입점을 시키면서 고객들의 주문이 시작되었다. 초기에 오대표님은 큰 기대를 하지 않는다고 했지만 컨설팅이 거듭되면서 전방위적으로 몰려오는 고객들을 통해 이제는 전수창업을 시작해도 되겠다는 자신감을 갖게 되었다. 현재까지 지속적인 매출 성과를 이루고 있는 고수미 웰빙김치찜은 현재 공덕 동맛집, 서울 김치찜 맛집으로 브랜딩이 되어있다. 뿐만아니라 엠엠컨설팅연구소와 함께 쇼핑몰(오픈마켓)을 중심으로 매장 이외에 또 다른 파이프라인을 잘 구축하고 있다.

여기서 책을 읽고 있는 독자분들이 오해하지 말아야 하는 것은 밀키트를 만들고 쇼핑몰을 만든다고 해서 바로 장사가 잘되는 것은 결단코 아니다. 전문가의 컨설팅을 통해서 밀키트 상품을 브랜딩하고 런칭한다면 조금 더 체계적으로 밀키트를 만들 수 있고 상품에 맞는 채널 입점과 마케팅을 통해 보다 좋은 결과를 만들어 낼 수 있다는 점을 명심하길 바란다.

방송출연! 공덕맛집 고수미 웰빙김치찜 2-3인분
27,300원 NPay+
리뷰 57  찜 36
고수미 웰빙김치찜

공덕동 고수미 웰빙김치찜 돼지고기 캠핑찌개 2-3인분
28,800원
쿠팡

공덕동 고수미 웰빙김치찜 돼지고기 캠핑찌개 2-3인분
28,800원
G마켓

공덕동 고수미 웰빙김치찜 돼지고기 캠핑찌개 2-3인분
28,800원
11번가

고수미웰빙김치찜 검색결과

고수미웰빙김치찜 스마트스토어 메인페이지

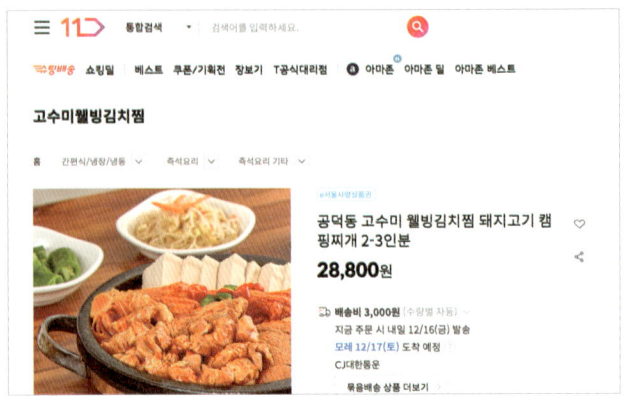
고수미웰빙김치찜 11번가 판매화면

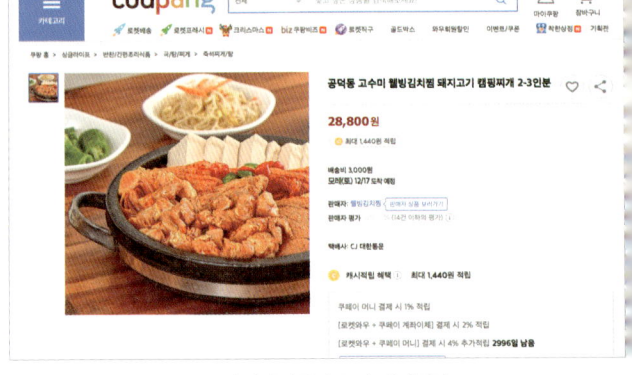
고수미웰빙김치찜 쿠팡 판매화면

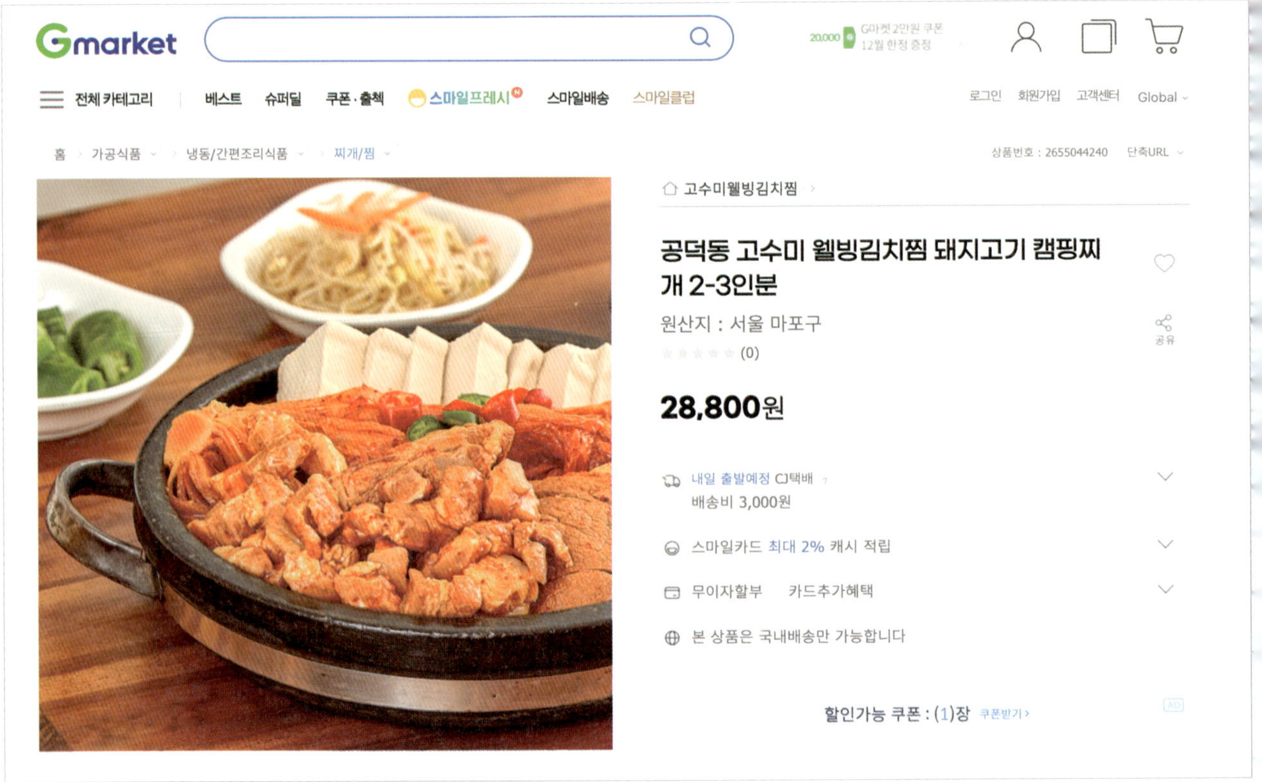

고수미웰빙김치찜 지마켓 판매화면

## STEP 4 _ 온라인 마케팅

웰빙김치찜은 고객이 운영해주는 SNS맛집이다. 사장님의 연세가 있다보니 온라인 마케팅을 하기에는 역부족이었다. 그래서 온라인 안에서 웰빙김치찜을 검색하면 고객이 쓰고 싶은 내용을 중심으로 작성된 사진과 글들이 우후죽순식으로 올라와 있다. 그래서 첫 번째 작업을 한 곳은 바로 인스타그램이었다. 브랜드 컬러인 레드와 서브 컬러인 블랙/화이트를 사용하여 맛있는 이미지를 만들어 보았다. 그리고 SNS를 통해서 브랜드에 대한 브랜딩, 밀키트, 프로모션, 고객후기 등을 노출시키면서 우리 브랜드의 찐팬을 모으는 작업을 진행하게 되었다. 현재는 인스타그램과 페이스북을 통해 우리 타겟에 맞는 전수창업에 대한 브랜딩을 진행하고 있고 광고를 통해 최적화 작업을 이루어가고 있다. 또한 인스타그램을 통해 MZ세대를 타겟으로 서울 찐맛집의 면모를 아낌없이 공유하고 프로모션을 통해 고객이 업로드한 인스타그램을 리그램하는 작업등을 이어가고 있다.

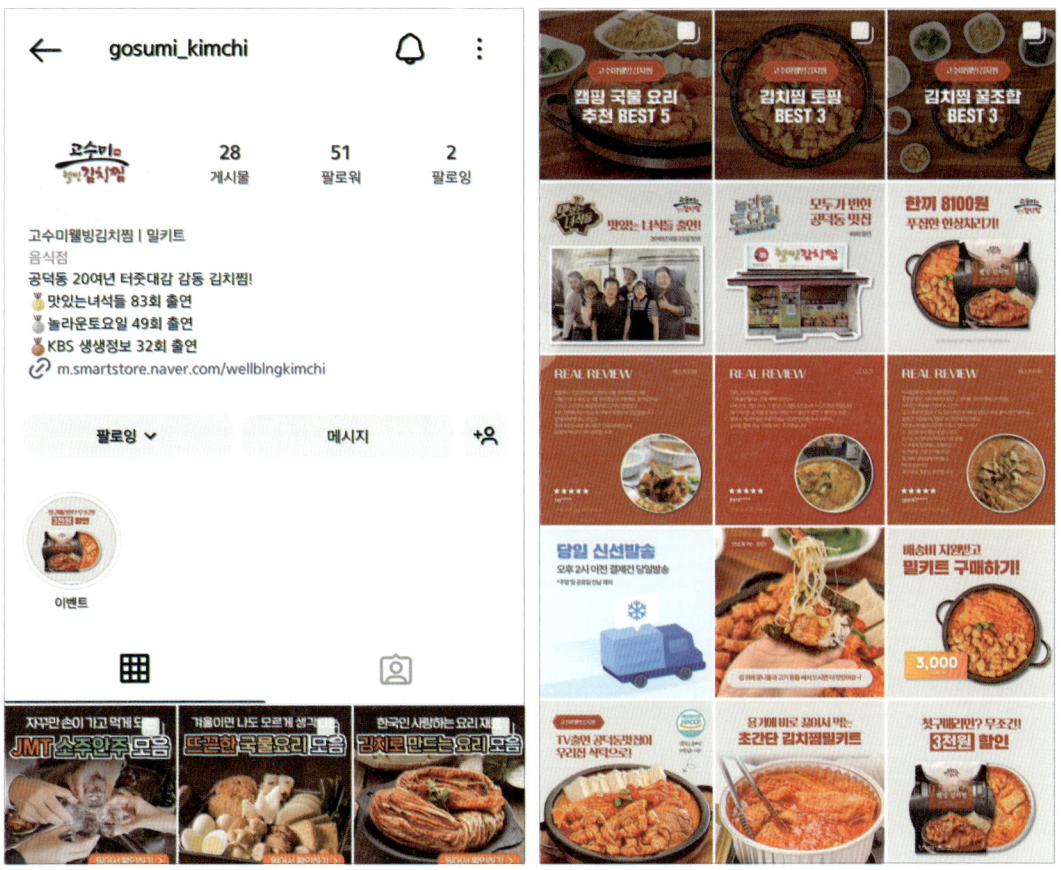

고수미웰빙김치찜 인스타그램 마케팅

고수미웰빙김치찜 페이스북 마케팅

## STEP 5 _ 블로그 체험단

고수미 웰빙김치찜은 주부들의 인기를 한몸에 받고 있는 브랜드로 공덕동 인근 아파트 단지 주부들의 배달 러브콜이 넘치는 브랜드이다. 그래서 주부들이 주로 활동하는 네이버 블로그 영역과 스마트스토어에 고수미 웰빙김치찜을 런칭하게 된다. 그런데 문제는 주부들이 주문은 많이 하는데 주문하는 모든 고객이 블로그를 운영하지 않는 것이 현실이다. 그래서 고수미 웰빙김치찜에서는 우리가 원하는 주요 키워드를 중심으로 블로그 체험단을 운영하게 되고 이로 인하여 맛있는 김치찜을 찾는 소비자들에게 자연스럽게 노출을 시키게 된다. 지속적으로 블로그 체험단과 자발적 체험후기를 통해 몰라서 못 먹었던 분들에게 고수미 웰빙김치찜을 주문할 수 있도록 블로그 마케팅을 진행하고 있다.

또한 향후 전수창업으로 창업하는 점주들에게 지역 블로거들을 통한 브랜드 홍보 및 오픈 정보, 프로모션 등을 지원할 생각이다. 이와 함께 홍보 지원에서 끝나는 것이 아니라 블로그 마케팅 교육 및 컨설팅을 준비하고 있다.

### STEP 6 _ 전수창업

현재 컨설팅을 받고 있는 업체 중에 전수창업에 대한 자문과 메뉴얼에 대해 다양한 케이스로 준비하고 있는 브랜드가 바로 고수미 웰빙김치찜이다. 전수창업을 하는 업체들 대부분이 매장형 전수창업을 운영하는 반면 고수미 웰빙김치찜은 공유 주방, 배달 전문 매장, 샵인샵을 포함한 매장형 전수창업을 운영하고 있다. 다양한 케이스가 많은 반면 원재료에 대한 깐깐한 고집은 국내산 100%의 김치와 비법 양념장, 국내산 돼지고기와 특별한 맛을 내는 칠레산 삼겹살 고기를 사용한다. 계약조건도 케이스에 따라 다르다. 또한 주목해야 하는 방법 중에 하나는 직원으로 3년 이상 근무하다 전수창업을 하게 되면 패밀리 찬스로 다양한 혜택을 주는 것을 볼 때 정말로 또 하나의 가족처럼 직원들을 아끼는 것을 보게 된다. 단일 종목 전수창업에 대한 관심이 있다면 고수미웰빙김치찜을 권한다.

**가맹문의 : 010-7576-7282**

TEL : 042-633-9038    주소 : 대전 동구 동서대로1692번길 27

　야심한닭은 박병숙 대표가 운영하는 '천안원조닭똥집'의 밀키트브랜드로 닭 특수부위 전문 브랜드이다. 대전 복합터미널 근처에 위치한 대전 대표맛집으로 인터넷을 검색하면 닭똥집과 닭발을 팔아서 빌딩을 세운 집이라는 문구가 나온다. 실제로 박병숙 대표가 외길 인생으로 외식업에 종사하면서 만들어낸 대전의 음식문화를 대표하는 브랜드이다. 코로나 팬데믹으로 기존 매장매출이 줄어들면서 다양한 고민을 하다가 엠엠컨설팅연구소와 인연이 된 브랜드로 밀키트/프랜차이즈/전수창업/브랜딩/온라인 마케팅 등 다양한 분야를 컨설팅받게 된다. 기존의 매장매출이 1억 이상이었던 천안원조닭똥집은 닭요리 전문점으로 다양한 세대의 사랑을 받는 브랜드였다. 그런데 문제는 경영1세대의 방식에서 2세대로 넘어가는 시점에 컨설팅을 받으면서 보다 체계적인 준비를 하게 된다. 컨설팅결과 MZ세대를 저격하는 밀키트가 나오게 되고 먹방 최고의 유투버의 러브콜을 받는 등 세간의 관심을 받고 있는 상품이 나오게 된다. 이후 오픈마켓과 다양한 O2O Online to Offline 채널에서 판매가 이루어지고 있다. 또한 전수창업, 샵인샵 등에 대한 솔루션을 체계적으로 준비하면서 제2의 전성기를 준비하고 있다.

## STEP 1 _ 브랜딩

천안원조닭똥집은 대전 복합터미널 주변에 위치한 브랜드로 MZ세대부터 40~50대 모두가 좋아하는 곳이다. 대전 복합터미널이라는 특수한 위치와 닭 특수부위를 요리로 해석했다는 것이 성공요인 중에 하나이다. 그런 이 브랜드의 브랜딩을 맡으면서 고민이 시작된 것은 2대째 이어오는 브랜드의 컨셉에 대한 고민이 있었다. 하지만 컨설팅을 통해 박병숙 대표의 선택은 MZ세대였고 다음세대를 준비하는 탁월한 혜안으로 컨셉에 대한 고민은 일순간 정리가 되었다.

브랜딩의 첫 단추는 네이밍이었다. 닭 특수부위 요리 즉 닭똥집, 닭발볶음요리는 주로 밤에 먹는 안주 등으로 컨셉을 잡고 야심한 밤에 먹는 술안주라는 것에서 착안해서 '야심한닭'으로 네이밍 되었다. 물론 다른 여러가지 이야기가 있지만 책의 한계로 여기까지만 설명한다. 그리고 이 밀키트의 주 타겟을 고려해서 우리는 인스타 툰으로 사용할 캐릭터를 개발했다.

마지막 로고는 세대를 아우르는 것을 고려한 폰트를 개발했다.

야심한닭 캐릭터

야심한닭 로고

## STEP 2 _ 밀키트 패키지

야심한닭이라는 브랜드가 만들어지고 밀키트를 개발하면서 1세대 창업자와 2세대의 신세대적 감각이 빛을 발한것은 바로 밀키트 패키지였다. 우리의 요리를 보여주는 1차원적인 디자인에서 고객의 마음을 훔치는 작업이 필요했던 우리는 브랜드 캐릭터를 활용한 국내 닭요리 부분의 첫 캐릭터 패키지를 만들게 된다. 우리의 예상은 100% 적중했고 많은 MZ세대 고객들이 주문하는 밀키트가 되었다.

그리고 온라인 쇼핑몰 입점 후 많은 인플루언서들의 러브콜을 받게 되었지만 이에 대해 현재 모든 제안을 거절하고 있다. 이유는 더 많은 연구를 통해 세상에 '야심한닭'을 내 놓을 준비를 하고있기 때문이다.

   닭 특수부위로 1억 이상의 매출을 만들었던 천안 원조닭똥집 박병숙 대표의 비지니스 감각은 나이를 무색하게 할 정도로 빛을 발했고 경영수업을 받고 있는 2세 또한 순수미술 전공자답게 다양한 굿즈와 우리 브랜드 문화를 팔 수 있는 결과물을 만들어 내고 있다.

야심한닭 밀키트 패키지

밀키트 연출 사진

## STEP 3 _ 온라인 마케팅

   야심한닭의 인스타그램은 팔로워를 많이 늘리는 브랜드가 아니다. 다시말해 이후 비지니스 모델을 위해 인스타그램과 페이스북을 운영하는 브랜드이다. 고객들이 이제는 블로그가 아닌 인스타그램에서 맛집을 검색하다 보니 외식업을 운영하는 분들은 반드시 인스타그램을 활용하는 것이 필요하다. 그런 측면에서 야심한닭의 인스타그램은 앞으로 어떤 사업의 방향성을 가지고 있는지를 알수 있게 하는 브랜드이다. 닭 특수부위 요리를 판매하고 있고 야심한닭 밀키트를 활용한 요리법과 스트레스, 캠핑, 파티 등 전혀 무관할 것 같은 키워드를 묘하게 아우르는 힘이 있는 브랜드이다. 이러한 야심한닭 밀키트의 비지니스 모델은 인스타그램을 통해서 더 자세히 만나 볼수 있다.

야심한닭 인스타그램

## STEP 4 _ 체험단

　대전에서는 대단한 맛집이지만 전국에서는 대전을 방문해서 천안 원조닭똥집에서 먹어 본 사람만 알고 있는 맛집이다. 그래서 우리는 네이버에서 검색 키워드를 몇개 추천하게 된다. 반드시 닭똥집, 닭발이 아니더라도 우리 타겟에 맞는 키워드를 가지고 우리 브랜드를 상위에서 볼수 있게 하는 전략이었다. 고객은 생각대로 움직였고 블로그 체험단을 통해서도 비지니스 러브콜을 받게 된다. 이유는 진짜 맛있는 브랜드인데 닭 특수부위 요리를 처음 접하는 분들이 예상 외로 많다는 것이다. 체험단은 일반 고객들이 마음대로 작성하는 블로그보다 우리 브랜드를 네이버 안에서 최적화시키는 데 중요한 역할을 하게 된다.

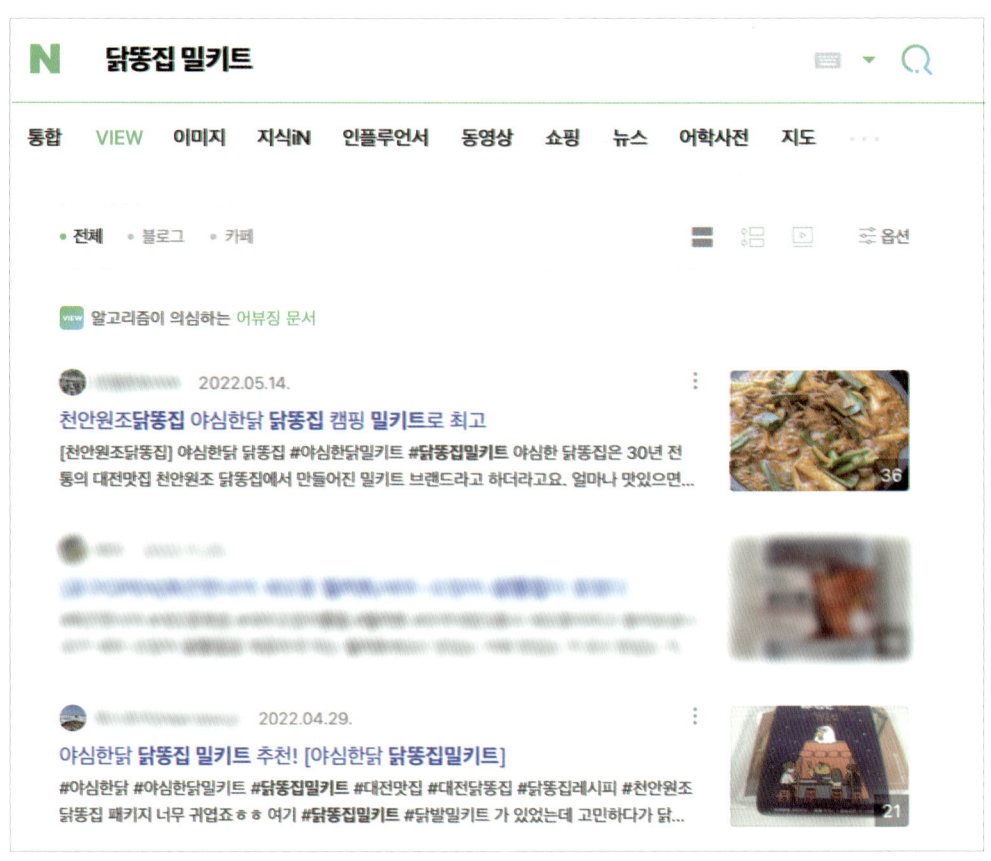

야심한닭 검색결과

## STEP 5 _ 쇼핑몰

야심한닭은 전수창업, 샵인샵 등의 다양한 비지니스 모델을 준비하고 있다. 그래서 현재 매장에서 판매하는 메뉴의 밀키트 판매를 1차 목표로 잡고 있다. 그리고 현재 전문적인 R&D팀을 통해 박병숙 대표가 개발중인 신상품들의 밀키트가 준비중에 있다. 기존의 오픈마켓(스마트스토어, 쿠팡, G마켓 등)을 중심으로 판매하기 보다는 보다 완성도 높은 브랜딩을 통해 자사몰로 고객을 유입하는 동선을 만들고 있으며, 또한 이후 전수창업과 샵인샵 등의 비지니스에 대한 내용을 담고 있어 고객과의 소통 채널로 준비되고 있다.

야심한닭 홈페이지

야심한닭 스마트스토어

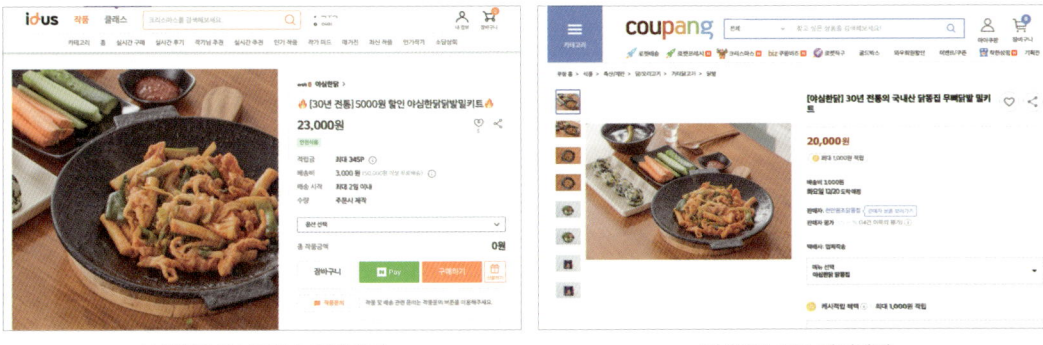

야심한닭 아이디어스 판매화면　　　　　야심한닭 쿠팡 판매화면

## 다섯 번째 사례
# 해성장어탕

TEL : 041-665-2789    주소 : 충남 서산 한마음4로 41-11 1층

　해성장어탕은 전국에서 찾아오는 서산에 위치한 바다장어요리 전문점이다. 국내에서는 찾아 보기 힘든 다양한 장어요리를 통해 손님들로 하여금 보는 재미, 먹는 재미, 건강까지 챙길 수 있는 요리를 제공하고 있다. 밀키트 컨설팅을 통하여 집에서도 간편하게 먹을 수 있는 보양식으로 장어얼큰탕, 장어보양탕, 장어맑은탕, 장어시래기탕 이렇게 4가지맛의 장어탕을 개발하였고, 실제 해성장어탕은 농사를 지어 재배한 유기농 식재료와 12가지 건강한 재료를 활용한 육수, 국내산 최상급 장어만을 사용하여 밀키트에서 쉽게 볼 수 없는 최고의 보양요리로 사랑 받고 있다. 그래서 고민했던 것은 바로 서울로 이전이었다. 왜냐하면 밀키트 개발 이후 많은 고객에게 노출이 되면서 전수창업 문의를 비롯해서 찐팬들이 많아지면서 서울로의 러브콜이 끊이지 않는 브랜드이다. 어린 시절 가족들의 보양식이었던 장어탕을 비지니스 모델로 잡은 심유신 대표는 직접 농사짓고 깐깐하게 고른 원재료로 특별한 장어요리를 만드는 노포이다.

## STEP 1 _ 브랜딩

서산 맛집 해성장어탕과의 인연은 모든 분들과 동일하게 유튜브 "김상미의 창업톡"을 통해서였다. 진정성 있는 구독자였고 유튜브를 통해 많은 정보를 얻고는 이제 컨설팅을 받을 단계가 되어서 찾아오게 되었고 했다. 그리고 브랜딩부터 컨설팅이 시작되는데 원래 브랜드명은 '해성 바다장어탕'에서 현재의 '해성장어탕'이 되었다. 이유는 고객이 관심이 없는 분야를 반드시 상기시키는 브랜드명은 바람직하지 않기 때문이다. 그래서 만들어지게 된 해성장어탕은 고객으로 하여금 많은 사랑을 받게 된다.

네이밍 이후 해성장어탕이 만들어지는 과정에서 원재료를 고르거나 기르는 과정을 분석하면서 장사를 하기보다는 요리연구가와 가깝다는 생각을 하게 되었고 이를 스토리텔링으로 풀게 되었다. 코로나 팬데믹과 별로 무관했던 매출, 그럼에도 불구하고 컨설팅을 요청했던 이유는 서산 맛집이 아니라 전국맛집을 향한 큰그림이 있었다.

그래서 우리는 해성장어탕의 브랜딩을 준비하면서 보양식이라는 컨셉에 집중했고 브랜드 컬러는 '브라운'으로 서브 컬러는 검정색을 사용하게 되었다.

해성장어탕 로고

해성장어탕 패키지

## STEP 2 _ 밀키트

해성장어탕의 경우 동일한 재료를 여러가지 메뉴에 사용하다보니 기존의 밀키트와는 다르게 제안하게 되었다. 메인 컬러는 장어탕을 연상할 수 있고 먹는 음식이다보니 식감이 떨어지지 않는 브라운 톤을 선택하게 되었다. 그리고 기본 패키지의 활용도를 높인 디자인과 스티커로 변화를 주게 된다. 생각보다 고급스러운 디자인에 가격이 너무 저렴하다는 고민을 하게 됐지만 가격을 높이는 부분에 있어서 심대표를 설득하는데 실패했다. 웃지못할 이야기인데 서울을 제외한 지역의 맛집 사장님들을 컨설팅할 때 어려운 부분중의 하나가 바로 가격이다. 가격이 높아지면 안 팔리지 않을까 라는 고민으로 선뜻 가격을 올리지 못하는 것을 보게 된다. 개인적으로 가격이 너무 착해서 안타까운 브랜드가 바로 해성장어탕이다.

보양탕 밀키트 패키지

맑은탕 밀키트 패키지

시래기탕 밀키트 패키지

얼큰탕 밀키트 패키지

## STEP 3 _ 온라인 마케팅

해성장어탕의 브랜딩 다음단계는 바로 SNS 마케팅이었었다. 서산은 관광지에 비해 맛집이 그다지 많지 않다 보니 인스타그램 마케팅은 정말로 중요하다. 물론 해성장어탕의 경우 고정 고객이 많은 편이지만 대부분 서산을 비롯한 인근 지역 주민들이다 보니 전국을 대상으로 판매를 계획한 밀키트의 홍보채널로 인스타그램은 중요한 역할을 하게 된다. 그래서 브랜딩 홍보 차원인 브랜드 소개, 밀키트 소개뿐만 아니라 주변 관광지, 카페, 숙소등 고객의 흥미를 유발할 수 있는 다양한 콘텐츠도 실어주게 된다. 이런 콘텐츠는 단순하게 '서산 맛집' 키워드 이외에도 다양한 '서산' 키워드에 노출되어 '서산 맛집 해성장어탕'을 고객에게 보여주게 된다.

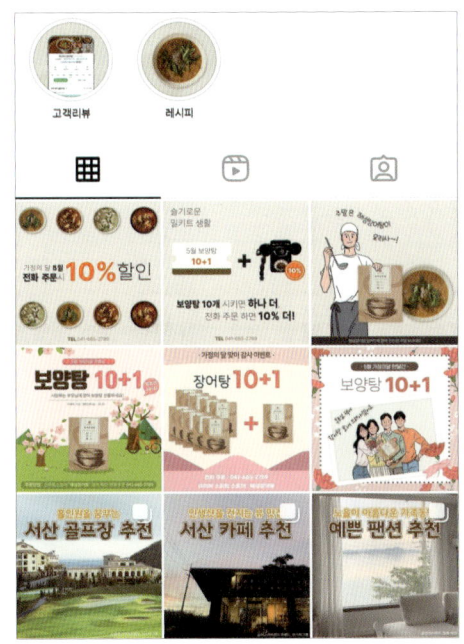 

해성장어탕 인스타그램

## STEP 4 _ 쇼핑몰

해성장어탕은 오픈마켓을 기본으로 쇼핑몰을 세팅하게 된다. 외식업계가 반드시 입점해야하는 밀키트의 격전지가 네이버 지식쇼핑, 스마트스토어다. 네이버를 이용하는 방문자 비율이 검색엔진 중에 트래픽이 가장 높다보니 자연스럽게 '키워드 검색, 블로그로 상품 확인, 구매는 스마트스토어에서'가 순서이자 진리이다. 해성장어탕은 스마트스토어를 비롯한 오픈마켓에 다양하게 입점하게 된다. 그리고 식품을 강화하고 있는 아이디어스의 러브콜을 받게 되어 자연스럽게 판매채널이 확대가 되었다. 초기에 마중물 없이도 밀키트 판매는 확대 되었고 매장에서도 관광객을 포함한 방문 고객들이 밀키트 형태의 포장 주문이 늘어나면서 효자 상품으로 자리매김하게 된다. 기존의 매장 포장 방식은 검은 비닐봉지와 1회용 비닐 또는 플라스틱 용기였다면 밀키트 패키지 하나만으로도 브랜드 이미지를 높이는 결과를 낳게 되었다. 해성장어탕의 쇼핑몰 입점 러브콜이 늘어나는 이유는 가장 트래픽이 좋은 오픈마켓의 입점과 초기 다양한 채널을 통해서 홍보된 덕분이라고 생각한다.

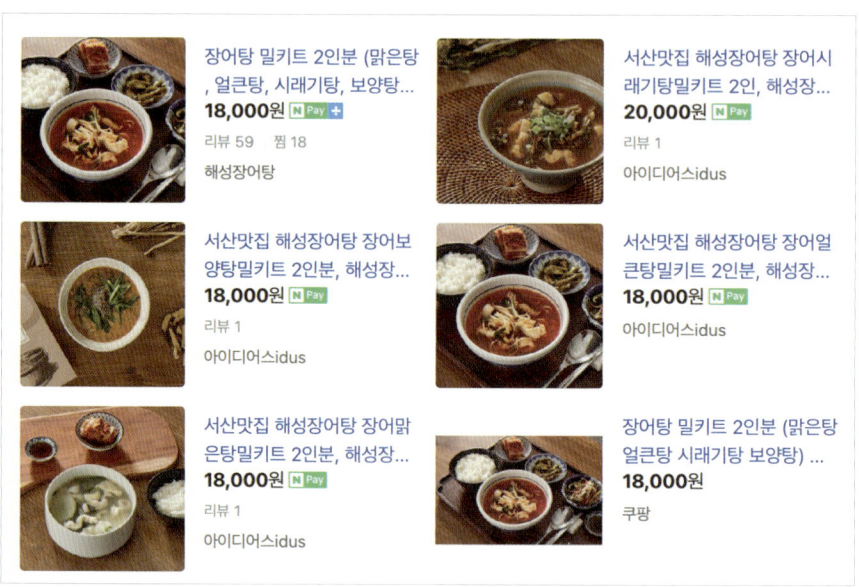

해성장어탕 검색결과

해성장어탕 스마트스토어

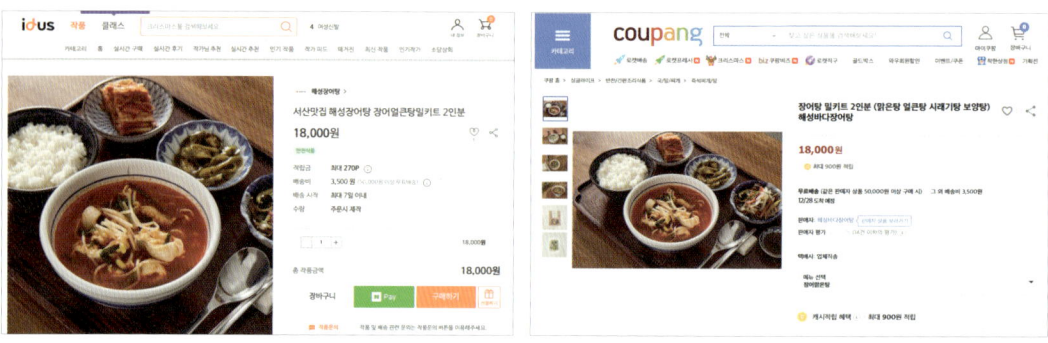

해성장어탕 아이디어스 판매화면           해성장어탕 쿠팡 판매화면

우리 매장 인기메뉴로 밀키트 판매하는 방법

# STEP 5 _ 와디즈

해성장어탕 브랜딩의 마지막 단계는 와디즈 펀딩이었다. 500만 고객보다는 밴더들을 향한 야심찬 계획이 있었다. 와디즈를 판매수단으로만 생각하는 브랜드들이 종종 있는데 쉽게 말해서 일석이조가 가능한 판매채널이 바로 와디즈 펀딩이다. 밴더를 통해 새로운 채널이 열리기도 하고 신규 고객을 유입하는 동선도 만들수 있는 좋은 채널이 바로 와디즈인 것이다. 그래서 펀딩율보다는 와디즈를 통한 브랜딩을 계획했고 덕분에 많은 쇼핑몰의 러브콜을 받게 된다. 또한 신규 고객들의 구매동선이 생기면서 2023년에 2차펀딩을 준비해보려고 한다.

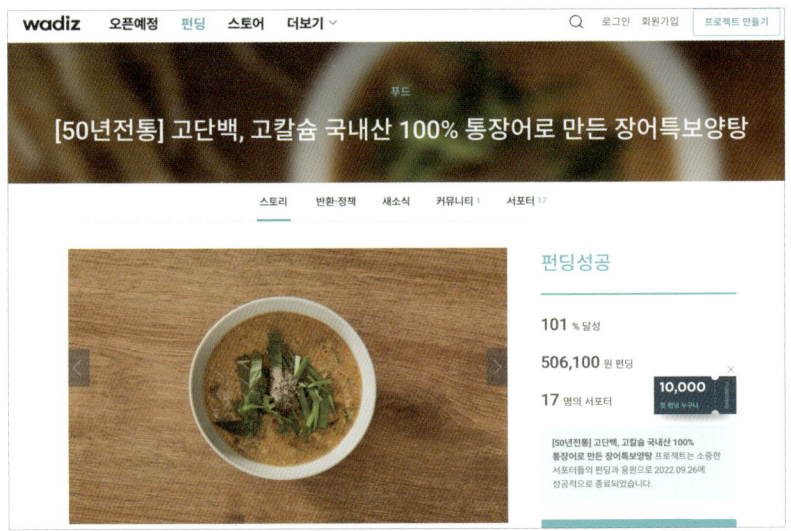

해성장어탕 와디즈 펀딩 페이지

　　마켓찬거리는 서울대표 코다리찜맛집 상도늘보리를 창업한 채경희 대표의 35년 노하우를 담은 브랜드이다. 맛집으로 거듭나기 까지 다년간 축적된 노하우를 바탕으로 누구나 손쉽게 어매의 맛을 재현할 수 있는 '어매 생선조림'시리즈를 밀키트로 개발하고자 엠엠컨설팅연구소를 찾아왔다. 이미 외식업에 대한 노하우는 많이 있지만 브랜딩/밀키트/전수창업등의 현실적인 문제를 해결하기에는 역부족이였다. 그래서 시작된 컨설팅은 채경희 대표의 브랜딩과 마켓찬거리라는 전문 밀키트 판매 브랜드를 만들게 되었다. 한식장인으로 솜씨좋은 채경희 대표의 요리들은 속속 밀키트로 준비되었고 이로 인해 향후 전문 밀키트 프랜차이즈로 확대를 계획하게 되었다. 이 과정에서 회사내에 조직의 전문성을 만드는 컨설팅을 진행하게 된다. 브랜딩/온라인 마케팅을 전담하는 팀에게는 운영의 대한 노하우를 전수하고 마켓찬거리만의 컬러를 만들게 된다. 음식을 제외한 나머지 운영과 마케팅의 솔루션을 갖게 된 마켓찬거리의 미래가 기대되는 브랜드이다.

## STEP 1 _ 브랜딩

마켓찬거리는 마켓에서 손쉽게 접할수 있는 찬거리처럼 합리적인 가격과 건강한 먹거리를 다루는 곳이 되고자 하였다. 이에 브랜드 스토리텔링과 컨셉, 브랜드 컬러 등을 통하여 브랜드의 정체성을 뚜렷하게 가져갈 수 있도록 하였다.

로고 디자인에 있어서는 직관적인 느낌으로 마트의 카트를 형상화 하여 트렌드에 맞는 로고로 제작하였다. 마켓찬거리의 패키지 또한 앞으로의 고객층의 확장성을 고려하여 전통성을 베이스로 하고, MZ 세대에도 어필할 수 있는 폰트나 포인트 컬러를 담아 디자인을 진행하였다.

마켓찬거리 로고

## STEP 2 _ 밀키트

마켓찬거리는 생선조림 전문 밀키트를 1차로 개발하게 되는데 엄마의 손맛을 컨셉으로 브랜드명이 만들게 되었다. 그리고 어매시리즈 생선조림의 경우 전통성과 신뢰감이 있는 컬러를 원했고 이에 조림별로 약간의 색차를 두고 밀키트를 개발하게 되었다. 주로 한국인이 선호하는 조림을 선정하고 그중에 시중에 나와있지 않는 제품과 상도늘보리의 인기 메뉴인 코다리찜을 메인으로 제작되었다. 밀키트를 제작하기 전단계에서 원재료의 패킹방법, 담는 용기 선정 및 슬리브까지 다양한 시도가 있었고 최종적으로 고객의 편의성을 강조한 밀키트가 만들어 지게 된다.

어머니의 손맛을 우리 식탁으로 배달해 주는 브랜드 '어매'시리즈는 출시 전부터 주변의 러브콜을 받게 된다. 그리고 밀키트 제품이 출시되면서 보다 고급스러운 밀키트 패키지로 인해 가격 조정안을 고민했으나 초기에 고객의 소비 진입장벽을 낮추는 차원에서 합리적인 가격으로 밀키트를 출시하게 되었다.

코다리조림 밀키트 패키지

병어조림 밀키트 패키지

조기조림 밀키트 패키지

고등어조림 밀키트 패키지

### STEP 3 _ 온라인 마케팅

　마켓찬거리는 온라인 마케팅에 대한 운영대행이 아닌 솔루션의 컨설팅을 받게 되는데 온라인 마케팅의 원리를 먼저 컨설팅하게 된다. 블로그 상위노출 방법, 인스타그램 최적화와 페이스북 광고 전략, 블로그 체험단을 포함한 체험단과 기자단운영에 대한 솔루션을 교육하면서 실행을 돕게 되었다. 담당자가 스스로 솔루션을 찾아가는 단계로 내부의 전력을 높일 수 있는 시간이었다. 잘하는 업체의 대행보다 중요한 것은 온라인 마케팅의 원리를 알고 회사에 컨디션에 맞게 집행하는 것이 중요하다는 것을 검증한 업체이다.

### STEP 4 _ 쇼핑몰

　마켓찬거리의 어매 생선조림은 기록적인 판매량으로 이미 검증된 맛을 보여주는 제품이다. 어매의 브랜드 쇼핑몰을 기획함에 있어서 1차적으로 마켓찬거리를 처음 접한 고객에게 어떤 브랜드 인가를 보여줄 수 있는 소개부분에 강렬한 인상을 줄 수 있는 스토리를 구성하게 된다. 또한 브랜드 정체성을 명확하게 하기 위해서 브랜드의 탄생배경과 역사를 넣어 음식에 대한 신뢰를 만들게 된다. 쇼핑몰의 상품구성을 채경희 대표의 대표요리를 중심으로 1차는 생선 조림, 2차는 데일리 메뉴를 중심으로 15개를 구성하였고 시기에 맞추어 런칭할 예정이다. 또한 가맹에 대한 문의가 많다보니 이에 대한 준비를 하면서 주요 질문을 정리하여 정보를 제공하고 단순한 판매가 아닌 소비자의 의견을 듣는 소통 창구로서의 기능으로 소비자의 궁금증을 해결하는 형태의 몰을 운영 기획하게 된다.

마켓찬거리 홈페이지

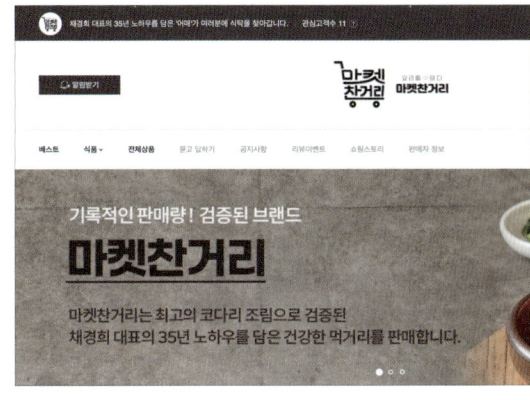

마켓찬거리 스마트스토어

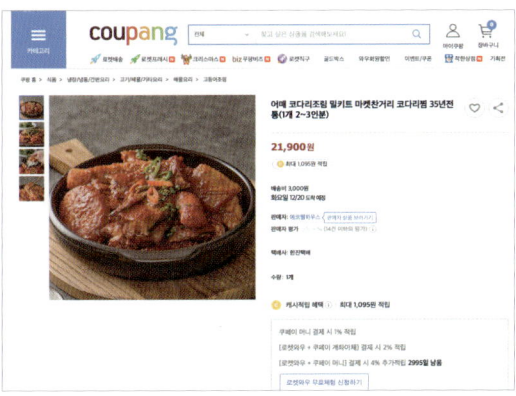

마켓찬거리 쿠팡 판매화면

일곱 번째 사례

# 순이할매낙지

TEL : 052-260-0101    주소 : 울산 남구 중앙로241번길 3

　울산 신정시장내에 위치한 '원조할매낙지'는 원래 부산에서 시작된 조방낙지 맛집이다. 그런데 자리를 울산으로 옮기게 되면서 새롭게 브랜드를 리빌딩하는 작업이 필요했고 트랜드에 맞게 밀키트 컨설팅을 받기 위해 인연이 된 브랜드이다. 그런데 조방식낙지라는 것이 지역 음식이고 부산을 중심으로 만들어진 조선 방직공장 근처의 공원들에게 고단의 삶의 위로가 되었던 음식이다. 원조할매낙지의 경우 명품 브랜드유통을 했던 2대째 이광호 대표가 브랜드를 운영하게 되면서 많은 변화가 시작되었다. 진단컨설팅을 받고 1년을 고민해서 얻은 결론은 가격이 비싸더라도 고품질의 밀키트를 만들고 싶어했다. 그래서 시작된 밀키트 컨설팅은 많은 시간을 투자한 결과 조방식낙지라는 컨셉의 '순이할매낙지'로 새롭게 만들어 지게 된다. 그리고 울산이라는 지역만을 타겟으로 하기 보다는 전국을 대상으로 판매하는 밀키트를 만들게 되었다. 그리고 밀키트를 제작한 이후에 다양한 판매 채널로의 유통을 기획하고 있다. 또한 울산본점이외에 다양한 판로 개척을 위해 직영점 진출을 준비하고 있다.

## STEP 1 _ 브랜딩

순이할매낙지는 다른 브랜드들 처럼 브랜딩에 대한 시행착오를 많이 겪은 브랜드이다. 이미 브랜딩을 위한 로고제작을 여러 차례 진행했으나 좋은 결과물을 얻지 못하고 있는 상황이었다. 그래서 브랜딩의 컨셉을 잡을 때 오랜 회의 끝에 순이할매낙지의 '전통성', '노포의 맛집'의 이미지를 컨셉으로 정하게 되었다. 또한 패키지 제작에 앞서 로고 또한 통일된 컨셉을 보여주기 위해 사전 작업이 진행되었다. 전통성과 MZ세대까지 아우를 수 있도록 사전 회의에 들어갔고, 전통성과 할매의 친근감을 함께 가져가기 위해, 곡선을 강조한 캘리그라피를 활용하였다. 직접 캘리그라피 서체를 1차적으로 쓰고, 프로그램을 통해 2차 디지털로 가공하여 세상에서 하나 밖에 없는 로고로 제작하였다. 여담이지만 이 로고를 만들기 위해 디자인 팀장을 맡고 있던 이팀장은 천개가 넘는 글자를 캘리로 쓰면서 디자인팀의 한석봉이 되었다.

순이할매낙지 로고

## STEP 2 _ 밀키트

순이할매낙지의 컨셉은 3대가 이어가는 '노포맛집'으로 전통성과 신뢰감을 주고 싶었고 여기에 맞는 기획을 하게 되었다. 순이할매의 의상부터 밀키트 슬리브 디자인까지 많은 시간과 노력이 들어간 작품이다. 또한 밀키트가 단순하게 패키지만이 아니기 때문에 밀키트 안에 구성되는 구성품들의 포장과 1차로 내용물을 담는 플라스틱 또는 알루미늄 호일냄비까지 다양한 시도가 이루어졌다. 1년전에 순이할매낙지의 진단컨설팅을 진행할 때 이광호 대표는 직접 밀키트 1차 포자용기를 가져올 만큼 열정이 많은 분이었다. 그러다보니 밀키트 패키지의 내포장, 외포장 용기를 선정하는 작업도 오랜 시간을 가지게 된다. 또한 로고와 핵심 문구, 연출 이미지, 배치, 색감을 고려하여 순이할매만의 '전통성'과 '비법'을 가진 오랜 맛집으로 인지될 수 있도록 제작하였다. 또한 패키지에 QR코드를 삽입하여 유튜브 채널과 스마트스토어로 연계될 수 있도록 하여 고객으로부터 신뢰감을 얻을 수 있고, 추후 2차 마케팅으로 활용할 수 있도록 설계하였다.

낙지전골 패키지

낙새 패키지

낙곱새 패키지

낙곱 패키지

## STEP 3 _ 온라인 마케팅

요즘 SNS에서 '낙곱새' 키워드에 대한 트래픽이 대단하다. '곱창'은 더 이상 어른들 만의 음식이 아니다. 다양한 사회 요소의 변화에 따라 '곱창'에 대한 MZ 세대들의 수요가 폭발적으로 늘었다. 이런 추세에 맞춰 '곱창 떡볶이', '곱도리탕', '곱창구이', '곱창전골' 등의 메뉴가 MZ 세대의 안주로서 사랑받고 있고, 영상 플랫폼에서도 곱창 메뉴의 먹방에 뜨거운 반응을 볼 수 있다.

순이할매의 '조방식 낙곱새'를 알리기에 적합한 매체로 인스타를 적극 활용하는 것을 권장하였고, 이에 인스타를 구축하고 '브랜드'를 인지시킬 수 있고, 친근하게 다가갈 수 있는 콘텐츠들을 포스팅하는 것을 기본적으로 진행하였다. 그 외 별도로 SNS 이해도를 바탕으로 인스타 운영에 대한 교육을 진행하여, 지속적으로 콘텐츠를 생산하고 고객들과 소통하는 것을 통해 인스타에서의 브랜드의 영역을 넓혀갈 수 있도록 하였다.

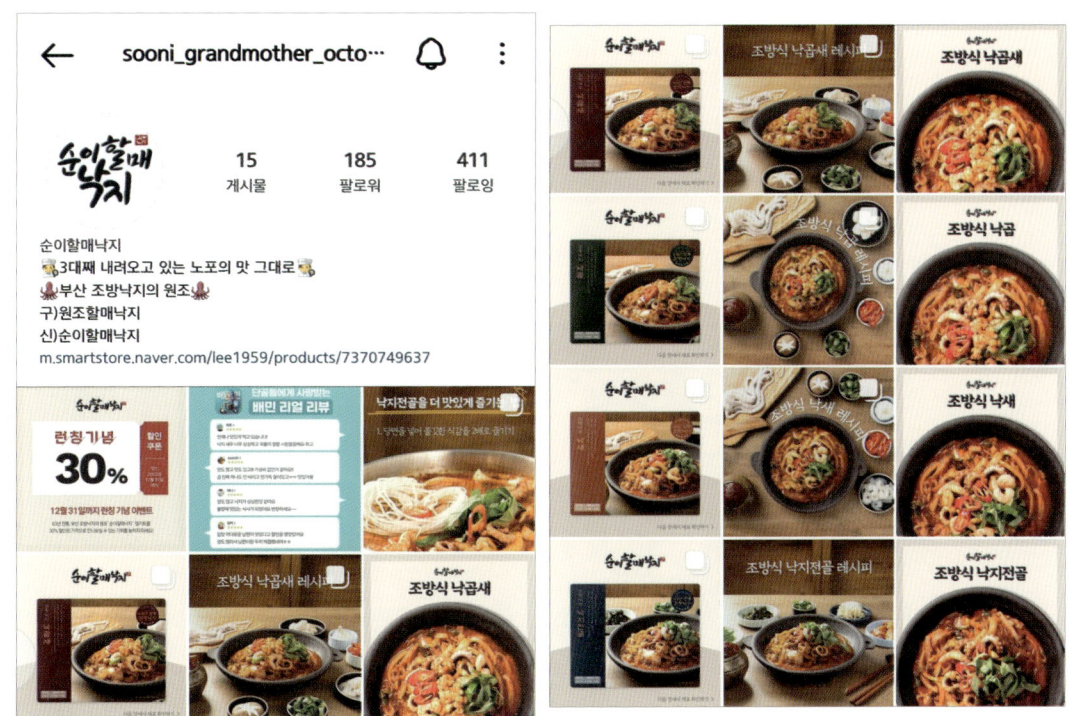

순이할매낙지 인스타그램

김은희연잎밥은 순창 미소식당의 새로운 브랜드로 현재는 네이버에서 순창맛집을 검색하면 상위에 올라오는 브랜드이다. 약을 먹을 수 없는 희귀체질을 가진 김은희 대표는 음식으로 몸을 고친 자연 치유 밥상 전문가이다. 그리고 김상미의 창업톡 찐팬으로 귀한 인연이 되었고 진단컨설팅을 받고 1년간 반찬이나 유기농 검은콩을 보내다가 컨설팅을 받게 되었다. 후에 알게 된 사실이지만 연매출이 1억 7천 내외였던 김은희 대표는 나를 그냥 만나라도 보고 싶었다고 한다. 그렇게 만들어진 인연은 때마다 보내오는 농산물과 더불어 무료자문을 하게 되었고 이후 본격적인 컨설팅이 진행되었다. 컨설팅 이후 2022년 김은희연잎밥의 매출은 '7억'을 넘겼다. 불과 1년정도의 집중적인 컨설팅으로 김은희 대표는 매출을 5배정도 올린 멋진 브랜드가 되었다. 특히 지역 맛집들은 온라인 마케팅을 전문적으로 운영하지 못하다 보니 비용 대비 많은 효과를 볼 수 있었고 가장 큰 성공 요인은 사람을 살리는 건강하고 맛있는 음식이 답이었다.

## STEP 1 _ 브랜딩

　김은희연잎밥은 미소식당이라는 평범한 네이밍을 가지고 있었고 브랜딩은 순창이라는 지역에서는 별로 중요한 문제가 아니라고 인지하고 있었다. 그런데 많은 브랜드컨설팅을 한 나의 입장에서 미소식당은 참으로 난제였고 이후 브랜딩의 중요성을 인식 시키면서 우리는 대표가 브랜드가 되는 것을 선택하게 되었다. 그리고 브랜드의 컨셉을 자연주의 밥상, 연잎, 보리굴비, 자연이 선물한 장아찌, 순창 로컬푸드로 정했고 메인컬러로 초록색을 선택하게 된다. 물론 로고는 검은색 글씨를 사용했지만 우리브랜드의 컬러는 '초록색'이다. 그리고 여성 대표의 섬세함과 따뜻함, 자연주의 밥상을 차리는 전문가의 이미지를 부각하도록 로고와 온라인 마케팅의 컨셉을 잡게 된다. 또한 직접 키운 재료로 밥상을 차리는 것을 스토리로 엮어서 비건과 건강을 생각하는 고객에게 어필하게 되었다.

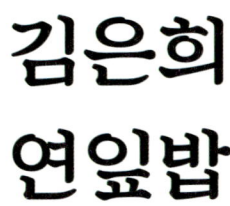

김은희연잎밥 로고

로고 활용 패키지

## STEP 2 _ 밀키트

김은희 연잎밥은 순창에서 직접 연잎을 재배하고, 자연에서 나는 건강한 27가지 식재료를 넣어 연잎밥을 짓는다. 수 많은 재료들을 직접 재배하고 손질하여 만든 김은희연잎밥의 메뉴들 속에서 건강함과 정성스러움을 포인트로 잡고, 로고와 패키지 디자인 작업을 진행하였다.

로고에는 붓글씨 느낌의 폰트와 그린 컬러를 활용해 자연의 느낌을 강조하였고, 연잎 컬러를 함께 사용해 건강한 한끼, 메인 메뉴인 연잎밥을 강조할 수 있도록 기획하였다.

밀키트 패키지 개발에 있어서는 김은희 대표가 직접 만들었다는 것을 보여 주는 '인물컷'을 활용한 연잎밥 패키지와, 맛이 일품인 수제 보리굴비의 패키지를 일러스트 그림으로 선을 세밀하게 하여, 제품의 품격을 더욱 돋보일 수 있도록 작업하였다.

김은희연잎밥 밀키트 패키지

## STEP 3 _ 쇼핑몰

김은희연잎밥은 기존의 스마트스토어에서 순창연잎밥으로 판매를 하고 있었고 간헐적으로 주문이 들어 오는 브랜드였다. 그런데 브랜딩 작업을 하게 되면서 상세페이지를 포함해 스마트스토어를 전체 리뉴얼하게 되었다. 외식업을 하는 분들이 가장 적은 비용으로 세팅할 수 있는 것이 스마트스토어를 포함한 오픈마켓이다. 그런데 오픈마켓의 상세페이지를 기획하는 방법을 몰라 많은 어려움이 있는 것이 현실이다. 그러다보니 잘하는 것을 하고 어려운 것은 전문가에게 맡기길 추천한다. 김은희연잎밥이 대표적인 케이스이다.

김은희연잎밥 스마트스토어 배너

김은희연잎밥 상세페이지

# STEP 4 _ 온라인 마케팅

순창은 맛깔난 음식들로 유명한 곳이다. 또한 전국 각지에서 '출렁다리'등의 명소와 '다양한 체험' 프로그램을 통해 힐링여행으로 많이 찾고 있는 지역이다. 따라서 김은희연잎밥의 SNS에서는 '김은희연잎밥'과 관련하여 고객들이 궁금해 할 만한 정보들을 중점적으로 담는 작업을 진행하였다.

기본적으로 김은희연잎밥의 브랜드에 관한 소개 (메뉴소개, 연잎밥에 들어가는 재료들, 매장 소개 등)에 대한 콘텐츠를 만들고, 또한 건강식으로 연관된 음식들에 대한 정보, 인스타에서 콘텐츠 소비량이 많은 여행 관련 명소 추천, 놀러 갈 만한 곳 등의 정보성 컨텐츠를 쌓는 것을 통해 소비자로 하여금 보고 싶은 컨텐츠, 순창에 가면 한 번 가보고 싶은 맛집으로 비춰질 수 있도록 설계하였다.

김은희연잎밥 인스타그램

## 아홉 번째 사례

# 조선호랑이냉면

TEL : 1899-7835    주소 : 경기 수원시 영통구 매탄동 101-5

    조선호랑이냉면은 한식전문가 허정미 대표의 20년 냉면 노하우를 품은 브랜드이다. 한식전문가 허정미 대표는 IMF에 다니던 은행을 퇴직하고 어떤 일을 할까 고민하던 중에 친구의 권유로 프랜차이즈를 해야겠다는 결심을 하게 된다. 그리고 여러개의 브랜드를 고민하던 중에 쫄면과 돈가스가 결합된 브랜드를 만나게 된다. 이후 지사장을 하면서 프랜차이즈 운영의 노하우를 갖게 되었다. 그렇게 시작된 프랜차이즈 업계로의 입문은 돈가스와 냉면을 결합한 현재의 돈카냉면을 만들게 되었다. 면과 돈가스의 조합이라는 측면에서는 다양한 경험이 있는 터라 특별히 냉면에 많은 공을 들여서 창업을 했다. 처음 시작은 아주대점을 직영하면서 현장의 경험과 점주의 입장을 이해하는 과정이 있었고 이와같은 경험을 발판으로 프랜차이즈는 빠르게 성장을 하게 되었다. 그리고 또 다른 성장을 위해 엠엠컨설팅연구소를 만나게 된다.

# STEP 1 _ 브랜딩

　　프랜차이즈 "돈카냉면"은 2017년도에 창업한 브랜드로 가맹점수는 30개의 칡냉면과 돈가스 전문 브랜드이다.

　　2022년 2월 컨설팅을 받기 전까지 매장당 최고매출은 월 1억이며, 매장형과 배달전문형의 프랜차이즈를 운영하고 있다.

돈카냉면 브랜드 로고

돈카냉면 간판 시안

돈카냉면은 컨설팅이후 제 2브랜드로 조선호랑이냉면을 런칭하게 되는데 주요메뉴의 컨셉과 고객의 타겟에 맞는 브랜딩을 시작하게 된다.

조선호랑이냉면은 "해장 냉면"과 "건강한 매운냉면"을 시그니처 메뉴로 다양한 사이드 메뉴를 가지고 있다. 현재는 월매출 1억이 넘는 매장과, 부부가 운영하는 매장들이 많은 브랜드이다. 하지만 처음부터 이런 성공적인 모델이 많았던 브랜드는 아니었다. 2022년 초 컨설팅을 시작하면서 비지니스 전반에 리빌딩을 진행하게 된다. 또한 2022년 11월 공장 설립과 본사 이전을 통해 보다 위생적이고 안정적인 생산을 하게 되었다.

조선호랑이냉면 로고

조선왕돈까스 간판 시안

## STEP 2 _ 와디즈 런칭

조선호랑이냉면은 브랜딩 이후 조금 늦은 8월에 와디즈 출시를 하게 되었다. 이미 냉면 시즌은 종료되는 시점이었지만 꾸준히 프랜차이즈 문의가 들어오고 있는 상황이다 보니 브랜딩과 홍보라는 측면에서 와디즈를 선택하였고, 와디즈 마케팅은 크게 진행하지 않고 219% 달성선에서 마무리를 하게 되었다.

조선호랑이냉면은 2차 펀딩을 준비하고 있고 펀딩 횟수가 많아질수록 펀딩율이 높아지는 와디즈의 특성을 고려해서 2023년 본격적으로 펀딩을 준비하고 있다.

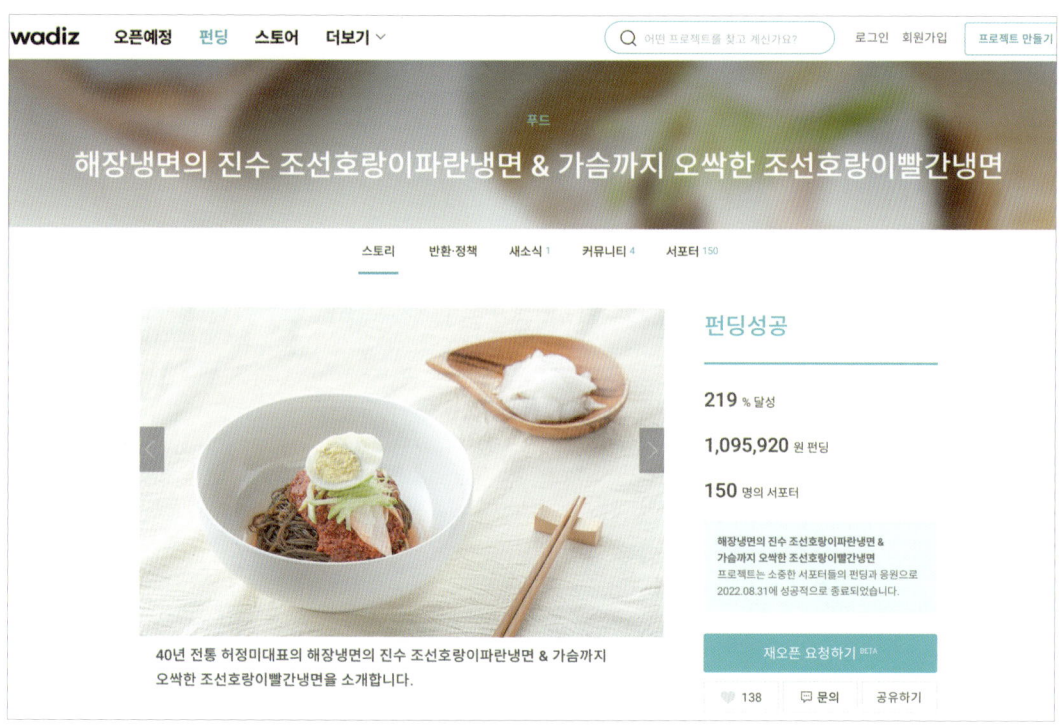

조선호랑이냉면 와디즈 펀딩 페이지

## STEP 3 _ 온라인 마케팅

조선호랑이냉면의 경우 MZ세대를 타겟으로 온라인 마케팅을 운영하다 보니 자연스럽게 인스타그램과 페이스북을 운영하게 되었다. 또한 외식업의 특성상 SNS채널에 트래픽이 높아야 맛집이 될 수 있는 것이 현실이다. 그러다보니 자연스럽게 컨설팅을 진행하면서 인스타그램 위주로 채널을 세팅하게 된다.

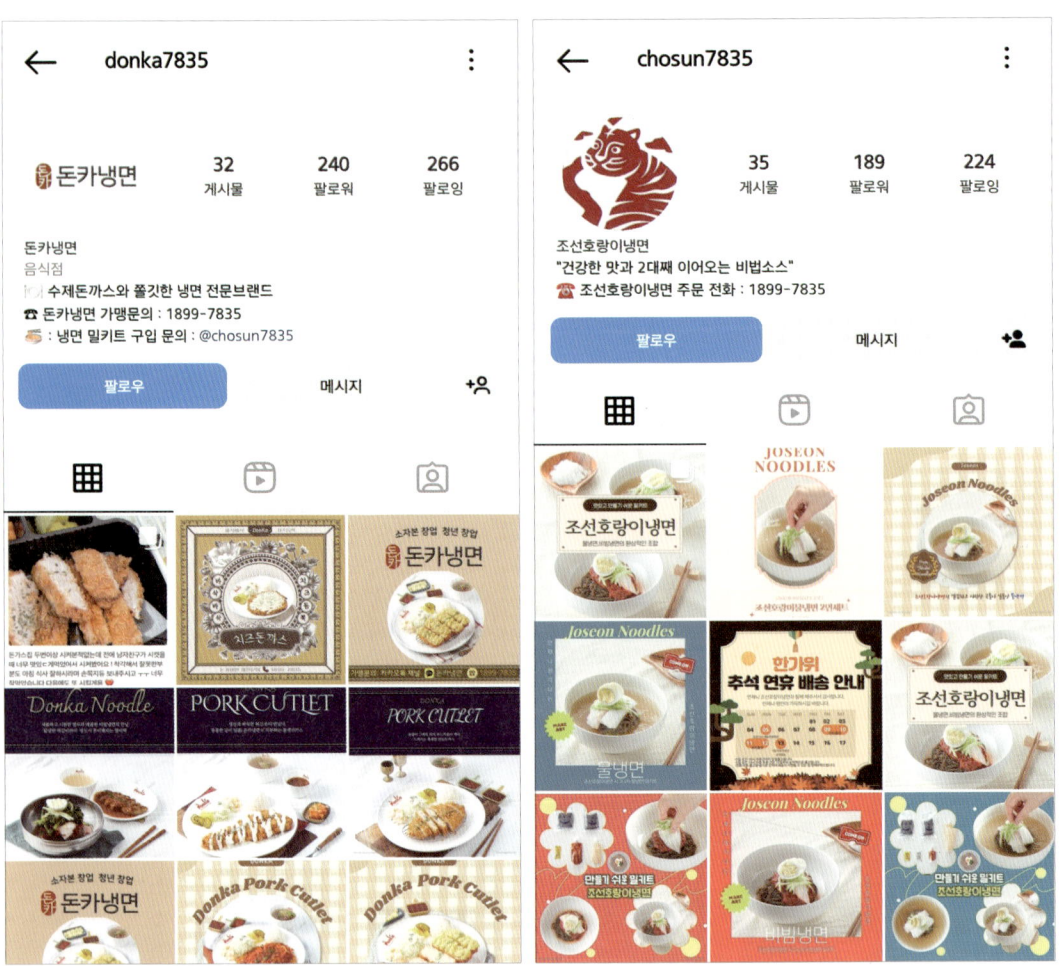

돈카냉면 인스타그램          조선호랑이냉면 인스타그램

## STEP 4 _ 스마트스토어

    냉면의 특성상 계절상품인 동시에 온라인 쇼핑몰에서 수요가 높은 품목이다 보니 조선호랑이냉면은 오픈마켓에 입점을 하게 된다. 본사의 브랜딩과 판매채널의 다각화를 통해 브랜드 인지도를 상승시키고 이후 구매동선의 선순환구조를 만들게 되었다. 또한 프랜차이즈를 운영하는 가맹점주 입장에서는 네이버 기반의 스마트스토어 및 오픈마켓 판매를 통해 조선호랑이냉면의 브랜드의 신뢰성을 더욱 높일 수 있는 채널로 활용되고 있다. MZ 세대를 주 타겟으로 판매되는 조선호랑이냉면은 매장에서도 즐길 수 있지만 오픈마켓을 통해서 다양하게 고객의 사랑을 받고 있다. 본사는 밀키트를 가맹점에서도 판매 또는 활용할 수 있는 다양한 방안을 제안하고 있다.

조선호랑이냉면 스마트스토어 메인페이지

조선호랑이냉면 상세페이지

## 메뉴소개

### 물냉면

어머니 손맛의 깊고
깔끔한 육수와
건강한 칡면을 사용한
시원하고 진한 조선물냉면

### 비빔냉면

쫄깃한 면발과 비법양념의
건강하고 맛있게 매운
조선비빔냉면

## 상품구성

### 물냉면

1. 칡냉면
2. 육수
3. 겨자
4. 식초

## 조리방법

### 물냉면

1. 냉면을 흐르는 찬물에 헹궈주세요.
2. 800cc(종이컵 4컵)끓는물에 넣고 1분간 삶아주세요.

3. 익은 면은 찬물에 여러번 헹군 후 물기를 빼주세요.
4. 물냉면장을 넣고 육수를 부어주세요.

5. 냉면무, 오이, 계란 등 기호에따라 고명을 얹어 맛있게 즐깁니다.

### 비빔냉면

1. 냉면을 흐르는 찬물에 헹궈주세요.
2. 800cc(종이컵 4컵)끓는물에 넣고

고명을 얹어 맛있게 즐깁니다.

| 부정·불량식품 신고 | 국번없이 1399 |
|---|---|
| 제조원 | 판매원 | DK푸드 화성시 정남면 괘랑2길 136 |

| 제품명 | 물냉면육수 | 식품유형 | 소스류<br>(냉동전가열비가열 섭취 냉동식품) | 내용량 | 750g |
|---|---|---|---|---|---|
| 원재료명 | 정제수, 배즙(국산), 무즙(국산), 장백당, 식초, 쇠고기맛분말(사골액기스분말(호주산), 소고기액기스분말(호주산),간장농축(외국산),한우지방,후추가루,L-글루타민산나트륨 |||||
| 유통기한 | 제조일로부터 12개월 | 보관방법 | 냉동보관 |||
| 반품 및 교환처 | 제조원 및 구입처에서 교환해드립니다. |||||
| 소비자 상담실 | 1899-7835 |||||
| 부정·불량식품 신고 | 국번없이 1399 |||||
| 제조원 | 판매원 | DK푸드 화성시 정남면 괘랑2길 136 |||||

| 제품명 | 비빔냉면육수 | 식품유형 | 소스류<br>(냉동전가열비가열 섭취 냉동식품) | 내용량 | 170g |
|---|---|---|---|---|---|
| 원재료명 | 정제수, 배즙(국산), 무즙(국산), 장백당, 식초, 쇠고기맛분말(사골액기스분말(호주산), 소고기액기스분말(호주산),간장농축(외국산),한우지방,후추가루,L-글루타민산나트륨 |||||
| 유통기한 | 제조일로부터 12개월 | 보관방법 | 냉동보관 |||
| 반품 및 교환처 | 제조원 및 구입처에서 교환해드립니다. |||||
| 소비자 상담실 | 1899-7835 |||||
| 부정·불량식품 신고 | 국번없이 1399 |||||
| 제조원 | 판매원 | DK푸드 화성시 정남면 괘랑2길 136 |||||

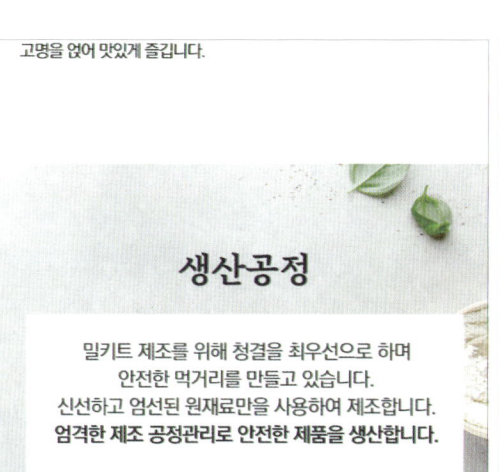

## 생산공정

밀키트 제조를 위해 청결을 최우선으로 하며
안전한 먹거리를 만들고 있습니다.
신선하고 엄선된 원재료만을 사용하여 제조합니다.
엄격한 제조 공정관리로 안전한 제품을 생산합니다.

## 고객센터 1899-7835

### 배송안내

택배사 : 우체국
택배비 : 3,000원
당일배송 : 오후 12시 결제건까지 당일 출고
배송기간 : 출고일로부터 2~3일 소요
배송 가능일 : 공휴일을 제외한 화요일~토요일
제주/도서산간 추가금 : 6,000원~9,900원

### 교환/환불 안내

- 상품 주문 접수 후 주문 취소는 불가합니다.
- 상품 특성상 단순 변심에 의한 교환 및 환불은 불가합니다.
- 받으신 제품에 하자가 있는 경우, 수령 당일에 사진과 함께 고객센터로 연락해주십시오.

아래와 같은 경우 교환, 환불, 반품이 어려우니
신중한 구매 부탁드립니다.
- 제품 수령 후 변질, 파손이 발생한 경우
- 고객님 부재로 인한 제품의 훼손으로 인해 반송되는 경우
- 판매자와 협의 없이 반송되는 경우
- 주소지, 연락처 오기재로 인해 반송되는 경우
- 천재지변 또는 택배사의 사정으로 인한 배송 지연 되는 경우

## 기본구성

| 1 물냉면 2인분 | 9,900원 |
| 2 비빔냉면 2인분 | 9,900원 |

기본구성에 8,100원만 추가하면
4인 가족 한끼 식사 해결!

## 추가옵션

| 1 물냉면 2인분 추가 | 18,000원 |
| 2 비빔냉면 2인분 추가 | 18,000원 |

8장 • 조선호랑이냉면

## STEP 4 _ 프랜차이즈 가맹사업

조선호랑이냉면은 2023년 보다 업그레이드 된 운영 메뉴얼과 마케팅 전략을 가지고 프랜차이즈 활성화를 위한 준비를 하고 있다. 기존의 돈카냉면 브랜드로 30여개 정도를 운영했던 조선호랑이냉면은 프랜차이즈 가맹점을 처음 운영하는 가맹점들에게 안정적인 매출 만들기, 배달의민족 상위 노출 전략, SNS마케팅, 블로그 체험단 운영에 필요한 모든 노하우를 교육및 컨설팅을 통해 제공하고 있다.

조선호랑이냉면 스마트스토어 메인페이지

열 번째 사례

# 경주밀면

TEL : 054-748-5058    주소 : 경북 경주시 시래독길7 한림원

경주 밀면은 1998년부터 지금까지 고객이 끊이지 않는 맛집이다. 워낙 입소문이 퍼져 어느 시간대에 방문하여도 웨이팅을 기본적으로 해야한다. 메뉴는 밀면과 숯불고기로 단순하게 구성되어 있으나 남녀노소 가리지 않고 좋아하는 맛으로 많은 사랑을 받고 있다. 경주밀면 본점의 육수는 의성 봉양 한우마실 작목회의 마늘먹인 한우 사골과 한약재, 신선한 야채를 넣어 24시간 푹 고아내고, 반죽은 숙성하여 주문 즉시 뽑아내기 때문에 쫄깃한 면발을 자랑한다. 20년 넘게 고수하고 있는 노하우와 정직함으로 경주를 대표하는 밀면 맛집이다. 그런데 코로나 팬데믹으로 밀키트에 대한 필요성을 느끼게 되면서 인연이 된 브랜드이다. 성수기 월매출은 1억대이지만 누구도 피해갈 수 없는 코로나로 인해 밀키트 개발이 시급하다는 것을 인지했고 이에 컨설팅을 받게 된다. 그래서 개발된 밀키트 브랜드 로고는 사장님을 붓으로 그리게 되고 주 고객층이 선호하는 스타일의 패키지로 구성하게 되었다.

## STEP 1 _ 브랜딩

경주밀면을 '우리매장 인기메뉴로 밀키트 판매하는 방법' 3쇄에 넣은 가장 큰 이유는 바로 1쇄, 2쇄에 이어 성공사례 아이템 중에 면류로 가장 추천하는 아이템이기 때문이다. 그러다 보니 경주밀면의 컨설팅은 매우 큰 관심을 가지고 진행하게 되었다.

창업자 박재현 대표가 설립하고 운영하던 중에 아버님이 합세해서 외부에서 볼때는 아버님의 브랜드를 가업승계로 이어진 브랜드로 보인다. 하지만 경주밀면은 창업자의 오랜 노하우가 맛있게 표현된 경주 대표 맛집이다. 이미 유튜브를 통해 많은 공부를 한 박재현 대표는 로고 제작과 스토리텔링 부분에 대한 컨설팅을 받게 되고 이 부분을 컨설팅하면서 밀키트 패키지 개발까지 마무리하게 된다.

경주밀면 로고

## STEP 2 _ 밀키트 패키지

경주밀면은 오랜 세월 직접 비법 양념장을 개발하고 육수를 뽑는 밀면계의 고수이다. 그래서 착안한 밀키트 디자인은 바로 창업자 박재현 대표의 모습을 담아 제작하게 된다. 다양한 세대를 아우를 수 있게 켈리 디자인체와 캐릭터를 활용하여 직접 작가와 작업하게 된다. 덕분에 기존 고객에는 신뢰감이 있는 서체를, MZ 세대에는 캐릭터라는 두가지 요소를 배합한 패키지를 만들게 되었다

경주밀면 밀키트 패키지

경주밀면 레시피 카드

## STEP 3 _ 쇼핑몰

경주밀면은 여름철이 성수기인 브랜드로 컨설팅을 시작한 시점은 4월 이었다. 밀면의 성수기는 매년 4월 부터라고 한다 그리고 여름철 극성수기에는 손님을 다 받을 수 없을 정도로 장사가 되는 브랜드이다. 그래서 온라인 판매를 위해 오픈마켓(스마트스토어)에 입점하게 된다. 아직 전수창업이나 프랜차이즈를 준비하는 브랜드가 아니다보니 다른 마케팅 컨설팅은 진행되지 않았다.

경주밀면 스마트스토어 메인페이지

열한 번째 사례

# 강씨네아천칡냉면

TEL : 031-557-0999    주소 : 경기 구리시 원수택로 4

　경기도 구리시 수택동에 위치한 강씨네아천칡냉면은 27년 전통의 칡냉면 대표브랜드이다. 자가제면을 원칙으로 칡냉면 직영공장을 운영하고 있고 고품질의 칡을 생산·가공·유통하여 고객에게 가장 정직하고 맛있는 냉면을 대접한다는 자부심이 있다. 2대째 내려오는 비법 소스와 오랜 시간 정성을 들인 육수로 만든 냉면은 남녀노소 누구나 좋아할 맛이다. 현재 남양주 다산동에 직영점을 오픈하여 어떤 매장보다 핫한 인기를 실감하고 있다. 현재는 밀키트 판매를 중단했고 전수창업쪽으로 활성화가 되고 있는 맛집이다. 냉면의 경우 대부분이 성수기로 접어드는 4월부터 극성기인 7월에 맛집의 경우 1억을 넘는 매출을 올리는게 정석이다. 그러다보니 코로나 팬데믹 이후 밀키트라는 새로운 판매채널을 만들게 되었지만 일상으로 회복이 시작되면서 온라인보다는 매장으로 판매집중도가 높아지고 있다. 강씨네아천칡냉면은 한번 먹어본 사람은 없다는 칡냉면계의 숨은 고수라고 말할 수 있는 아는 사람은 다 아는 찐 맛집이다..

## STEP 1 _ 브랜딩

밀키트 컨설팅을 위한 첫 단계는 컨셉을 잡고 브랜딩을 구축하는 것이다. 오프라인에서는 사장이 손님들에게 맛있는 음식과 친절하고 좋은 서비스를 제공하면 호감을 살 수 있다. 하지만 온라인에서는 고객이 제품의 이미지만 보고 구매할지 말지를 결정한다.

그렇다면 강씨네아천칡냉면의 이미지는 온라인 고객에게 호감을 살 수 있을까? 작은 디테일이 매장 브랜드의 이미지를 좌우할 수 있기에, 밀키트 제품을 만들기 전에 먼저 강씨네아천칡냉면 브랜드 이미지부터 형성하기로 했다. 컨설팅 이전과 이후의 매장 외관과 내부 인테리어 모습은 다음과 같다.

컨설팅 이전 매장 파사드

컨설팅 이전 매장 내부

컨설팅 이후 매장 파사드

컨설팅 이후 매장 내부

강씨네아천칡냉면의 기존 이미지를 완전히 없애지 않으면서도 밀키트 패키지에 사용할 수 있는 호감 가는 로고를 개발하는 데 중점을 두었다. 창업자 강 대표의 얼굴을 일러스트로 담고 캘리그래피와 인감 도장을 찍은 듯한 아이콘으로 오랜 전통이 있는 냉면 브랜드임을 표현했다.

**Brand Story**

1994년부터 시작된 저희 강씨네아천칡냉면은
고객님들의 건강한 식생활을 위하여 꾸준한 노력과 연구를 하고 있습니다.
고객님들의 사랑이 있었기에 오늘의 강씨네아천칡냉면이 있습니다.

1대 창업자부터 이어온 맛과 전통을 이어 가며
더욱 맛있고 정직하며 건강한 냉면을 제공하고자 초심을 잃지 않고
고객 여러분의 말씀에 귀 기울이겠습니다.

구리시에서 터전을 닦은 강씨네아천칡냉면은
대한민국의 칡냉면 대표 주자로서 더 맛있는 음식과 서비스로
고객분들께 보답하겠습니다.
다시 한번 강씨네아천칡냉면을 아끼고 사랑해주시는 고객님들께 감사의 말씀 전합니다.

강씨네아천칡냉면 일러스트형 로고

## STEP 2 _ 밀키트 패키지 제작

브랜딩 이후에는 본격적으로 냉면 밀키트 판매를 위한 패키지 디자인 작업에 들어가게 된다. 강씨네아천칡냉면은 즉석판매제조가공업 허가가 아니라 식품제조가공업 허가를 받아 공장식으로 밀키트를 대량 생산해 판매할 계획이었다.

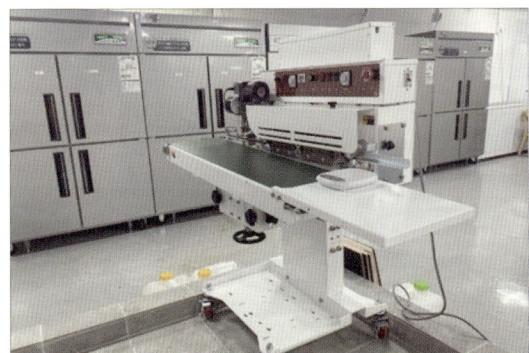 

강씨네아천칡냉면 제조 공장 세팅

일반적으로 매장에서 소비자에게 판매하는 형식의 밀키트는 패키지를 디자인할 때 고려할 사항이 그리 많지 않다. 하지만 식품제조가공업으로 판매하는 경우에는 유통이 가능한 형태이기에 꼼꼼하게 챙겨야 한다. 특히 식품 한글표시사항 디자인이 중요하다. 원재료명, 원산지 표시, 영양 정보 등 패키지에 넣어야 할 내용이 많으므로 텍스트의 크기나 구성 등을 고려하여 전체 디자인을 해야 한다.

강씨네아천칡냉면 식품 한글표시사항 라벨

밀키트를 판매할 때는 소비자에게 조리 방법 가이드를 필수로 제공해야 한다. 이것을 레시피 팸플릿이라고 명칭하는데, 제작하는 방법이 다양하다. 패키지에 조리 방법을 포함시키거나 조리 각 단계를 이미지로 설명하는 방법도 있다. 강씨네아천칡냉면은 각 조리 단계를 일러스트로 설명한 레시피 팸플릿을 디자인하는 방식을 택했다.

강씨네아천칡냉면 레시피 팸플릿

강씨네아천칡냉면의 밀키트 패키지 포장은 다음과 같다.

강씨네아천칡냉면 패키지

# STEP 3 _ 스마트스토어 세팅

　밀키트 상품이 나오면, 판매 채널을 구축해야 한다. 규모가 큰 업체라면 자사몰을 운영할 수 있겠지만, 규모가 작은 업체는 쇼핑몰 제작 비용이 만만치 않다. 따라서 네이버 스마트스토어를 이용하는 것을 추천한다. 스마트스토어를 개설하는 데에는 비용이 들지 않는다. 하지만 좀 더 호감이 가는 브랜드 이미지를 만들고 제품에 대한 신뢰도를 높이려면 스마트스토어 배너 제작 및 상세페이지 디자인은 필수다. 강씨네아천칡냉면은 스마트스토어 메인 배너 및 마케팅 배너, 상세페이지 컨설팅을 진행했다.

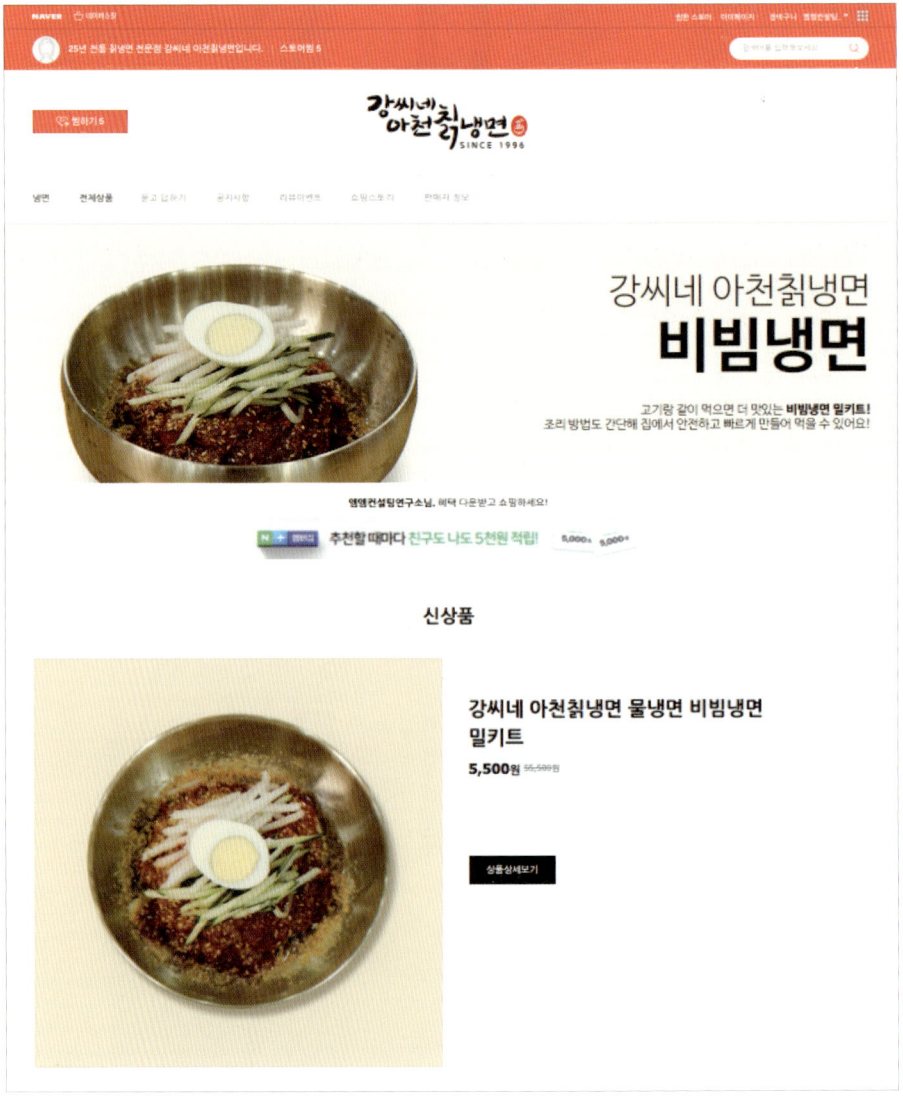

강씨네아천칡냉면 스마트스토어 화면

상세페이지 디자인 및 상세페이지 전체 보기 QR코드

## STEP 4 _ 홍보 마케팅

밀키트를 판매할 준비가 되었다면, 이제 무엇을 해야 할까? 무작정 소비자가 구매하기만을 기다리고 있으면 안된다. 강씨네아천칡냉면은 밀키트 상품을 개발하는 것과 동시에 브랜드 홍보 전략을 세우고 홍보 마케팅을 진행했다. 먼저 네이버 지도 영역인 스마트플레이스 업데이트를 진행하고, 인스타그램 채널을 만들어 주 3회 이상 매장 소식을 틈틈히 올리게 했다.

강씨네아천칡냉면 인스타그램

　45년간 무안낙지골목을 지키고 있는 낙지요리 전문점 동산정에서는 낙지볶음, 낙지초무침, 낙지비빔밥, 연포탕 등의 메뉴를 맛볼 수 있다. 매일 새벽마다 싱싱한 낙지를 경매로 낙찰받아 오기 때문에 다른 매장보다 저렴하게 낙지요리를 판매한다. 아주 먼 곳에서도 몸보신을 하기 위해 방문하는 낙지요리 맛집이다. 동산정은 며느리인 박서현 대표가 컨설팅을 받기 위해 찾아오게 되는데 밀키트 컨설팅이 처음은 아니었다. 그래서 더욱 신중하게 브랜딩을 하고 싶었는데 밀키트 컨설팅과 상세페이지만 만들게 된다. 그리고 재능기부로 엠엠컨설팅연구소의 디자인 팀장이 캐릭터를 그리게 된다. 브랜딩을 하기 위한 작업들은 많은 비용이 들다보니 실행하기는 어려웠지만 찐맛집답게 밀키트를 만들고 또 하나의 판매 채널이 구축되었다. 그런데 문제는 낙지는 금어기가 있고 기본적으로 중국낙지를 이길 수 있는 전략이 필요하다. 동산정의 맛과 품질을 돋보이게 할 브랜딩은 앞으로 풀어가야하는 과제이다.

## STEP 1 _ 브랜딩 및 패키지 디자인

컨설팅 상담을 요청한 사람은, 동산정 창업자가 아니라 창업자의 며느리 박서현 대표였다. 이것이 '동산정 낙지며느리' 컨셉의 시작점이다. 동산정이라는 단어로는 사람들이 낙지를 연상하기 어렵기 때문에 '낙지며느리'라는 호칭을 덧붙여 밀키트 브랜드 네이밍을 완성했다. 로고뿐만 아니라 낙지며느리 캐릭터를 만들어서 전체적으로 아기자기하고 귀여운 이미지를 구축했다.

동산정은 1982년 무안읍 현경에서 한식전문점으로 시작되었습니다.
지역 명물인 낙지를 주재료로 운영하던 동산정은
이후 낙지 전문 골목으로 이전해서 재오픈하게 되었습니다.
신선한 낙지와 로컬푸드로 만든 낙지요리로 고객의 사랑을 받고 있습니다.
천연 조미료를 사용하고 국내산 100%의 정성 어린 요리로
가족을 모시는 마음으로 내어 드립니다.

동산정은 지나온 반세기처럼 고객을 향한 정성과 정직한 마음으로
고객과 함께 백년식당을 만들어 가겠습니다.

동산정 로고 및 스토리텔링

동산정 캐릭터

동산정 라벨  　　동산정 낙지초무침 라벨  　　동산정 호롱구이 라벨  　　동산정 낙지볶음 라벨

| | |
|---|---|
| **식품유형** | 수산물가공식품 |
| **원재료(원산지)** | 낙지(국내산) |
| **제조원** | 동산정 |
| **보관방법** | 냉장. 냉동 |

**주의사항**
받으신 후 (1-2일) 냉장보관 이후 냉동보관
신선식품이니 받으신 후 당일 조리하여
드시는 것이 좋습니다.

동산정 한글표시사항 라벨

동산정 밀키트 패키지 구성 1

동산정 밀키트 패키지 구성 2

동산정 밀키트 패키지 구성 3

# STEP 2 _ 스마트스토어 세팅

동산정 스마트스토어 역시 전체적으로 브랜드 통일성을 주기 위해 디자인을 함께 진행했다. 상세페이지 디자인에서 가장 큰 비중을 차지하는 요소는 사진이다. 음식 사진은 맛있어 보이게 찍는 것이 관건이라서 요리 전문 스튜디오에 맡기는 것이 정석이다. 그러나 동산정은 예산이 많지 않았다. 낙지호롱구이, 낙지초무침, 낙지볶음 세 가지 메뉴에 대한 상세페이지 제작 비용은 낮추면서도 퀄리티는 높일 수 있도록 엠엠컨설팅연구소에서 직접 사진을 촬영하고 캐릭터를 활용해 디자인하는 방안을 택했다.

스마트스토어 바로 가기 QR코드

동산정 낙지볶음 상세페이지

동산정 낙지초무침 상세페이지

동산정 낙지호롱 상세페이지

대한민국의 모든
요식업·외식업 사장님을 위한
# 밀키트교과서

2023 개정판

우리 매장 인기메뉴로
## 밀키트 판매하는 방법

김상미 지음

엘프린트

우리 매장 인기메뉴로 **밀키트 판매하는 방법** 2023 개정판

초    판 1쇄 | 2021년 7월 12일
개정3판 1쇄 | 2023년 2월 5일

지은이 | 김상미
펴낸이 | 이진수
펴낸곳 | 엘프린트

주소 | 서울특별시 종로구 사직로 130 ,적선현대빌딩 1202-1호
전화 | 02-6949-2633
출판등록 제2022-000081호
홈페이지 | https://lprint.kr

ISBN 979-11-981032-0-8    13320

이 책은 저작권법에 따라 국내에서 보호받는 저작물이므로 무단 전재와 복제를 금지하며,
이 책 내용의 전부 또는 일부를 이용하려면 반드시 엘프린트의 서면 동의를 받아야 합니다.